윤석열과 그 공범들

우리는 윤석열을 다시는 뽑지 않을 수 있을까?

글 박세열

윤석열과
그 공범들

우리는 윤석열을 다시는
뽑지 않을 수 있을까?

글 박세열

여는 글

〈프레시안〉 편집국장을 지내던 시절인 2022년 3월에 대선이 있었다. 대선 전부터 2023년 12월 편집국장 임기를 마칠 때까지 간헐적으로 칼럼을 썼다. 두 달의 짧은 안식월을 마친 당시, 2023년 3월 1일부터 본격적으로 '박세열 칼럼'이라는 간판을 내걸었다. 2년 동안 단 한 주를 빼놓고 매주 칼럼을 썼다. 윤석열 시대 3년, 짧게 끝났지만 대통령 당선부터 그가 '스스로' 친위 내란 쿠데타를 획책하기까지 매주 그를 꼼꼼히 관찰했다. 눈앞에서 벌어지는 일을 쓰거나 일이 벌어지는 곳을 찾아가 기록하는 것보다, 사물의 생래나 현상의 이면을 톺아보는 칼럼을 쓰는 일은 생각보다 고단한 일이었다. 정치 칼럼의 특성상 제도와 법, 정책과 전망보다는 정치 주체와 정치를 대하는 유권자의 심리를 생각하며 써야 했기 때문이다.

쇼펜하우어는 예술로서의 음악을 칭송했다. '음악은 세계를 표현하는 것이자 보편적인 언어'라고 했다. 음악은 현상을 모방한 것이 아니라 의지 그 자체를 모방한 것이라고 봤다. 음악은 언어로 구축되는 인간의 논리와 사고의 빈틈을 메워주는 비언어적 윤활유 같은 것인 셈이다. 그래서 음악은 실존과 밀접한 관계가 있다. 정치는 음악과 비슷한 면이 있다고 생각한다. 정치는 '한정된 자원을 배분하기 위해 갈등을 조정하는 행위'라고 한다. 법과 제도는 기계가 아니다. 그걸 운용하는 것은 인간이다. 결국 인간이 하는 일을 인간답게 만들고자 하는 것이 정치다. 사회 곳곳에 있는, 목소리를 갖지 못한 자들의 목소리와 언어로 옮기기 어려운 감정들을 모으고 그것에 형체를 부여해 조금이라도 더 세상을 완벽하게 만들 수 있도록 기여하는 것이 정치다. 세상에 완벽한 시스템이란 없다. 하지만 우리 모두는 완벽한 시스템을 추구하려는 이상을 가지고 있다. 설령 그것이 완벽하지 않더라도 정치적 상상력을 통해 인간과 인간 사이의 갈등을 메워주는 것, 정치를 '종합 예술'이라 부르는 이유다.

우리가 겪은 윤석열 시대 3년은 어느 정도 안착됐을 것이라고 간주해온 전 세계의 민주주의에 중대한 변화가 발생한 시점과 맞물려 있었다. 민주주의는 말 그대로 '민(民)'이 '주(主)'가 되는 것이다. 그리스어인 demos(민중)와 cratos(지배)의 결합이다. '민'의 결정이 때론 옳지 않아 보여도, 그것은 시스템과 제도에 대한 공통의 믿음을 토대로 '절대 선'으로 간주된다. 시스템을 의심할 수는 있지만 그 시스템 자체를 부인하지 말자는 게 우리가 받아들이고 있는 민주주의의 기본적인 합의다.

지금 세계 곳곳의 민주주의는 엄혹한 도전에 직면해 있다. 특히 현대 민주주의를 확립한 미국, 프랑스와 같은 곳에서 민주주의가 흔들리고 있다는 점은 의미심장하다. 미국에선 4년 전 쫓겨난 트럼프 대통령이 다시 왕좌를 차지했다. 프랑스에서는 극우 국민연합(RN) 집권 가능성이 더 이상 농담으로 받아들여지지 않고 있다. 여기에 대항하고 있는 것은 러시아와 중국의 신권위주의 체제다. 이들은 전쟁을 불사할 기세로 전체주의 성향을 강화하고 있다(러시아는 권위주의 체제를 바탕으로 실제 우크라이나를 침공했다). 그 외에도 유럽 곳곳에선 극우주의의 약진이 도드라진다.

'글로벌'이라는 말은 더 이상 수사가 아니다. 21세기 세계는 좋든 싫든 비로소 하나가 됐다. '일본의 지성' 강상중 일본 도쿄대학교 명예교수는 《위험하지 않은 몰락》 서문에 "어쩌면 우리는 지금 전방과 후방, 전시와 평시, 비극과 희극이라는 구분도 거의 의미가 없어지는 시대의 도래를 목도하고 있는지도 모른다"라고 썼다. 우리는 어쩌면 역사의 분기점에 서 있는 것일 수 있다. 지난 100년간 우리가 만들어왔던 민주주의는 "기아, 빈곤, 테러 같은 비극을 국경 바깥에 봉인해 둔 채 '성장과 번영'이라는 희극적 축제에 취해 있었다."(강상중, 2018)

==좌파가 '현실의 적'을 상정한다면 극우는 '상상한 적'을 상정한다. 분노와 증오의 정치는 분노와 증오의 대상을 만들어야, 분노와 증오의 대상이 존재해야 작동이 가능하다. 우린 그간 분노와 증오를 저 깊은 곳에 은폐하고 풍요를 가장하며 살아온 것은 아닐까.== 불과 100년도 채 되지 않은 자유의 시대가 종언을 고하고 있는 것처럼 보인다. 역설적으로 그 특정한 '자유'가 또 다른 '자유들'을 억압하고 있는 상황을 목도하고 있다. 그 원인을 가늠해보는 것은 어려운 일이지만, 우리는 안간힘을 써야 한다.

우리가 풍요를 누릴 수 있는 이유 중 하나는 민주주의였다. 민주주의가 자본주의를 지탱하고 있다고 봤다. 그러나 우린 자본주의를 너무 얕봤다. 20세기 들어 세계 질서를 뒤흔든 사건이 두 개 있었다. 첫째는 2001년 12월 11일 중국의 WTO(세계무역기구) 가입이고, 둘째는 2001년 9월 11일 미국 본토에서 벌어진 9·11 테러다. 전자는 세계경제 질서에 변혁을 일으켰고, 후자는 냉전 이후 새로운 적의 출현을 알렸다.

'글로벌 자유 시장경제' 체제에 중국이라는 15억 명 시장의 권위주의 국가를 포함시킬 정도로 신자유주의는 게걸스러웠다. 중국은 이후 세계의 공장이 됐고, 미국 일극주의를 위협하는 G2로 성장했다. 권위주의 체제를 발판으로 '자본'의 맛을 본 중국, 그리고 그 중국을 이용해 '현재의 풍요'를 유지하려는 게으른 서방(한국과 일본 포함)의 합작으로 민주주의는 자본주의에 완전히 잠식당했다.

9·11 테러를 계기로 '악의 제국' 소련이 사라진 자리에 '형체를 알 수 없는 게릴라 테러리스트' 집단이 들어서며 전 세계는 새로운 '전쟁' 속으로 빨려들어갔다. 세계는 '악의 축'과 '악의 축'이 아닌 세력으로 나뉘었고, 이제 전선은 저 멀리 존재하는 게 아니라 우리 주변 익숙한 장소에서 불현듯 나타나기 시작했다. 파리 도심에서는 중동에서나 있을 거라 믿던 테러가 '자생적 테러리스트'들에 의해 자행됐된다. 극단주의자들이 일상에서 활개치며 우리가 '질서' 그 자체라 믿었던 서구 사회를 '테러'로 교란하기 시작했다.

지금 전지구적 자본주의 시스템의 속사정은 어떤가. 민주주의를 추구하고 있는 국가들은 러시아와 중국의 부상에 위협을 느끼고 있다. 그들이 권위주의를 무기로 서구 민주주의의 경제 권력을 탈환하려 한다는 의심이 이른바 '자유 진영' 국가들 사이에서 자리 잡고 있다. 스스로 불러온 현상 속에서 사람들은 점점 세상을 제로섬 게임으로 이해하기 시작했고, 중국과 러시아에게 경제 주도권을 빼앗기면, 결국 몰락할지 모른다는 두려움에 휩싸여 있다.

==그래서 자유 진영의 세계 시민들은 중국, 러시아 등 권위주의 국가의 굴기에 대항하기 위해 민주주의의 게임 룰 안에서 가장 '권위주의적' 면모를 보이는 리더를 선출하기로 결정한 것처럼 보인다. 미국이 그렇고, 일본이 그렇고, 유럽도 그런 방향으로 가고 있다. 한국? 마찬가지다. 그런 방식의 민주주의는 당연하게도 민주주의 체제 구성원들 일부의 희생을 전제로 한다. 여성, 성소수자, 이민자, 그리고 가난한 자들.==

불과 100년 남짓 된 자본주의는 성장 그 자체를 위해 내달려왔다. 성장을 위해서라면 모든 걸 다 포기할 수 있었다. 그것은 '컬렉트럴 데미지(collateral damage; 부수적 피해)' 정도로 간주됐다. 냉전이 끝난 20세기 말, 성장 위주 자본주의의 끝을 바라보고 있던 사람들은 중국이라는 신세계를 발견했고, 재빨리 자본주의 시스템에 편입시켰다. 중국이라는 거대한 시장과 저임금 노동력을 바탕으로 글로벌 자본주의는 21세기 들어 유례없는 호황을 누렸다. 미국이나 일본, 소수 유럽 국가들이 냉전 체제하에서 누린 특별한 지위는 사라졌다. 끝난 줄 알았던 성장이 가능하다는 걸 증명했다며 환호성을 질렀지만, 그건 어쩌면 '성장의 연명'에 불과했을지 모른다.

한국의 예를 들어보자. IMF 구제금융 사태를 겪고 신자유주의를 그대로 흡수한 한국은 2000년대 이후 정치·사회적으로나 경제적으로 폭발적인 팽창을 겪었다. '성장'과 '선진국 진입'이라는 일념으로 내달려온 한국 사회는 서구 사회가 지난 50~60년간 겪은 사회 변화를 압축적으로 겪었다.

특히 정치 분야가 그렇다. 단군 이래 최초의 정권 교체라 일컬어지는 김대중 정부 시절을 거치면서 20대, 30대가 본격적으로 현실 정치에 '참여'(앙가주망)하기 시작했다. 신자유주의 질서의 확장에 대한 윤리적 반항의 시대였다. 2002년 월드컵과 대규모 반미 시위(양주 여중생 미군 장갑차 압사 사건, 평택 미군기지 문제, 한미 FTA 반대)가 교차했고, 이라크 파병 논란에 따른 '반전 문제'가 사회의 중심 화두가 됐다. 부의 양극화와 노동시장 재편, 양심적 병역 거부와 페미니즘, 호주제 논란과 장애인 문제 등이 주목받고 한국 사회에서 소외된 사람들의 목소리가 폭발적으로 터져나온 시대였다.

심지어 그것들은 주류 언론의 주목을 받았다. 무엇보다 인터넷이 확산하면서 정치 참여 방식이 변화했고, '정치 시장'의 폭발적 성장 속에 태어난 최초의 '스타 대통령' 노무현이 등장했다. 한국은 매우 한국답게도 서구의 6·8혁명까지도 속성으로 초고속 학습한 것은 아닐까.

표면적으로 한국의 경제 규모는 선진국 수준으로 진입했다. 한국은 2000년대의 글로벌 슈퍼스타였다. 전지구적 신자유주의가 만들어낸, 자랑스러운, 그러나 마지막이 될 자식이었다. 그러면서 세계 경제의 성장은 정체되기 시작했다. 일본은 1990년대를 기점으로 '잃어버린 n년'의 수렁에 빠졌다고 했다. 미국 시민들은 2008년 글로벌 경제 위기를 겪은 후 국가 전략을 바꿔야 한다는 데 귀를 기울였다. 그 결과 미국 러스트 벨트의 백인 하층 노동자들이 트럼프를 수면 위로 밀어 올렸다. 트럼프가 처음 대통령에 당선됐을 때 슬라보이 지제크는 이런 말을 했다. "나에게 정치적 올바름이란 전형적인 부르주아적 접근 방식이며, 계속적으로 경제적 이슈를 모호하게 만든다. (…) 트럼프가 당선되기 전, 진보 언론에게 큰 쟁점은 트랜스젠더 화장실에 관한 것이었다. 이처럼 평범한 노동자들에 대한 완전한 무시는 재앙이다."

==당시 미국 유권자들을 움직인 건 결국 경제 이슈였다. '성장은 끝났다'는 공포심, '내 삶은 (경제적으로) 더 나아지지 않을 것'이라는 공포심, 불안한 상황에서 매끄러워 보이는 질서를 파괴하려는 심리가 고개를 들었다. 그것이 '매버릭'(Maverick)과 같은 트럼프에 표를 던지는 선택으로 나타났다.== 지제크는 노동자와 경제에 대해 좀 더 집중하기를 주문하고 있지만, 성장론에 잡아먹힌 현 상황은 이제 진보 진영이 항상 불리한 게임에 노출돼 있다는 걸 의미한다.

민주주의의 본고장에서 어떻게 트럼프가 당선될 수 있는가 한탄하는 사람들이 있다. 틀렸다. 미국은 적극적으로 트럼프를 선택했다. 초고속 성장이 끝난 시대, 미국은 중국, 러시아 등 권위주의 체제의 자본주의 국가들에게 위협받고 있다. 이들은 결국 세련된 민주주의가 경제성장의 걸림돌이라는 걸 깨달았다. 그래서 '민주주의'를 이용해 '민주주의'를 억압하기로 결정한 것이다. 이것 또한 민주주의다. 미국은 지금 트럼프(공화당)나 바이든(민주당)이나 '권위적인 미국'을 원하고 있다. 그 스타일에 따라 호불호를 나눌 뿐이다. 더 쿨해 보이느냐, 쿨하지 않아 보이느냐. 이 문제다.

기업가들이 정치 전면에 뛰어든 것도 특이한 점이다. 과거에는 한국뿐 아니라 일본, 미국도 모두 기업가들은 대체로 정치를 멀리했다. 그러나 불과 100년의 기간 동안 초고도 성장 자본주의 시대를 달려온 기업들은 이제 성장이 멈추는 시대를 두려워하고 있다. 권위주의 체제에 순응하는 대가로 국가의 보호를 받으며 덩치를 키워온 중국 기업의 부상도 못마땅한 일이다. 바야흐로 미국을 포함한 '자유세계'의 기업들은 권위주의 체제 아래에 있는 기업들에 비해 불공정한 규칙을 적용받고 있다고 생각한다. 쉽게 말하면 민주주의가 경제성장의 걸림돌이란 말이다.

미국에서 일론 머스크를 비롯한 자유주의 기업가들이 정치 투사로 변신해 민주주의 한복판에 뛰어드는 이유다. 그들은 중국과 러시아에 의존하는 월가의 '보수적 자본주의자'들을 미워한다. 그들은 이제 직접 정치 시스템을 만들기로 했다. 모든 규제를 제거하고, 이민자들과 여성을 우선하는 지긋지긋한 자유주의적(리버럴한) 지도자들에 신물을 느끼고 있다.

"경제 합리성이라는 측면에서 고려할 때 현재의 성장 속도를 유지할 수 있는 정치 체제는 독재밖에 남지 않았다. 복잡한 절차와 합의가 필요한 입헌 민주주의는 성장의 걸림돌에 불과하기 때문이다." 일본 철학자 우치다 타츠루의 말이다. 일본과 한국 역시 이런 도전에 직면했다. 언뜻 달라 보이는 두 나라가 우익 정권을 택한 공통된 배경에는 '군사주의'가 있다. 일본에서 탄생한 아베 정권은 평화헌법을 바꾸고 싶어 했다. 특히 일본 헌법의 긴급사태 조항을 개정해 총리가 비상사태를 선포할 경우 전권을 쥐게 되는, 우리의 '계엄'과 같은 시스템을 만들고자 했다. 아베 전 총리가 살아서 윤석열의 비상계엄 선포와 그 이후를 목격했다면 생각이 달라졌을까?

윤석열은 자신의 충실한 부하들에게 '비상대권'을 언급했다고 한다. 비상대권은 국회 해산권, 긴급 조치권 등 헌법의 예외 상태 규정을 대통령에게 부여한 유신헌법에서나 찾아볼 수 있는 대통령의 초법적 권한이다. 윤석열은 이번 계엄을 준비하면서 경제부총리에게 "국회 운영비를 끊고 비상계엄 입법부 예산을 짜라"는 지시를 했다. 입법부는 귀찮은 존재다. 1980년대 수준의, 시대에 뒤떨어진 신자유주의 경제체제를 선호한 그는 아마 자신이 꿈꾼 세상을 위해 국회의 기능을 없애는 게 좋겠다고 생각했을 것이다. 윤석열은 독재 시스템을 원했다.

이제 세계는 더 위험해졌다. 민주주의가 스스로 민주주의를 옥죄고 있다. 3년간 대한민국은 모든 분야에서 숱한 퇴행을 겪었다. 민주화 시대의 대통령이 대한민국 민주주의의 운동을 부정하는 세력을 끌어들였다. 일본 식민 지배와 이승만 독재를 겪어낸 사람들이 세상을 떠나자 과거사가 뒷걸음질치고 있다. 재벌 기업가들을 끌고 다니며 '폭탄주'를 돌리는가 하면, 민주 시민들의 조직된 힘을 와해시키는 조치들을 취했다.

한국은 바이든의 가치외교 질서에 적극 편입했고, (자유주의국가들이 토대를 마련해준) 중국의 경제 굴기에 대한 두려움에 휩싸여 있다. 중국을 비난하기 위해 노골적인 외국인 차별, 인종차별까지 동원한다. 그 결과 중국과 러시아, 러시아와 북한의 밀월 관계가 강화되고 있다. 세계는 양극단으로 더욱 단단해지고 있고, 평화와 민주주의의 옛 영광을 그리워하는 이들은 점점 '노땅'이 되어가고 있다. "욕망에 반응하라. 욕망을 억제하는 자는 빨갱이다." 이런 선동적 이념에 익숙해져가고 있는 중이다.

지금 우리 안에도 '권위주의' 체제에게 우리의 안락함을 희생시키고 헌납하자는 마음이 피어나고 있다. 총체적 민주주의의 위기를 일부 보수 언론과 경제 신문들이 호도하며 부추기고 있다. 윤석열의 시대가 끝나도 우리 안의 윤석열은 존재할 것이다. 어쩌면 우린 조금 더 '세련된 윤석열', '계엄은 안 하는 윤석열'을 더 선호하게 될지 모른다. 이건 우리의 잘못이 아니다. 우리의 선택이 될 것이다. 아니 우리의 선택으로 포장될 것이다. 우리가 가게 될 길은 더 울퉁불퉁해질 것이다.

==그럼에도 우린 포기할 수 없다. 윤석열을 만든 것은 우리다. 윤석열은 탄핵될 테지만 각종 여론조사는 '유사 윤석열'의 탄생을 예고하는 불길한 수치들을 쏟아낸다. 앞으로도 우린 험난한 길을 가야 할 것이다. '독재'를 꿈꾼 윤석열은 스스로를 나락으로 떨어트렸지만, 윤석열식 정치는 여전히 득세하고 있다. 끊임없이 적을 만들어온 증오의 정치, 분노의 정치는 이제 시작되고 있다.==

그에 맞서서 우리는 똑똑히 봐야 한다. 진실과 진리가 쓰레기통에 처박히고 있는 시대에 윤석열의 3년을 굳이 다시 들여다봐야 할 이유다. 이 책을 덮은 후 질문을 던져본다. 우리는, 다시 윤석열을 뽑지 않을 자신이 있는가?

"그럼에도 우린 포기할 수 없다. 윤석열을 만든 것은 우리다. 윤석열은 탄핵될 테지만 각종 여론조사는 '유사 윤석열'의 탄생을 예고하는 불길한 수치들을 쏟아낸다. 앞으로도 우린 험난한 길을 가야 할 것이다. '독재'를 꿈꾼 윤석열은 스스로를 나락으로 떨어트렸지만, 윤석열식 정치는 여전히 득세하고 있다. 끊임없이 적을 만들어온 증오의 정치, 분노의 정치는 이제 시작되고 있다."

목차

05 　여는 글

#1. 용산, 재난의 서막

21 　추모객이 된 대통령… 재난에서 분리된 尹 대통령에 관한 고찰
28 　제 집 노리는 도둑 있는데,
　　 남의 집 문단속하러 간 분단 국가 대통령
35 　'평시 작전'에 실패한 지휘관… '무책임 프레임'에 갇힌 대통령
42 　'평행우주' 윤석열 대통령의 2023년 어느 날 일과
50 　'구중궁궐' 용산의 앙상한 외교 암투? 차라리 블랙핑크 때문이길
57 　'용산 정부'의 실체, 예전에 우린 이런 걸
　　 '레임덕'이라 부르기로 했다

#2. 바이든-날리면, 윤석열 독재의 섬뜩한 징후

65 　'날리면'이란 맥거핀, 이 황당 '정치극'의 엔딩 크레디트가 올라갈 때
72 　'바이든'이 아니었다니! 윤석열 대통령께 사과드립니다
79 　尹대통령이 창조한 거대한 부조리극, 대체 왜 이렇게까지 하는 건데?
85 　한국을 상대로 한 일본의 완벽한 승리, 과학을 오염시키다
91 　윤석열의 '도그 휘슬', 그리고 언론 기술자 이동관의 '공산당 언론'
98 　부하들의 '거짓말' 위에 선, 한때 '정직한 검사'였던 윤석열
104 　"대통령 부부가 둘 다 너무 이상해요"

#3. 검찰 공화국의 시대

113 '석열이 형' 서사의 예견된 '폭망'
119 윤석열 체제, '상상된 질서'를 향한 '아마추어리즘'의 폭주
125 깡패만 잡고 있는 대통령, '검찰 공화국'의 '피로감'이 몰려온다
133 검찰 수사로 대입 전문성 키워온 尹 대통령이 걱정스러운 이유
139 '윤석열·한동훈 동일체'의 '내적 투쟁'에 대한 정신분석학적 보고서
145 윤석열의 '서초동 권력'이 빚어낸 '대혼돈의 멀티버스'
152 김건희, '검찰청 폐지' 역사의 첫 페이지에 나올 그 이름 석자

#4. 물구나무 선 역사

159 尹 대통령의 3·1절 기념사, '학습형 정치인'의 치명적 결함
167 한국인이란 무엇인가, 우린 그렇지 않은 한국인으로 살 수 있을까?
173 윤석열식 역사 거꾸로 세우기, 이승만 숭배의 우회로 뚫기
180 똘이장군 나가신다. 홍범도는 길을 비켜라
186 벌거벗은 '윤석열 외교', 세계정세에 맹렬히 '역주행' 중
193 군인 김오랑, 그리고 박정훈…정부는 국민에게 '모욕감'을 줘선 안된다

#5. 극우 전성시대

201 '공산 전체주의'에 대항하는 '용산 전체주의 세력'에 관한 고찰
208 '극우 유튜버'들과 총선 170석 달성? 대통령의 무운을 빈다
215 '권력 누수' 틈 탄 극우 세력, 윤석열 정부를 '하이재킹' 하다
223 숙주가 된 윤석열, 뉴라이트의 '타깃'은 '합리적 보수' 붕괴
231 윤석열·김건희의 '가장무도회', 인질 잡은 보수정당 이제 그만 놓아주길

#6. 그리고 계엄, 용서받지 못할 자

239 '新권위주의' 윤석열 정부, '스핀 독재' 시대가 도래했다
246 기이한 '승자의 대선 불복', 진짜 이유는 언론 '뽀개버리기'?
254 이상한 대통령의 세계관, 본인을 '전시 지도자'로 상상하고 있나?
261 '군미필' 대통령의 '전투식량 타령'을 보면서
268 '왕의 길' 위에 선 대통령, 권력에 취하게 만드는 자들이 있다
274 윤석열이 '보수'를 향해 저지른 용서받지 못할 '죄악'
280 '윤석열'은 보수의 '질병'이 아니라 '증상'일 뿐이다

287 아직은 닫을 수 없는 글

#1.

용산,
재난의 서막

추모객이 된 대통령…
재난에서 분리된 尹 대통령에 관한 고찰

2022. 11. 8

대통령은 청와대에서 나와 용산으로 들어갔다. 단 하루도 청와대에 있을 수 없다고 했다. 그렇게 2022년 5월 10일 출범한 용산 시대, 청와대의 모든 시스템을 뭉개 버린 아마추어 정권은 국가적 재난을 스스로 감당하지 못했다. 리더십은 시험에 들었다. 2022년 8월 8일에 서울을 비롯한 수도권에 큰 홍수가 났고, 그날 밤 10시 29분경 서울 관악구 신림동에서 반지하 주택이 침수되면서 일가족 3명이 사망했다. 윤석열은 서초동 아크로비스타에서 용산 대통령실로 출퇴근하고 있었다. 본인이 거주하는 아파트가 물에 잠기고 있는데도 태연히 퇴근했고, 신림동 반지하 주택을 들여다보는 사진을 홍보에 이용했다가 비판을 받았다. 그리고 그해 10월 29일 서울특별시 용산구 이태원동 이태원 세계음식거리의 해밀톤호텔 서편 골목에서 핼러윈 축제로 수많은 인파가 몰린 와중에 압사 사고가 발생했다. 159명이 사망하고 195명이 부상을 당했다. **그런데 대통령 윤석열의 태도는 기이했다. 재난을 대하는 그의 모습에선 '책임감'을 찾아볼 수 없었다. 무책임, 앞으로 3년간 벌어질 윤석열 정부의 작동 방식을 예견하는 듯했다.**

대통령은 주인공이 아니라 객석으로 들어가는 걸 선택한 것 같다. 10·29 이태원 참사 이후 대통령은 추모객이 됐다. 윤석열 대통령은 서울광장과 녹사평역에 마련된 분향소에 엿새 연속 방문했다. 분향소는 희생자의 위패가 마련되지 않는 곳이다. 위패는 희생자의 혼을 상징하고, '문상'의 행위는 매우 개인적인 행위다. 위패도 없는 분향소에 대통령이 방문한 것은 엄밀히 얘기하면 추모를 위한 상징적 정치 행위다.

대통령이 며칠씩 분향소를 찾고, 종교 행사에 참석해 희생자의 명복을 비는 행위는 사실 좀 의아했다. 왜 이런 행동을 하는 것인지 궁금증도 생겼지만, 어디에서도 속 시원한 사정을 듣지는 못했다. 이상민 행정안전부 장관이 경찰국 신설을 밀어붙이며 선보인 조직도엔 경찰 지휘 라인 맨 위에 대통령이 자리한다. 그 바로 아래 국무총리와 행정안전부 장관이 있다. 이 경찰청 지휘 체계 변화가 "헌법 법령에 합치한다"라며 직접 설명했던 게 불과 수개월 전이다. 그런데 지금 상황은 국정의 최고 책임자이자 국민 안전의 최고 책임자인 대통령이 스스로를 '추모객' 자리에 놓은 것 같다.

지난 11월 7일 '가감 없이 공개하라'는 명에 따라 대통령실이 공개한 윤 대통령의 발언을 보면, 우리가 이 사안을 어떻게 이해해 볼 수 있을지 조금 더 명확해진다. 대통령은 "그런데 이번에 이태원 참사를 보면서 저는 대통령이 아니라 한 사람의 시민으로서 도저히 이해가 안 되는 점이 있어요"라고 말한다. 그리고 거침이 없었다.

"6시 34분에 첫 112신고가 들어올 정도 되면 그게 아마 거의 아비규환의 상황이 아니었겠나 싶은데, 그 상황에서 경찰이 권한이 없다는 말이 나올 수 있습니까?" "저는 경찰에 정말 제가 묻고 싶어요. 왜 그 앞에, 그 6시 34분에 인파가 너무 밀집해서 숨 쉬기도 어렵고 경찰에 통제 조치를 해달라고 112 신고가 들어올 정도 상황이면 그 상황을 당시에 이태원 지구대든 용산서 경찰관들이든 130여 명의 경찰들이 현장에서 지켜보고 있었는데 경찰서장이 늦게 왔냐, 빨리 왔냐의 문제가 아니고 왜 그런 도로 차단 조치를 해서, 차선 차단 조차를 해서 그 인파들에게 통행 공간만 넓혀주면 벌써 이 압력이 떨어지기 때문에 이걸 중앙선까지만 공간을 확보해줘도 저 해밀톤호텔 옆 골목에서 내려오려고 하는 사람들의 숨통은 터질 수가 있어요. (중략) 그리고 137명이 못 할 상황이 아니에요. 추가로 서울경찰청에서 인원이 보강되거나 용산서에서 비상을 걸어서 경찰관들이 추가로 오지 않아도 충분히 그 상황에서 대응할 수 있는 건데, 이게 도대체 왜 안 이루어졌는지 저는 도저히 납득이 안 갑니다."

"지금 재난의 컨트롤타워, 안전의 컨트롤타워는 대통령이 맞습니다. 모든 국가 위험과 사무의 컨트롤타워는 대통령이에요. 그런데 이것이 얼마나 효과적으로 이루어질 수 있도록 보고 체계나 이런 것들이 신속하게 되느냐. 예를 들면 어떠한 재난이고 행안부나 소방청, 경찰청에서 하는 것이지만, 이게 대통령에 딱 보고되니까 즉각 군을 투입해라, 이런 결정은 다른 데에서 못 하지 않습니까? 그래서 신속하게 보고를 받으면 거기에 상응하는 조치를 취하면서 위험의 확산을 막을 수 있고."

대통령은 정부 최고위 공직자들을 불러모은 자리에서 책임자의 언어가 아니라 경찰의 서비스를 받는 '한 사람의 시민'의 입장으로 사안을 보고 있다. 발생한 일, 발생하지 않은 일, 발생해야 마땅했으나 발생하지 못한 일을 열거한 대통령은 재난의 '컨트롤타워는 대통령'이 맞지만 그 컨트롤타워를 '효과적'으로 이뤄질 수 있게 하는 건 '보고 체계'이며, 이 보고 체계가 제대로 이뤄지지 않아 시스템이 제대로 작동하지 못했음을 질타하고 있다. 말하자면 대통령은 이 재난 상황에서 분리돼 있다.

돌이켜보면 대통령은 지난 8월 수해 현장을 찾았을 때 이런 말도 했다. "서초동에 제가 사는 아파트가 전체적으로는 좀 언덕에 있는 아파트인 데도 거기가 1층에 물이 들어와 가지고 침수될 정도니, 제가 퇴근하면서 보니까 벌써 다른 아파트들이, 아래쪽에 있는 아파트들은 벌써 침수가 시작되더라고요." 지난 9월 뉴욕을 방문한 대통령이 '글로벌펀드 제7차 재정공약회의'에 참석한 후 막말 논란이 벌어졌을 때도, 대통령의 발언은 관전자의 발언이었다. 한국은 당시 글로벌펀드에 1억 달러를 공여하기로 한 '당사국'이다. 그런데 대통령이 하는 말은 "국회에서 이 ××들이 승인 안 해주면 ㅇㅇㅇ이 쪽팔려서 어떡하나"였다. 대통령은 이 순간 당사자가 아니었다.

국가의 중요 사안이 발생할 때마다 대통령은 '관전자'가 되었다. 이 극을 보는 관객은 혼란스러워진다. 배우가 무대 밖으로 튀어나올 때마다 극에 대한 공감도는 떨어진다. 갑자기 객석에 앉은 배우를 보고 있는 관객은 극에 대한 몰입도를 훼방 당한다. 과거 극작가들은 이걸 '소격 효과'라고 불렀다.

대통령과 국정 철학을 함께하는 사람들이 재난을 대하는 태도도 주목해볼 만하다. 참사 초기 정부 주요 인사들의 발언을 보면 이 사건은 거의 '자연재해'에 가깝다. 핼러윈에 인파가 쏠린 현상은 '축제' 때문이 아닌 하나의 '현상'(박희영 용산구청장)이고, '경찰, 소방을 미리 배치한다고 달라질 것은 아닌 일'(이상민 행정안전부 장관)이다. 대통령실에서 근무했던 윤석열 정부 전직 비서관의 인식은 더 참담하다. "왜 부모도 자기 자식이 이태원 가는 것을 막지 못해 놓고 이태원 골목길에 토끼몰이 하듯이 몰아넣었다는 표현이 나오는 것인지"라며 "경찰의 직무 유기 문제를 떠나서 국가가 무한 책임을 지겠다는 자세도 중요하지만, 개인이 선택한 자유의지에 대해 개인도 무한 책임을 져야 한다는 것을 잊어버려선 안 된다"(김성회 전 대통령실 비서관)라고 훈계까지 했다.

윤석열 정부에서 독특하게 이념화 된 '자유'의 실체가 이런 것인

가. 위험천만하게 인파가 쏠린 상황을 불러온 축제는 '현상'이고, 이것은 불가역적인 것이며, 그날 이태원에 갈 자유를 행사한 사람들은 그에 합당한 책임을 져야 마땅하다는 것이 대통령의 인식은 아닐 것이다. 그런데 대통령의 '무대 이탈'과 함께 그 주변인들의 상황 인식이 결합되니 뭔가 이 사건을 대하는 '책임자'들이 공유하는 어떤 기류가 감지되는 것 같기도 하다.

대통령은 후보 시절 부친이 소개해준 밀턴 프리드먼의 《선택할 자유》라는 책에 감명받았다면서 "2006년 대검 중수부 연구관 할 때까지 그 책을 늘 갖고 다녔다"고 했다. 그는 "상부에서 이런 것 단속하라 저런 것 단속하라는 단속 지시가 대검 각 부서를 통해 일선 청으로 내려오는데, 프리드먼 책을 보면 거기에 다 나온다"며 "단속이라는 것은 기준을 잘라줘서 이것보다 떨어지는 것은 형사적으로 단속을 하라는 건데, 프리드먼은 그것보다 더 아래도 먹으면 병 걸리고 죽는 거면 몰라도 부정 식품이라는 것은 없는 사람은 그 아래도 선택할 수 있게 싸게 먹을 수 있게 해줘야 된다 이거야. (중략) 예를 들어 햄버거 50전짜리도 먹을 수 있어야 하는데, 50전짜리를 팔면서 위생이라든지 이런 퀄리티를 5불짜리로 맞춰 놓으면 그건 소비자의 선택 자유를 제한하는 것"이라고 했다.

밀턴 프리드먼은 단순한 사상가가 아니었다. 그는 행동가였다. 과거 칠레의 피노체트 독재 정권에 고용된 '용병'이었고, 자신의 운동을 국가로부터 시장을 해방시키려는 노력으로 봤다(나오미 클라인, 《The Shock doctrine》. 국내 번역서는 《자본주의는 어떻게 재난을 먹고 괴물이 되는가》 모비딕북스). 밀턴 프리드먼의 눈에 피노체트 독재 정권은 '국가의 역할을 최소화하고 개인과 시장의 자유를 극대화하는' 실험장이었다. 피노체트 독재 정권과 '자유'는 어울리는 말인가? 그런데 밀턴 프리드먼에 따르면 그곳은 '자유'의 해방구다. 지금 한국의 대통령에게 '자유'는 19세기 존 스튜어트 밀의 '자유주의'가 아니라, 20세기 밀턴 프리드먼의 '신자유주의'다.

국가의 역할을 최소화하는 것. 그리고 시장과 개인의 자유를 극대화하는 것. 대통령은 지금의 재난 상황에서 스스로를 타자화하고, 재난은 정부의 '자유 이데올로기' 자장 속에서 움직이고 있다. 흔한 대통령의 '사과' 타령을 하려는 게 아니다. 우린 지금 우리가 한국 사회의 맥락에서 인식하고 있던 '대통령직'이 아주 낯설게 변하고 있는 풍경을 목격하고 있다. 어쩌면 예견된 것이었는지 모른다. 여기에서 궁금증이 생긴다. 이 '자유호'는 대체 어디로 향하고 있는 것일까. 정권에 대한 관찰자로서 한 '시민'이 제기하는 의문이다.

불현듯 떠오른 베르톨트 브레히트의 '해법'이라는 제목의 시에 나오는 구절로 글을 마무리해본다.

"국민들은 정부로부터 신뢰를 잃었습니다. 그리고 국민들이 그 신뢰를 되찾는 데는 두 배의 노력이 듭니다. 이럴 바에야, 정부가 국민들을 해산하고 새로운 국민들을 선출하는 게 더 쉽지 않겠습니까?"

국가의 중요 사안이 발생할 때마다 대통령은 '관전자'가 되었다. 이 극을 보는 관객은 혼란스러워진다. 배우가 무대 밖으로 튀어나올 때마다 극에 대한 공감도는 떨어진다.

제 집 노리는
도둑 있는데,
남의 집
문단속하러 간
분단국가
대통령

2023.07.22.

'재난 대처 실패'는 윤석열 정부를 관통하는 키워드다. 2023년 7월 한국엔 또다시 폭우가 내렸다. 1년 전인 2022년 8월 폭우 이후 발생한 '연례' 참사였다. 특히 그해; 7월 15일 충청북도 청주시 오송읍의 궁평2지하차도가 폭우로 인해 침수돼 14명이 사망했다. 그 시간, 대통령은 해외 순방 중이었고, 극비리에 우크라이나로 향했다. 폭우로 인한 사망자 속보가 전해지고 있는 동시간대에 윤석열이 우크라이나 전장의 참상을 둘러보는 사진들이 겹쳐져 타전되고 있었다. 국가가 재난 위기에 처한 시점에 이역만리 떨어진 남의 전쟁터를 방문한다는 것은 일반적으로 상상하기 어려운 일이다. **윤석열의 재난 대응은 이런 식이었다. 유권자들은 대통령에게 참사 예방을 기대하는 것은 아니다. 대통령의 태도와 결기를 기대한다.** 하지만 윤석열은 이태원 참사부터 잦은 수해 참사, 그리고 수해 복구 지원을 나갔다가 거센 물살에 휩쓸려간 해병대원의 죽음 앞에서 단 한번도 책임감 있는 모습을 보여주지 않았다. 그는 부하들 뒤로 숨었고, 엉뚱한 곳에서 눈물을 흘리고 있었다. 초점이 나간 모습들은 윤석열 아마추어 정권을 극명하게 상징하고 있다.

조태용 국가안보실장에 따르면 윤석열 대통령이 폴란드-우크라이나 국경지대에서 키이우행 열차에 올라탄 것은 현지 시간으로 7월 14일 금요일 저녁 8시였다. 폴란드에서 8시면, 우크라이나에선 저녁 9시다. 폴란드와 한국 시차는 7시간 차. 윤 대통령이 키이우행 열차에 올라탄 것은 한국 시간으로는 7월 15일 토요일 새벽 3시다.

호우 특보가 발령된 건 7월 14일 목요일, 윤 대통령이 우크라이나로 출발하기 전 시점이다. 충남 논산 추모공원 납골당 인근에서 산사태가 발생해 방문객 4명이 매몰돼 2명이 숨졌다. 그날 논산에는 시간당 50㎜ 이상의 비가 쏟아졌다. 기상청을 비롯해 모든 언론은 이 비가 주말에 더 쏟아질 것이라고 예고했다. 7월 14일에서 15일로 넘어가는 밤사이 충남 예천군에 231㎜에 달하는 많은 비가 왔다. 14일에서 15일로 넘어가는 새벽은 재해 대비의 골든타임이었다. 충북 오송 지하차도 위험성을 처음 인지한 것은 3시간 30분 후인 토요일 오전 6시 30분경. 당시 행정중심복합도시 건설청(이하 행복청) 직원은 충북도 직원과 세 차례 통화하면서 "미호강 범람 위험이 있고, 이 사실을 청주시·경찰청에도 연락했다"고 말했다. 14일 밤 예천군에 쏟아진 폭우로 약해진 지반은 15일 산사태로 이어졌다. 이로 인해 7명의 무고한 국민이 목숨을 잃었다.

윤석열 대통령은 원래 7월 15일 귀국할 예정이었다. 갑작스럽게 귀국을 미룬 윤 대통령은 한국 시간으로 15일 새벽 3시, 키이우행 열차에 탑승했다. 차량이 흔들려 가끔 마시던 음료가 엎어져 쏟아지는 상황에서 극비리에 우크라이나 영토를 달리고 있었다. 대한민국의 안보 수뇌부인 NSC 의장 대통령과 NSC 상임위원장 조태용 국가안보실장, NSC 사무처장 김태효 국가안보실 제1차장이 모두 이 불안한 열차에 타고 있었다.

윤 대통령은 14시간 걸린 극비 호송 작전을 마치고 우크라이나에 도착했고, 그곳에서 11시간 머물렀다. 김태효 국가안보실 제1차장은 우크라이나행 결정 이유에 대해 "(윤석열 대통령이) 몸소 눈으로 현장을 확인할 때, 보다 구체적으로 우크라이나 상황을 평가할 수 있고 피부로 느끼면서 현지에 뭐가 필요하고 구체적으로 뭘 협력할지 명확히 식별 가능하다"라고 말했다. 그리고 다시 폴란드로 돌아오는 데 13시간이 걸렸다. 그사이 한국에서는 50명의 사망·실종자가 발생했다.

우크라이나로 출발하기 직전 한국에서는 호우 피해로 사망자가 발생하기 시작했고, 하필 대통령이 우크라이나에 있을 때 모든 인명 피해가 발생했다.

국정이라는 건 선택의 문제라고 치자. 무엇이 중하고, 무엇이 덜 중한지 판별하는 일이기도 하다. 중한 일을 제치고 다른 일에 착수했다면 최소한 유권자들이 납득할 만한, 그에 상응하는 국익을 창출해야 한다. **대통령의 우크라이나행은 중한 일(호우 대응)을 제치고 다른 선택을 한 행위다. 하지만 우리에게 무슨 이익을 남겼는지 알 수 없다. 오히려 한국에서는 기이한 일들이 벌어지기 시작했다.**

뉴스 소비자들이 주로 접하는 뉴스는 TV와 인터넷 포털이다. 중앙안전재난대책본부(이하 중대본) 본부장(이상민 행정안전부 장관)이 공석인 상황에서 중대본발로 시시각각 피해 상황이 전해지고 있을 때, 8000km 떨어진 타국에서 '생즉사 사즉생'을 말하고 있는 뉴스가 어지럽게 섞여나왔다. 온 나라가 호우 참사에 관한 애도의 기사를 전할 때, 윤 대통령은 외국의 전쟁 희생자를 애도하고 있는 사진을 내걸었다. 국내에서 산사태의 끔찍한 보도사진이 쏟아지는 시점에 대통령은 이역만리 타국의 전쟁 피해 도시 폐허를 둘러보며 걱정스러운 표정을 짓고 있었다. 호우 참사 재난 유가족들이 울부짖고 있을 때, 난민 아이의 얼굴을 감싸쥔 영부인의 사진이 떴다.

우크라이나행을 결정한 것을 되돌릴 수 없었다면, 최소한 국내 재난 상황을 의식해 홍보를 미룰 수도 있었다. 호우 피해가 이어질 분단국가의 특성상, 휴전 국가의 특성상, 한국의 대통령은 타국의 전장에 직접 방문하는 건 삼가는 게 맞다. 이 간단한 사실을 자주 잊는 것 같다. 기시다 일본 총리나 바이든 미국 대통령, 유럽의 지도자들이 우크라이나를 경쟁적으로 찾아도 '분단국가의 지도자' 윤석열 대통령은 달라야 한다.

때는 대통령 홍보 사진을 화상 회의 장면이나 정상회담 위주로 뿌려 의미 부여를 간소화하고, 재난 상황이 수습된 후 우크라이나 일정과 의미를 차분히 브리핑할 수도 있었겠다. 그러나 대통령실의 정무·홍보 담당자들은 우리나라의 국가적 재난 상황에서, 타국의 재난을 마주하는 대통령 부부의 이미지를 담아 홍보 자료를 무차별적으로 뿌렸다. TV와 뉴스 포털사이트에서 벌어진 건 기이한 대혼돈의 '멀티버스'였다.

우크라이나행이라는 선택이 잘못이었다는 점도 지적하고자 한다. 첫째, 젤렌스키 대통령과 정상회담은 이미 한 차례 있었다. 지난 5월, 양국 정상은 G7 정상회의가 열린 일본 히로시마에서 만났다. 이때 이미 윤 대통령은 우크라이나에 대한 한국의 지속적인 지원을 약속하고, 한국 기업의 우크라이나 재건 참여를 요청했다. 그에 앞서 윤 대통령은 특사로 방한한 젤렌스키 대통령의 부인 젤렌스카 여사도 만났다. 미국, 일본 등 우리와 밀접한 국가 정상을 제외하고 타국 정상을 두 달 간격으로 연쇄 회동하는 일은 매우 드문 일이다. 두 달 전 만난 대통령을 또 만나야 할 만큼 절박한 이유가 있었을까 의문이다. 김태효 차장의 말대로 '몸소 눈으로 현장을 확인'하는 것 이상의 일이었을까? 결국 이건 '전장에 간 대통령' 이미지를 만들기 위한 대통령 개인의 욕심으로 보일 뿐이다.

둘째, 심지어 한국은 아직 전쟁 중인 국가다. 북쪽에는 우리의 '주적'이 존재한다. 윤 대통령의 인식대로라면, "반국가 세력들이 핵무장을 고도화하는 북한 공산 집단에 대하여 유엔 안보리 제재를 풀어달라고 읍소하고, 유엔사를 해체하는 종전 선언을 노래 부르고" 다니는 나라가 바로 한국이다. 종전 선언 추진을 비난하던 윤 대통령은 언제 전장이 될지 모르는 자국을 두고 8000km 떨어진 타국의 전장에서 '생즉사 사즉생'을 말하고 있다. 유체이탈은 이럴 때 쓰는 말이다.

만약에 수해가 없었다 가정하고 (가정은 의미 없는 일이지만) 윤 대통령이 우크라이나행을 결정했다고 치자. 대한민국 안보 수뇌부가 '열차 왕복 27시간+체류 11시간' 동안 우리 군의 호위도 없이 이역만리 타국의 열차 안에서 화상 회의를 하고, 타국의 전장을 둘러보며 '재건 사업' 구상을 하고 있을 때 북한이 도발을 감행했다면 어찌 됐을까. 생각만 해도 아찔하다. 38시간 동안 타국의 전쟁터를 '첩보 작전'하듯 방문한 시점에 한국의 안보 수뇌부는 한국 땅에 존재하지 않았다. 입만 열면 '북한의 위협'을 언급하는 휴전 국가의 대통령이 타국의 교전 지역을 방문해 '70년 전 한국'을 떠올리는 상황이 결코 정상적으로 보이지 않는다. 심지어 70년 전 우크라이나는 소비에트 연방의 일원으로 한국전쟁에 참전해 북한을 도왔다.

모든 부분에서 '초점'이 어긋나 있다. 때와 장소에 맞지 않는 말들이 버젓이 나온다. 우크라이나에서 이순신 장군의 '생즉사 사즉생'을 외친 것도 기이하다.

분단국가의 특성상, 휴전 국가의 특성상, 한국의 대통령은 타국의 전장에 직접 방문하는 건 삼가는 게 맞다. 이 간단한 사실을 자주 잊는 것 같다. 기시다 일본 총리나 바이든 미국 대통령, 유럽의 지도자들이 우크라이나를 경쟁적으로 찾아도 '분단국가의 지도자' 윤석열 대통령은 달라야 한다. 우크라이나를 방문한 저 지도자들의 나라는 자신의 영토에서 전쟁을 하고 있는 나라들이 아니다. 제 집 노리는 도둑이 있는데 남의 집 문단속하러 가는 가장을 어찌 바라봐야 하는가.

휴전국인 대한민국 대통령은 대한민국과 1분 1초도 연락이 끊겨

==선 안 된다. 공군1호기도 아니고, 언제 연락이 끊길지 모르는 불안한 열차를 타고 타국 전장을 누비는 대통령의 모습은 오히려 안보 불안을 키운다. 우크라이나에 가서는 안 되는 세 번째 이유로 언급할 '러시아 자극'은, 앞의 두 가지 이유만으로도 충분해 언급하기조차 사치스러워진다.==

2000조 원대 재건 사업 '잭팟'과 같은 기사들이 등장하는 것도 부끄러운 일이다. 2000조 원은 누가 내는 돈인가? 그 돈은 우리의 것인가? 그에 앞서 북한과 교전 중인 국가에서 '우크라이나 드림'을 꿈꾼다는 걸 대놓고 홍보하는 분단국가의 지도자가 세상에 어디 있나. 기이한 일들의 연속이다.

'평시 작전'에 실패한 지휘관…
'무책임 프레임'에 갇힌 대통령

2023.08.12.

2023년 8월 1일 전라북도 부안군 새만금 일원에서 제25회 세계스카우트잼버리대회가 열렸다. 보이스카우트 대원 출신 최초의 한국 대통령인 윤석열은 여름휴가 시작에 앞서 잼버리 개막식에 직접 참석했다. 하지만 이어진 행사는 그 자체로 '재앙'이었다. 야영장의 위생 상태는 최악이었고, 폭염으로 인한 단체 온열 질환 및 코로나19 환자가 발생했다. 한국스카우트연맹, 전라북도, 여성가족부, 행정안전부, 문화체육관광부 등 대한민국 정부 중앙 부처들이 꾸린 집행위원회의 부실 운영과 열악한 부대시설을 이유로 중도 퇴영 국가가 속출했다. 당시 북상하던 태풍 카눈에 대한 우려가 극에 달하자 8월 8일부로 참가자 전원 중도 퇴영 결정이 내려진다. 세계스카우트연맹 사무총장은 "스카우트 잼버리 100년 역사상 처음으로 엄청난 도전에 직면했다"고 밝혔다. **윤석열은 이 재난에 가까운 사태에서도 대통령다운 모습을 보여주지 못했다. 그는 개막식에 화려하게 등장하며 자신을 부각하기 위한 세러머니에 집중했을 뿐, 파행 운영의 책임은 전라북도와 중앙 부처 공무원들에게 돌렸다.**

새만금 세계잼버리대회 파행 사태의 근본 원인은, 노태우 정부가 시작한 이래 지금까지 단 한 명의 대통령도 책임지지 않은 은폐된 '개발주의'의 비극이 우리 가까이에서 희극적으로 전 세계를 향해 '팝업'된 것이다. 하지만 일단 이 문제는 이 칼럼의 주제가 아니다.

핵심은 심플하다. 이건 돌발 재난에 따른 '국가 위기' 상황이 아니라 6년 전부터 준비한 '평시 행사' 상황이었다. 국가 재난 대처에 실패할 때는 이런저런 이유가 있을 수 있다. 하지만 6년간 준비한 행사를 '수행'하는 데에 실패할 때는 이런저런 이유 따위는 필요 없다. 《대통령의 자격》을 쓴 윤여준은 "위기 관리 능력이 있으려면 평상시에 뛰어난 국정 수행 능력이 있어야 된다"며 "평소 실력이 안 되는데 어떻게 위기 대응을 하나"라고 말했다. 평시 작전에 실패하는 지휘관이 전시 작전에 성공할 리 만무하다. 변명의 여지가 없다. 그렇다면 '책임감'이라도 있어야 한다.

==불행인 건 윤석열 정부의 책임 의식이 선택적이란 점이다. 사람들은 대통령실 명패에 새겨져 있다는 'The BUCK STOPS here!'(모든 책임은 여기, 즉 나에게서 멈춘다)에서 '여기(here)'가 어딘지 갈피를 못 잡고 있다. 윤석열 정부를 수식하는 말이 '무책임'이라는 키워드로 수렴되고 있다는 건 불길한 징조다.==

몇 가지 사례만 들어보자. 2022년 10월 29일 대한민국 대통령실이 위치한 도심 한복판에서 159명의 희생자가 발생한 이태원 참사와 관련해 책임을 진 고위 관료는 없다. 대한민국 안전의 주무 부처인 '행정안전부' 장관 이상민은 "통상과 달리 경찰이나 소방 인력을 미리 배치함으로써 해결될 수 있는 문제는 아니었다"고 했다. 그렇다면 이태원 참사 직전 5만5000명이 운집한 부산 BTS 콘서트에 경찰 1300명을 투입한 것이 설명되지 않는다. 전국적으로 '묻지 마 칼부림' 예고 글이 퍼져 나갈 때 경찰 장갑차를 도심 곳곳에 배치한 것도 설명되지 않는다. 유독 참사가 일어난 핼러윈 축제에만 '경찰이 배치돼 해결될 문제가 아니었다'라는 건 납득하기 어려운 설명이다. '많은 사람이 운집할 거라는 사실을 간과했고, 이는 명백한 잘못이다'라고 말하는 게 자연스러운 설명이다.

문제는 대통령의 태도다. 윤석열 대통령은 국무회의 발언을 통해 경찰을 조목조목 비판했다.

"저는 경찰에 정말 제가 묻고 싶어요. 왜 그 앞에, 그 6시 34분에 인파가 너무 밀집해서 숨 쉬기도 어렵고 경찰에 통제 조치를 해 달라고 112 신고가 들어올 정도 상황이면 그 상황을 당시에 이태원 지구대든 용산서 경찰관들이든 130여 명의 경찰들이 현장에서 지켜보고 있었는데 경찰서장이 늦게 왔냐, 빨리 왔냐의 문제가 아니고 왜 그런 도로 차단 조치를 해서, 차선 차단 조치를 해서 그 인파들에게 통행 공간만 넓혀주면 벌써 이 압력이 떨어지기 때문에 이걸 중앙선까지만 공간을 확보해줘도 저 해밀톤호텔 옆 골목에서 내려오려고 하는 사람들의 숨통은 터질 수가 있어요. (중략) 이게 도대체 왜 안 이루어졌는지 저는 도저히 납득이 안 갑니다."

대통령은 이상민 행정안전부 장관이 경찰국 신설을 밀어붙이며 내놓은 '경찰청 지휘 체계 변화' 조직도의 지휘 라인 맨 위에 자리한다. 그런데 'BUCK(책임)'은 대통령 앞까지 아예 도달하지 않고 있었다. 대통령은 참사 엿새 만에 조계사에서 열린 위령제에서 추도사를 했다. "다시는 이런 비극이 발생하지 않도록 하는 큰 책임이 저와 정부에 있음을 잘 안다." 그게 끝이었다. 툭 하면 '장관 자리'를 거는 장관들 중 누구도 '자리'를 내놓지 않았다. 후배가 승진해도 옷을 벗는 '미풍양속(?)'을 간직한 검찰 조직 출신이 대통령이 됐는데, 이 정부에서는 정작 책임져야 할 일이 생길 경우 하급 관리 몇 명이 책임지고 수사 받는 게 전부다.

충북 오송 지하차도 참사에 대해서도 대통령은 사과 한 마디 없다. 충북도지사, 행정안정부 장관은 책임론에서 쏙 빠져 있다. 한덕수 국무총리가 이상래 행복청장 인사 조치를 건의했지만, 여태 뒷소식은 없다. 참사 발생 후 되레 지하차도 인근에서 폭우에 고군분투

한 경찰관 몇 명을 잡겠다고 허둥지둥했다. 폭우 실종자 수색 중 사망한 채수근 해병대원의 비극도 비슷하게 흘러간다. 해병대 수사단장이 사단장에 과실치사 혐의를 적용한 조사 결과를 이종섭 국방부 장관에게 보고해 결재를 받았는데 갑자기 뒤집히고 수사단장이 '집단항명수괴'로 형사 입건됐다. 대체 책임은 누가 지고 있는 걸까?

대통령이 책임지겠다고 공언한 건 엉뚱하게도 일제 강제 동원 제3자 변제안 해법 같은 사안이다. 윤 대통령은 일본 전범 기업에 구상권을 청구하지 않겠다고 했고, 이것이 한일 관계 개선을 위한 자신의 대선 공약을 실행한 것이라고 주장했다. 대통령실은 윤 대통령의 강제 동원 해법 및 한일 관계 관련 발언을 편집해 "모든 책임은 제게 있습니다" 등의 문구로 유튜브 쇼츠를 만들어 홍보했다. 역사 앞에서 책임은 본인이 진다고 한다. 그런데 우린 '역사 앞에서 책임진다'라는 자세로 남북 평화 정책을 추진했던 문재인 정부의 대북 정책을 뒤집고 있는 윤석열 정부를 보고 있다. 본인들이 대북 정책을 손바닥 뒤집듯 뒤집었는데, 대일 정책은 뒤집히지 않을 거라는 장담을 하는 건가? 고독한 결단, '신념 윤리'의 과잉 속에서 'The BUCK STOPS HERE!' 문구는 '당장 추궁되지 않을 책임' 앞에서만 유효하다.

잼버리 파행 사태 앞에서도 'BUCK'은 여지없이 도달하지 못했다. 대신 국민의힘은 '전 정부 탓'에 심취해 있다. 선택적 책임이다. 수해 피해의 책임에 대해 윤재옥 원내 대표는 "졸속 결정으로 상시 개방된 보가 이번에 기록적 폭우가 쏟아진 충청권 취수를 담당했던 보였다"라며 문재인 정부를 지목했다. '순살 아파트' 사태에 대해 윤 원내 대표는 "LH 전·현직 직원들의 땅 투기가 드러난 지 얼마 되지 않아 아파트 철근 누락 사태까지 터진 것을 보면 문재인 정부의 주택 건설 사업 관리 정책에 심각한 결함이 있었음을 추정해 보지 않을 수 없다"라고 주장했다. ==심지어 윤 대통령 처가 일가의 땅 주변으로 종점이 변경된 서울-양평고속도로 논란도 문재인 정부 시절 '용역'에 착수했다며, 양평고속도로 인근에 문재인 정부 참여 인사들의 집이 있다고 목소리를 높였다.==

문재인 정부가 잘못했다고 주장하며 집권했으니, 어느 정도의 '적폐 청산'은 불가피하다고 볼 수 있다. 하지만 국가적 재난이 날 때마다, 사회적으로 관심이 집중된 사태가 벌어질 때마다 전가의 보도처럼 '전 정부 책임론'을 꺼내드는 건 공교롭다. 정부 출범 1년 3개월, 인수위 출범 1년 6개월 가까이 지났는데, 눈앞에 벌어지는 재난마다 '전 정부 탓'을 한다면 납득할 만한 국민들이 몇이나 있을까. 이건 스스로 '무책임 정권' 프레임을 강화하는 일이다. 잼버리 파행 사태에서 '아마추어 행정'이 앙상하게 드러났는데, 여권의 'BUCK'은 아직 저 남쪽 동네 전라북도 앞에서 멈췄고, 도저히 올라올 기미가 보이지 않는다.

막스 베버는 정치가의 신념 윤리와 책임 윤리에 관해 말했다. 신념 윤리는 신념에 의한 행위가 나쁜 결과를 가져온다고 하더라도 그 책임은 타인의 어리석음과 세상의 악함에 있을 뿐, 나의 신념은 옳다는 것을 말하는 태도다. 이를테면 정책이 실패해도 '카르텔 청산'의 대의는 실행되야 한다는 것처럼. 이건 '혁명가'의 논리다(윤석열 대통령은 카르텔을 말할 때 가끔 혁명가처럼 보이는 언사를 자주 구사한다). 책임 윤리는 정치가가 인간의 선의와 완전함을 전제할 권리를 갖고 있지 않기 때문에, 자신의 행위의 결과에 대한 책임을 다른 사람에게 떠넘길 수 없다고 말하는 태도다. 베버는 두 가지 윤리가 조화를 이뤄야 한다고 말한다.

하지만 윤 대통령은 전자에 충실할 뿐, 후자엔 눈 감는 모습을 자주 보여준다. 그의 신념 윤리는 거의 100년간 지속된 근현대사 '한일 관계'의 고르디우스 매듭을 단칼에 자를 수 있는 용기로 드러나지만, 책임 윤리는 선택적 침묵으로 피해 가거나 '전 정권의 잘못'으로 돌리는 경향을 보인다. 신념 윤리가 부족해도 정치를 하기 어렵지만, 책임 윤리가 부족하면 더욱 어렵다. '무책임'의 프레임은 '불안정한 정치가 윤석열'의 이미지를 강화한다.

잼버리대회 운영은 폭우나 도심 참사와 같은 돌발적 재난 대처나 신념 윤리를 앞세운 '고독한 결단' 같은 게 아니다. 대통령은 지난 2023년 3월 한국스카우트연맹 명예총재로 추대됐다. 잼버리대회의 성공을 대통령이 '책임지겠다'는 의지로 받아들여졌다. 하지만 평시에 벌어진 '준비된 파행'은 8월 8일 충남 홍성군에서 조직위의 행정 혼선으로 인해 '아무도 오지 않는 잼버리 환영회'가 열린 것에서 정점을 찍었다. 국민들은 재난 속에서 '국가는 어디에 있느냐'를 묻고 있는 게 아니라, 잘 짜였다고 믿은 시스템 속에서 '국가는 어디에 있느냐'를 묻고 있다.

==늦지 않았다. 'The BUCK STOPS HERE!'를 신조로 삼은 윤석열 대통령, 아니 '대한민국 대통령'의 '책임 윤리' 발현을 기대해본다. 미국 제33대 대통령 해리 트루먼의 백악관 집무실 책상 위 'The BUCK STOPS here!' 명패의 뒷면에는 '나는 의심이 많은 사람'이라는 의미로 'I'm from Missouri'가 쓰여 있었다고 한다.== 책임지는 일을 하기 위해서는, 혹은 책임져야 할 일이 벌어지면 먼저 스스로를 의심해야 한다. 대통령의 '신념 윤리' 과잉과 '책임 윤리' 부족을 돌아볼 때다.

정부 출범 1년 3개월, 인수위 출범 1년 6개월 가까이 지났는데, 눈앞에 벌어지는 재난마다 '전 정부 탓'을 한다면 납득할 만한 국민들이 몇이나 있을까. 이건 스스로 '무책임 정권' 프레임을 강화하는 일이다.

'평행우주' 윤석열 대통령의 2023년 어느 날 하루 일과

2023.07.08.

윤석열의 용산 시대는 대선 후보 시절 약속을 뒤집는 일들의 연속이었다. '공간이 의식을 지배한다'며 국민과의 소통을 위해 용산으로 집무실을 옮겼지만, 그것이 쇼일 뿐이라는 건 윤석열 스스로에 의해 폭로됐다. 표를 얻기 위해 그럴싸한 말들로 포장해왔던 것들이 하나둘 거짓으로 드러났다. 거짓말을 해놓고 태연히 상황을 꿰어 맞추는 그 궤변들이 국민들을 질리게 했다. 윤석열의 별명은 '59분 대통령'이었다. 대선 캠프 대변인을 지낸 《조선일보》 출신 이동훈이 붙인 별명이다. 1시간 회의를 하면 59분간 (혼자서) 하고 싶은 말을 한 후 1분 동안 의견을 듣는다. 영부인 김건희에 대한 우려 역시 정권 초부터 제기된 문제다. 김건희는 국가적 과업이라던 부산 엑스포 유치전에 손을 댔다. 정권 차원에서 김건희의 헌신이 대대적으로 홍보됐다. 하지만 2023년 11월, 엑스포 부산 유치는 119 대 29표라는 처참한 성적으로 끝이 났다. 대통령이 어떤 약속을 하고 어떻게 스스로 파기했는지, 우리 인식 너머 어딘가에 존재할 평행우주 속 윤석열의 '가상 하루'를 그려보았다.

어느 우주의 지구. 2023년 7월 대한민국 서울. 장맛비가 한창 내리는 어느 날 아침 8시 50분, 대통령은 푸른 넥타이를 여몄다. 9시, 기자들이 용산 대통령실 청사 앞에서 대통령을 기다린다. 오늘의 현안은 개각, 장관 내정자 발표 여부다. 용산 청사에 들어서자 기자들이 질문을 쏟아냈다.

기자 국무위원 발표는 언제쯤 가능할까요?

대통령 아직 발표는 좀 더 기다려봐야 하겠습니다. 책임총리제하에서 국무총리가 추천한 장관 후보자와 관련해 총리와 상의할 일이 아직 남았습니다. 조금 더 기다려주시길 바랍니다. (2021년 4월 10일 대통령직인수위는 한덕수 국무총리 후보자가 직접 국무위원 추천서를 작성했다는 내용의 문건을 공개했다. 인수위는 "역대 인수위원회에서 장관을 지명할 때 처음 있는 일이다. '책임총리제'를 실현해 나가겠다는 대통령 당선인의 의지"라고 했다.)

기자 장관 후보자 기준은 어떻게 됩니까?

대통령 최고의 전문가들을 뽑아서 적재적소에 두고 저는 시스템 관리나 하면서 대통령으로서 국민과 소통하고 챙겨야 할 어젠더만 챙기겠습니다(2021년 10월 19일 부산 해운대구 갑 당원협의회를 방문한 자리에서 윤석열 대통령은 "전두환 대통령이 쿠데타와 5·18만 빼면 그야말로 정치를 잘했다는 분들도 있다"면서 이 같이 발언한 바 있다).

다른 현안에 대한 질문이 나오자 대통령은 "기존 상황에서 특별한 변동 없습니다"라고 했다. 민감한 사안들에 대해선 이런 식의 건조한 답변으로 이내 상황을 넘겼다. 처음엔 정제되지 않은 발언으로 실수도 많았지만, 1년 이상 '도어스테핑'을 뚝심 있게 하면서 생긴 대통령만의 노하우였다.

대통령 더 질문 없으시죠?

대통령은 도어스테핑을 마치고 곧바로 국무회의에 참석했다. 대통령이 자리에 앉자 브리핑이 시작됐다. 국무회의 석상에는 30대 장관들이 여러 명 앉아 있었다. (윤석열 대통령은 후보 시절인 지난 2021년 12월 19일 "디지털 플랫폼 정부가 되면 아마도 30대 장관이 한두 명이 아니고 여러 명 나올 것"이라고 말했다.)

1시간 동안 이어진 국무회의에서 대통령은 59분 동안 장관들의 보고를 경청했다. '30대 장관'이 여럿 나온 첫 내각에서, 이날 국무회의의 마지막 현안과 관련해 올해 '만 나이 36세'인 교육부장관이 일어서서 브리핑을 했다. 수능 모의고사 관련 현안이었다. "6월 모의고사에서 '킬러 문항'으로 의심되는 사례들이 발견됐습니다. 킬러 문항은 사교육을 조장하는 것으로서, 대통령의 공약임은 물론이고 야당도 '킬러 문항 방지법'을 낸 바 있어서 야당의 협조도 얻을 수 있을 것으로 보입니다."

36세 교육부장관은 대통령이 인정한 '스타 장관'으로 통했다. 전문성과 책임감, 그리고 일을 맡아 하는 뚝심이 대중들에게 소구력을 가졌다고 평가됐다. '스타 장관'은 마지막에 겸손하게 말했다. "대통령은 검찰 초년생인 시보 때부터 수십 년간 검사 생활을 하며 입시 부정 사건을 수도 없이 다루셨죠. 대학 제도의 사회악적 부분, 입시 제도 전반을 정확히 꿰뚫고 계신 것으로 압니다… 저도 전문가지만 특히 입시에 대해서는 윤 대통령님이 수사를 하면서 깊이 고민하고 연구도 하신 것을 알기에 저도 진짜 많이 배우는 상황입니다."

대통령이 고개를 끄덕였다. 59분간 장관들의 브리핑을 경청하던 윤석열 대통령은 1분 동안 마무리 발언을 했다.

"저도 경제 권력, 정치 권력 수사를 하면서 뭐 일반 국민들 못지않게 많이 익혔습니다만 그 뭐 조금 아는 거 가지고 할 수가 없어요."(2021년 10월 19일 부산 해운대구 갑 당원협의회를 방문한 자리에서 윤석열 대통령은 "전두환 대통령이 쿠데타와 5·18만 빼면 그야말로 정치를 잘했다는 분들도 있다"면서 이같이 발언한 바 있다.)

대통령의 겸손한 말에 장관들이 고개를 끄덕였다.

다음 일정은 야당 지도부와의 비공개 오찬이었다. 대통령은 오찬 자리로 향하며 푸른 넥타이를 다시 고쳐 맸다. 용산 회의실엔 도시락이 마련돼 있었다. 야당 대표가 대통령을 반갑게 맞이했다. 현안이 많았다. 대통령은 59분간 야당 대표의 말을 경청했다. 다만 중간중간 "그것은 이러저러해서 저희 입장에선 받아들일 수 없습니다"라고 거절했고, 이견이 없는 이슈에 대해선 "야당의 주장과 여당의 주장이 크게 다르지 않으니 조정해보고, 저희가 양보할 것은 양보하겠습니다"라고 말했다. 야당 대표의 요구 사항이 끝나자 59분간 경청하던 대통령은 1분간 마무리 발언을 시작했다.

"민생을 살리고 국익을 우선하는 정치는 대통령과 여당의 노력만으로는 불가능합니다. 의회와 소통하고 야당과 협치하겠습니다. 국정 현안을 놓고 국민들과 진솔하게 소통하겠습니다."(2022년 5월 10일 윤석열 대통령 당선인의 첫 당선 인사 발언)

대통령의 말에 야당 대표는 고개를 끄덕이며 "저희도 협조할 것은 협조하겠습니다"라고 화답했다.

대통령의 다음 일정은 국무총리와의 면담이었다. 국무총리가 장관 인사 제청안 최종 버전을 들고 왔다. 대통령은 국무총리의 말을 경청했다. 국무총리는 "지금 내각에 30대 젊은 장관들이 많으니, 노인 세대를 대표할 장관도 필요하다"라는 취지로 건의를 했다. 대통령은 국무총리의 제청권을 존중하겠다고 말했다. 그리고 대통령은 국무총리에게 '낙하산 인사'에 관한 야당 대표의 우려를 전하며 "캠프에서 일하던 사람을 시킨다? 전 그런 거 안 할 겁니다"라고 말했다. (윤석열 대통령은 대선 후보 시절이던 2021년 10월 6일 열린 한 토론회에서 "여기에다가 사장 누구 지명하고 이렇게 안 하고요. 캠프에서 일하던 사람을 시킨다? 저 그런 거 안 할 겁니다"라고 말했다.)

총리는 낙하산 인사를 최소화하겠다고 말했다. 대통령은 만족스러웠다. 이후 대통령은 수석 비서관 회의를 소집했다. 수석들은 대통령에게 "영부인이 집에서 살림만 할 수 없다"며 영부인을 위한 제2부속실을 설치해야 한다고 건의했다.(김대기 대통령 비서실장은 2023년 5월 24일 국회 운영위원회에 출석해 영부인 김건희 전 코바나 대표의 '넷플릭스 한국 투자 계획 보고' 관련 야당 질의에 "영부인이라고 집에서 살림만 하라는 건 아니지 않냐"라고 반박한 바 있다.)

그러나 대통령은 "대통령 부인은 그냥 대통령의 가족에 불과하다"고 일축했다. (윤석열 대통령은 후보 시절인 2021년 12월 21일 《동아일보》 인터뷰에서 "대통령 부인은 그냥 대통령의 가족에 불과하다"며 "집권하면 (대통령 배우자를 보좌하는) 청와대 제2부속실을 폐지하겠다"라고 말한 바 있다.)

영부인은 대선 기간 때 불거진 허위 학력 기재 문제 때문에 "일과 학업을 함께하는 과정에서 제 잘못이 있었습니다. 잘 보이려 경력을 부풀리고 잘못 적은 것도 있었습니다. 그러지 말았어야 했는데, 돌이켜보니 너무나도 부끄러운 일이었습니다"라고 사과하며 "남편이 대통령이 되는 경우라도 아내의 역할에만 충실하겠습니다"고 말한 바 있다. 대통령은 이 말을 뒤집을 수 없다고 생각했다.

수석 비서관들과 회의가 끝난 후 결재해야 할 서류들을 살피던 대통령은 퇴근 시간이 가까워진 것을 느끼고 자리에서 일어났다. 옷걸이에서 재킷을 뽑아들었다. 최초의 '출퇴근 대통령'답게 그는 일과를 마무리하고 퇴근길에 나섰다. 관용차 안에서 본 서울은 뿌연 풍경 위로 빗줄기가 점점 굵어지고 있었다. 관저에 들어섰다. 대통령은 현관에 물이 들어차 있는 것을 보았다. 대통령은 신발을 벗으려다 다시 신고, 용산 집무실로 되돌아갈 결심을 한 후 운전기사에게 차를 돌리라고 지시했다.

저녁 8시가 넘은 시각, 용산 집무실에 들어선 대통령은 자신의 책상 위에 놓여 있는 'The BUCK STOPS HERE!'라는 팻말을 봤다. 새삼스럽게 대통령은 등골이 서늘해졌다. 그리고 속으로 되뇌었. '난 잘하고 있는 걸까.'

위 글은, 평행우주 어딘가에 또 다른 한국 대통령이 존재한다는 SF적 가정하에 완전히 허구로 작성한 소설이다. 단, 인용된 글 가운데 윤석열 대통령이 직접 후보 시절, 당선 초기에 한 말들은 그 출처를 밝혀 놓았다. 후보 시절과 당선 직후 대통령의 구상은 지금의 국정 운영에 잘 착근하고 있는가? 유권자들이 판단할 일이다. 다만 몇 가지는 짚어야겠다.

==윤 대통령은 '30대 장관이 여럿 나올 것'이라고 했지만 현재까지 단 한 명도 나오지 않았다. 오히려 국무위원은 '서오남'(서울대 50대 남성)으로 설명되고, '검사 정권'으로 수식된다.== 윤 대통령이 직접 언급한 '책임 총리, 책임 장관, 스타 장관' 역시 좋은 평가를 내리기 어렵다. 대통령실 비서 출신을 다섯 명이나 차관 자리에 '하방'시켰다. '차관 직할 통치'를 이룬 것은 가히 기괴하기까지 한데, 나아가 이런 '차관 직할 통치'는 장관을 제청해야 하는 '책임 총리'의 약속이 담긴 문서를 휴지 조각처럼 구겨버린 일이었다. "이런 국정 운영은 건국 이래 처음"(김종인 전 국민의힘 비상대책위원장)이라는 이런 구상은 대통령이 본인의 입으로 말한 '책임 장관'과 '책임 총리', 두 마리 토끼를 단방에 기절시켰다. 아, '스타 장관'(한동훈 법무부장관) 한 명이 배출되긴 했다. 조금 다른 의미지만….

'전문가를 기용하겠다'라던 대통령의 공약은 대통령이 스스로 '전문가'의 반열에 오르면서 지켜져 버렸다. 오히려 교육 전문가가 대통령에게 '배우는 상황'(이주호 교육부장관)까지 만들어냈으니 공약 '초과 달성'인가.

'용산 시대의 상징'이라는 도어스테핑은 진작에 없어졌다. '국민 소통'은 퇴색했고 남은 건 '청와대'라는 관광 상품과 '용산'이라는 새로운 구중궁궐이다. 대신 국민의힘 지도부와 정부 부처는 불리한 언론 보도와 합리적 의혹 제기에 '가짜 뉴스' 딱지를 붙이고 일전 불사의 기세를 다잡는다. 야당과 협치는커녕, 야당 대표를 만나지도 않고 있다.

영부인이 직접 디자인하고 제작했다는 '키 링'으로 대통령실 공식 홈페이지를 장식하고, 정부 차원의 중점 과제인 '엑스포 유치'의 상징으로 띄워 올렸다. '이럴 거면 제2부속실을 설치해 영부인을 보좌하고 관리하라'는 지적이 쏟아지지만, 각종 논란에도 대통령실이 직접 영부인의 활동을 챙기고 보좌한다. 엑스포 유치와 같은 국가 정책에 영부인이 미치는 영향력이 늘어나는 데도, '가족일 뿐'이라는 영부인이 '가족'으로 관리되지 않고 '대통령실'에 의해 직접 관리되는 이유는 도대체 알 수가 없다. 선출된 대통령과 선출되지 않은 영부인의 역할이 대통령실이라는 하나의 보좌 기구 안에서 어지럽게 겹쳐 있다.

대통령 선거 캠프 출신 김홍일 전 검사가 국민권익위원회 위원장에 내정됐다. '혈서 퍼포먼스'로 유명한 이은재 전 의원은 전문건설 공제조합의 이사장이 됐다. 한국전력 사장에 대통령 선거 캠프 출신 전직 정치인이 내정됐다는 설이 파다하다. 심지어 '공공기관 인사는 대통령 주변 실세 ○○○가 관장한다'라는 소문이 여의도에서 파다하다. "그런 거 안 한다"던 대통령은 저 평행우주 어딘가에 존재하고 있을까?

'용산 시대의 상징'이라는 도어스테핑은 진작에 없어졌다. '국민소통'은 퇴색했고 남은 건 '청와대'라는 관광 상품과 '용산'이라는 새로운 구중궁궐이다. 대신 국민의힘 지도부와 정부 부처는 불리한 언론 보도와 합리적 의혹 제기에 '가짜 뉴스' 딱지를 붙이고 일전 불사의 기세를 다잡는다. 야당과 협치는커녕, 야당 대표를 만나지도 않고 있다.

'구중궁궐' 용산의 앙상한 외교 암투? 차라리 블랙핑크 때문이길

2023.04.01.

구중궁궐 청와대를 벗어나겠다고 했지만, 용산은 그 자체로 구중궁궐이 됐다. 2023년 초, 대통령실 안보실장의 경질 배경에 영부인 김건희가 있고 중요한 외교 행사에 김건희의 사심이 끼어들었다는 의혹이 제기됐다. 김건희 스캔들의 서막이었고 그 자체로 국정 농단이었다. 2023년 3월 29일 대통령이 김성한 국가안보실장, 김일범 의전비서관, 이문희 외교비서관 등을 경질했다는 보도가 나왔다. 한미정상회담을 앞둔 상황이라 그 배경에 관심이 쏠렸다. 당일 〈채널A〉는 한미정상회담을 앞두고 미 백악관 측이 블랙핑크와 레이디가가의 합동 공연을 제안했으나, 외교·안보 라인에서 대통령에 대한 보고가 누락됐다고 보도했다. 이튿날인 3월 30일, 〈TV조선〉은 김성한 안보실장 사퇴 배경에 미국 영부인이 제안한 공동 문화 행사 보고 누락이 있었다고 보도했다. **한 국가의 안보실장이 영부인들이 기획한 문화 행사를 소홀히 했다는 이유로 옷을 벗는 일은 그간 경험해본 적이 없다. 용산이란 공적 공간은 이미 사적 권력의 성채가 됐고, 그 중심에는 김건희가 있었다.**

설마 했다. 윤석열 대통령의 4월 방미를 한 달 앞두고 대통령실 서열 3위, 한미 정상회담 총괄 역이자 백악관 NSC 보좌관의 카운터 파트를 날려버린 결정적 이유가 미국 대통령 부부가 제안한 블랙핑크와 레이디가가 공연 행사의 7차례 '보고 누락'이라는 보도가 나왔다.

보수 언론이 집중 보도한 이 기사들이 이틀간 용산 주변과 여의도를 휩쓸고 지나갔는데, 대통령실은 3월 31일에야 "언론에 보도되고 있는 공연은 대통령의 방미 행사 일정에 없다"고 공지했다. 블랙핑크·레이디가가 공연이 방미 행사에 없다는 것일 뿐, 김성한 전 실장이 경질된 이유가 이 공연을 7차례나 보고 누락했다는 것이란 보도에 대해선 일언반구도 없었다.

먼저 김성한 전 실장에 대한 변명을 해야겠다. 반도체지원법과 인플레이션감축법 문제, 북핵 문제, 우크라이나 문제 등 대미 외교에서 핵심 국가 안보와 이익이 걸려 있는 현안을 다뤄온 그에게 블랙핑크·레이디가가 문화 행사는 후순위의 문제가 맞다. 정무적으로 의미 있는 문화 행사가 중요하지 않다는 게 아니고, 안보실이 직접 챙길 필요가 없는 수준의 일이다. 미국의 질 바이든 영부인이 참여해 제안한 행사라기에 더더욱 그렇다. 그런데 엉뚱하게도 안보실장이 경질됐다. 공교롭게도 질 바이든 영부인의 카운터 파트는 김건희 영부인이다. 사정이 이러하니 이러쿵저러쿵 말이 많아질 수밖에 없다.

그럼에도 많은 이들이 '블랙핑크·레이디가가 공연 보고 누락'은 이 사태의 본질이 아니라고 말한다. 용산 대통령실 내부의 '외교 라인' 사이의 알력 다툼이 사안의 본질이라고 한다. 틀렸다. 이 사태의 본질은 '블랙핑크·레이디가가 공연 보고 누락'이다. 아니, 그래야만 한다.

이 정부가 출범한 후 외교를 대하는 방식에는 일관된 면이 있다. 말의 성찬과 분칠이다. 해외에서 단 한 번도 '설화(屑話)'를 달지 않고 들어온 적이 없다. 일본 방문은 오므라이스나 소맥, 화과자 만들기가 친교의 상징으로 언론 지면을 뒤덮었고, 11월엔 캄보디아의 한 아이가 영부인과 찍은 사진 때문에 '파버티 폰(Poverty Porn)' 논란이 일었다. 나토 정상회의 때엔 화보 같은 '대통령 부부 B컷 사진'을 공개했다가 역풍을 맞았고, 중동에 가서는 '이란은 적' 발언으로 논란을 자초했다. 압권은 2022년 9월의 '바이든 날리면' 사건이다. 윤석열 대통령은 조 바이든 미국 대통령과 간신히 48초간 정상회담(?)을 한 후 이동하며 박진 외교부장관과 김성한 당시 안보실장 쪽을 바라보며 이렇게 말을 한다.

"국회에서 이 ××들이 승인 안 해주면 바이든은 쪽팔려서 어떡하나?"

한국 언론 자유의 척도는 바이든을 바이든이라고 말할 수 있는 데서 나온다고 생각한다. 그리고 오늘날 총체적 외교 참사는 여기에서부터 노정돼 있었다.

2022년 9월 상황을 돌이켜보자. 뉴욕 방문에 앞서 김태효 국가안보실 1차장은 대통령 순방 기간에 "한미 정상회담과 한일 정상회담을 하기로 합의해 놓고 시간을 조율 중에 있다"라고 발표했다. 한미 정상회담은 한 행사장에서 마주친 48초 환담으로 밝혀졌다. 한일 정상회담은 김 차장 발표 뒤에 일본이 "합의한 적 없다"고 일축하며 무산됐다. 김 차장 경질론이 대두됐다. 그런데 뉴욕에서 윤 대통령은 기시다 후미오 총리가 참석하는 행사장이 있는 빌딩을 찾아갔다. 국기도, 취재진도 없이 한일 정상이 비공개로 만났다. 일본은 이걸 '비공식 간담'이라고 불렀다. 대통령실은 이 만남을 두고 "한일 간 갈등이 존재하는 가운데 해결을 위한 첫걸음을 뗐다는 의미가 있다"라고 화려하게 자평했다. 이 첫걸음의 마지막 스텝은 6개월 만에 나왔다. 처참한 외교 실패였다. 대통령실은 일본 관료와 일본 언론을 상대로 현재 고군분투 중이다. 국정 운영 지지율은 30%를 찍었다.(2023년 3월 31일, 한국갤럽)

6개월 전의 '바이든 날리면' 사건은 용산에 은폐돼 있던 '어떤 것'의 실체를 드러내는 '탈은폐' 사건이었다. 이 '맥거핀'이 어떻게 작동했는지, 한일 정상회담의 어지러운 '성과(?)' 논란과 4월 윤석열 대통령의 미국 방문을 앞두고 대미 정상 외교를 총괄하는 안보실장의 갑작스럽고 당혹스러운 사퇴라는 사실을 마주하면서 느끼고 있다.

지난 10개월간의 한국 외교 수준이 이 정도였다. 그리고 김성한 국가안보실장의 경질로 시즌1은 마무리됐다. 기승전결이 채워졌다. 나토정상회의(발단)로 시작해 '바이든 날리면' 사태로 극은 본격화됐고(전개), 한일 정상회담에서 꼭짓점을 찍은 후(절정), 김성한 전 실장의 벼락 같은 사퇴(결말)로 끝났다. 시즌 막판까지 이 극은 장르 규정을 불허했다.

압권은 김성한 전 실장은 사퇴 공지였다. 그는 "1년 전 대통령님으로부터 보직을 제안받았을 때 한미 동맹을 복원하고, 한일 관계를 개선하며 한미일 안보 협력을 강화하기 위한 토대를 마련한 후 다시 학교로 돌아가겠다고 말씀드린 바 있다"라며 "그런 여건이 어느 정도 충족된다고 생각한다"고 말했다. 이후 윤 대통령과 밤 10시 가까이 만찬을 하면서 웃는 얼굴로 작별 인사를 했다고 한다.

한미 동맹이 언제 해체된 적이 있는지 과문한 탓에 잘 모르겠는데다, 해체됐다면 그것이 '복원'된 것인지도 전혀 알 수 없는 상황이며, 한일 관계 개선은커녕 국내 여론에 밀려 대통령 지지율이 30%에서 턱걸이를 하고 있는데 대체 무슨 '토대'가 마련됐는지 역시 알 길이 없다. 사표를 낸 지 50분 만에 후임 안보실장, 그것도 미국에서 일하던 사람을 한국에 급작스럽게 데려와 내정하는 사정이 생겼는데, 이를 두고 뭔가 '정상적으로 돌아간다'고 느낀 사람은 없을 것이다.

모아놓고 보면 '권력의 암투' 같은 말은 오히려 사치다. 대통령의 50년지기 친구 김성한 전 실장과 이명박 정부 외교 실패의 상징 김태효 차장의 재기용. 이들 사이에 무슨 '암투'가 있고, 무슨 '노선 경쟁'이 있었겠나. 그야말로 총체적 난국, '토털 크라이시스'다. 설사 암투가 있었다 한들 그 암투와 노선 경쟁이 한국 외교 수준을 한 단계 높이기는커녕 이미 처참한 수준으로 추락시켰다. 차라리 미안한 말이지만 (블랙핑크 본인들 의사와 전혀 관련이 없는) K-팝 스타 블랙핑크 공연 문제가 김 실장 경질의 원인이라고 믿어주는 게 우리 모두의 정신 건강에 이롭다.

최소한 윤석열 대통령과 '문화 기획자' 커리어의 영부인 관심사가 소홀하게 다뤄져 경질의 원인이 됐다는 보도는 개연성이라도 갖추고 있다. 그러나 '권력 암투설'은 구중궁궐의 구린내를 풍겨댄다. 그리하여 다시 용산 시대의 초심을 들여다보지 않을 수 없게 만든다.

윤석열 대통령은 줄곧 문재인 전 대통령이 하는 것과 '반대로'를 외쳐왔다. 그 상징이 대통령실을 '구중궁궐' 청와대에서 하이재킹해 용산 (옛)국방부 청사로 이전한 일이다. 윤석열 대통령 '당선인'은 직접 지휘봉을 들고 45분간 프레젠테이션을 했다. 그는 "결단하지 않으면 제왕적 대통령제에서 벗어나기 어렵다"라며 "일단 공간이 의식을 지배한다고 생각한다"고 말했고, "건물 1층에 기자실을 배치해서 언제든지 1층에 가서 여러분들과, 또 여러분들을 통해 국민들과 할 수 있는 최대한의 소통을 하겠다"고 밝혔다. '국민과의 불통' 청와대 구중궁궐을 넘어 '국민과의 소통' 시대로. '용산 시대 개막'은 2022년 《조선일보》가 선정한 10대 뉴스의 제일 꼭대기를 차지했다.

==여기에서 '구중궁궐 청와대'의 반대 테제는 '국민 소통 용산'이다. 그러나 '바이든 날리면' 사건으로 용산 시대의 상징 '도어스테핑'은 사라졌다. 대통령의 '결단' 배경은 일본 신문을 통해 알게 되고, 대국민 소통은 국무위원들 앞에서 한다. 그리고 '소통의 상징' 용산에서는 '권력의 암투'가 벌어진다는 소문이 도는데, 용산의 그 어느 누구도 그 내막을 국민에게 공지하지 않는다. 구중궁궐의 전형적 특성이다.== 대체 그곳에서 무슨 일이 일어났는지 도통 알 수가 없는데, 어떤 흐릿한 징후들만 안개처럼 잔뜩 모여 있는 그곳.

6개월 전의 '바이든 날리면' 사건은 용산에 은폐돼 있던 '어떤 것'의 실체를 드러내는 '탈은폐' 사건이었다. 이 '맥거핀'이 어떻게 작동했는지, 한일 정상회담의 어지러운 '성과(?)' 논란과 4월 윤석열 대통령의 미국 방문을 앞두고 대미 정상 외교를 총괄하는 안보실장의 갑작스럽고 당혹스러운 사퇴라는 사실을 마주하면서 느끼고 있다.

이 모든 사소해 보이고 잡다해 보이는 어지러운 사건을 다 걷어내고 나면, 남아 있는 건 청와대라는 새 관광 상품과 용산 구중궁궐이라는 앙상한 몰골뿐이다.

용산에 안개가 짙게 끼어 있다.

'용산 정부'의 실체, 이런 걸 우리는 예전에 '레임덕'이라 부르기로 했다

2023.10.28.

역대 어느 정부보다 '조기 레임덕'에 친숙한 정부가 윤석열 정부였다. 여소야대를 돌파할 수 있는 유일한 힘은 '지지율'이다. '전광판을 보지 않겠다', '묵묵히 일을 하면 언젠가 알아줄 것'이라는 말은 쿨해 보이는 수사였지만, 현실은 녹록지 않았다. 최대 주 69시간 노동을 가능케 하는 정책을 기획했다 철회하고, 초등학생 입학 연령 하향을 추진했다가 뒤집은 것은 국민은 물론 공무원들까지도 불안하게 만들었다. 엉뚱한 아이디어가 현실의 벽에 부딪히자 윤석열은 갑작스레 '카르텔 척결'을 들고 나왔다. 그리고 '마약과의 전쟁', '건폭과의 전쟁'을 추진했다. 과학계 카르텔을 타파한다면서 연구 개발 예산을 대폭 삭감했고, 이에 항의하는 사람들의 입을 틀어막았다. **아마추어 정권의 이런 정책 실패는 이미 예견된 일이었다. 그러고 나서 윤석열이 마지막으로 부여잡은 것은 '이념 전쟁'이었다. 실체도, 형체도 없는 그것을 붙잡으며 '반지성주의'와 '공산 전체주의'란 가상의 적을 설정했다. 일종의 현실도피였다.** 하지만 그 현실도피가 망상의 옷을 입고 2024년 12·3 내란 사태로 이어질 줄은 아무도 몰랐다.

2023년 9월, 추석을 앞두고 철도 파업이 있었다. 경쟁 효과 '제로'인 SRT와 KTX 통합 요구 등 쟁점들은 있지만, 이 글에서 논할 주제는 그것이 아니다.

의외로 큰 이슈 없이 철도 파업이 끝난 후, 한 간부 출신 조합원에게 희한한 이야기를 들었다. 파업을 시작할 때, 2022년 '화물 노조 파업' 때처럼 정부가 대대적으로 '노조 때리기'에 돌입할 줄 알고 긴장 속에서 대응을 준비했다는 것이다. 그런데 막상 파업 과정에서 국토교통부(이하 국토부) 공무원들은 너무나 '젠틀'했고, 노조의 요구 사항을 들어주지는 않았지만 노조가 내놓은 주장에 귀를 기울이려 애쓰는 '진정성'도 보였다는 것이다. 이 간부 출신 조합원은 허탈한 웃음을 지었다.

몇 가지 상황을 유추할 수 있다. 사실 윤석열 정부는 2022년 화물 파업에 강경 대응해 '재미'를 좀 봤다. 이어 노조 회계 장부를 들여다보겠다고 했고, 노조에 침투한 '공산 전체주의 세력'을 때렸다. 나아가 '노조로 위장한 조폭' 건폭 몰이에 나섰다. 그러나 그 결과는 흐지부지되고 말았다. 간간이 간첩단 사건이나 노조와 별로 관련 없는 '위장 노조 조폭' 검거 스토리가 언론에 오르내렸다. 하지만 대체 정부가 이루려던 것이 무엇이었는지조차 가늠하기 어려웠다. 정작 노동시간 개편은 69시간제 논란 후 논의의 명맥이 사실상 끊겼고, 노동시장 이중 구조 개선 방안 등 산적한 노동 개혁 현안들은 오리무중이다.

대통령이 '노조 때리기'에 관심을 끊자 '노조의 악행'을 뿌리 뽑을 것처럼 요란하게 '대통령 지시 사항'을 늘어놓고 엄포를 놓던 공무원들은 다시 일상으로 돌아갔다. 그때 대통령은 해외 순방에 몰두하고 있었고, 국토부 공무원들은 '부드러운 중재'를 위해 '몰래' 뛰어다니고 있었다.

'용산 정부'의 적나라한 모습이다. 대통령이 관심 갖지 않으면 공무원들은 움직이지 않는다. 대통령이 관심을 보인 분야의 공무원들이 혹사당하는 것 같지만, 그것도 한때뿐이다. 그때그때 이슈가 있을 때 대통령의 불호령이 떨어지면 용산이 분주해지고, 관계 부처 고위 공무원 몇은 크게 질타를 듣고 몇은 현란하게 움직인다. 실무를 다루는 공무원들은 눈치를 보다가 대통령과 용산의 관심이 다른 '카르텔'로 옮겨가면 안도의 한숨을 쉰다. 이런 일들이 계속 반복된다. 이젠 '카르텔'이라는 말도 과거의 유물이 된 것 같다.

==검사들이 그렇다. 그들은 뭔가를 만들어내는 조직이 아니다. 이미 벌어진 일들을 찾아내 조치하고 처벌하는 게 그들의 일이다. 수년씩 묵은 미제 사건이 즐비해도 새로운 정치인 혐의, 경제인 혐의가 나오면 열일 제쳐놓고 역량을 특수부에 쏟아붓는다. 한 사건이 일단락되거나 화제성을 상실하면 다른 사건에 눈을 돌린다.== 기소 결정 과정도 불투명하다. 어떤 사건은 기소가 가능해 보이지만 미제로 남아 있고, 어떤 사건은 기소가 불가능해 보여도 기소한다. 검찰총장은 '암막' 뒤에서 이 과정을 미세 조정한다. 유일하게 대통령이 경험한 조직이 '검찰 조직'이다. 그리고 지금은 모든 부처를 '검찰 조직'처럼 다루고, 모든 이슈를 검사처럼 다룬다.

관가는 지금 숨죽이고 있다. 사정 기관들만 바쁘다. 2년 동안 검찰은 이재명 더불어민주당 대표 사건에 특수부 인력을 집중시켰다. 박근혜 국정농단 수사팀이 25명 수준인데, 이 대표에 대한 수사에 약 50여 명이 투입된 것으로 추정된다. 마약과의 전쟁, 건폭과의 전쟁에 이어 검경은 윤석열 대통령의 대선 시절 의혹 검증 보도를 한 언론사들에도 수사 인력을 투입하고 있다. 전국장애인차별철폐연대(전장연) 등을 비롯해 시민 단체의 보조금 관련 수사도 줄줄이 대기 중이다. =='나쁜 놈 때려잡기'는 계속 진행 중이지만 윤석열 정부가 호기롭게 외친 연금 개혁, 교육 개혁, 노동 개혁 등의 국정 과제들은 언론 지면에서 슬그머니 자취를 감췄다. 그 빈자리엔 '공산 전체주의',==

'반국가 세력'과 같은 거친 언사들이 껍데기처럼 나부꼈다.

    법무부(검찰청)와 행안부(경찰청)를 제외하고 다른 부처 상황은 어떤가. 연금 개혁의 주무 부처인 보건복지부는 2023년 10월 27일 보험료율, 지급 연령, 소득 대체율 등 핵심 지표의 목표 수치를 제시하는 이른바 '모수 개혁'을 회피한 채 두루뭉술한 내용의 개혁안을 발표했다. 얼마만큼 더 내고, 얼마만큼 늦게 받는지, 소득 대체율은 얼마인지 구체적인 내용 없는 연금 개혁안은 수년 동안 봐왔던 것들이다. 그마저 "이런 식으로 (인상을) 했으면 좋겠다고 제안한 것"이라며 "앞으로 공론화 과정에서 논의될 것"이라고 한다. 대체 정부 출범 1년 6개월 동안 뭘 했다는 말인가. 결국 총선을 의식한 것으로밖에 보이지 않는데, '전광판은 보지 않는다'던 대통령의 호기도 한풀 꺾인 모양이다.

    이주호 부총리 겸 교육부 장관은 대통령에게 또 혼이 났다. 자율전공학부로 입학한 학생들의 의과대학 진학을 허용하겠다는 이 부총리의 발언이 나오자 대통령실은 예정에 없던 브리핑을 통해 "윤석열 대통령은 불필요한 언급으로 혼란을 야기한 교육부를 질책했다"고 밝혔다. 이 부총리는 대체 몇 번째 사과를 하고 있나. '킬러 문항'을 배제했다는 지난 2023년 10월 모의고사 결과, '물수능'이 예측된다는 말에 반수생이 '역대급'으로 늘고 있다고 한다. A 아니면 B식의 정책이 남발되고 있는데, 그에 대한 대비책은 가지고 있는가? 교육 현장의 혼란을 어떻게 수습할지 알 수가 없다.

    여성가족부는 잼버리 사태로 망신당한데 이어 신임 장관 후보자가 '드라마틱'하게 '엑시트'해버렸다. 국토부는 '순살 아파트'와 각종 카르텔과의 전쟁에서 헤어나오지 못하고 있으며, '서울—양평 고속도로 건설'은 국토부 장관의 '백지화 선언' 이후 꼬여만 가고 있다. 방송통신위원회는 공영 방송 사장을 바꾸고 YTN 민영화를 위해 팔을 걷어붙였지만 KBS 사장은 '낙하산 논란'에, YTN 민영화는 졸속 논란에 휩싸였다. 특히 정부 유관 기관 소유의 지분을 '통매각'한 결정은 YTN 최대 주주인 한전KDN의 손실을 일으키는 배임 행위가 될 수 있다는 지적까지 제기된다. 이처럼 정부 부처는 스스로 벌인 일도 자체적으로 수습하지 못하는 상황에 빠져들었다.

시퍼렇게 눈 뜨고 있는 감사원을 빼놓으면 섭섭하다. 감사원의 전방위 감사는 전 정권 털기에서 끝나지 않을 것 같다. 유병호 감사원 사무총장은 최근 국회에서 한 답변에서 "어차피 현 정부도 (정권) 중반이 되면 현 정부 사업도 감사를 받는다"고 말했다. 감사원의 '타이거 감사'가 현 정부 공무원들에게도 '중반' 이후 적용될 텐데, 어느 공무원이 '개혁적'인 일을 하려 하겠는가. 위에 언급한 부처들이 하고 있는 일이 죄다 감사 대상이 될 것이라는 우스갯소리도 떠돈다.

도어스테핑은 없어진 지 오래고, 이후엔 그 흔한 기자회견 한 번 하지 않았다. 간간이 대통령실 고위 관계자들의 말·말·말이 신문과 방송을 메우는데, 목소리는 있으되 형체는 불분명하다.

감사원, 검찰, 법무부, 경찰, 방통위 이런 조직들에만 과한 관심이 쏠린다. '적폐 청산'의 선두 부대다(이 글에서 전쟁 용어를 사용하는 건 이 정부가 많은 것을 '전쟁'에 비유하기 때문이니 양해 바란다). 일을 할 수 있는 조직만 '공격적'으로 굴리는 데, 그 대상은 '적폐 청산'에 그치고 삶은 팍팍해지는 데 살림살이가 나아질 '기미'는 안 보인다. 과거를 들추고 쑤셔대다 못해 급기야 1920년대 소련 공산당에 가입한 전력을 들어 항일 독립운동가인 홍범도 장군을 부관참시하기에 이르렀다. 어느 국민이 이 정부를 '여소야대' 정국에서 국정을 발목 잡힌 정부로 보겠는가. 현란한 칼춤의 칼끝만 부각될 뿐이다.

청와대를 용산으로 옮긴 것은 두고두고 이 정부의 상징이 될 것이다. 용산에 우뚝 선 '그들만의 리그'는 국정 전반을 다루는 방식에서 실패하고 있다. 곧 있으면 총선이다. 용산에서 '철새'들이 국민의 힘으로 대거 날아들 것이다. 그러면 용산에 새로 입성한 참모들은 또다시 업무를 파악하고 인수인계에 골몰할 것이다. 대통령은 장관 대신 '용산 출신 차관'을 내려보내 부처를 통솔할 수 있는지 모르겠지만(잘되는 것 같진 않다), '용산 정치인'들을 의원으로 만들어 국회에 '내려보낼' 수는 없다. 철학 없는 정책, 준비 없는 대책이 남발된다.

이런 총체적 상황을 우리는 '레임덕'이라고 부르기로 과거에 합의한 바 있다. 그런데 너무 빠르다.

윤석열이 마지막으로 부여잡은 것은 '이념 전쟁'이었다. 실체도, 형체도 없는 그것을 붙잡으며 '반지성주의'와 '공산 전체주의'란 가상의 적을 설정했다. 일종의 현실도피였다. 하지만 그 현실도피가 망상의 옷을 입고 2024년 12·3 내란 사태로 이어질 줄은 아무도 몰랐다.

#2.

'바이든 날리면',
윤석열 독재의
섬뜩한 징후

'날리면'이라는 맥거핀, 이 황당 '정치극'의 엔딩 크레디트가 올라갈 때

2022. 11. 25.

박근혜 정부 출범 초기인 2013년 5월, 방미 친선 사절단으로 미국을 방문한 윤창중 청와대 대변인이 주미 한국 대사관 여직원을 성추행했다. 윤창중은 귀국 직후에 경질됐고, 청와대 이남기 홍보수석은 사표를 제출했다. 누구도 예상치 못한 사건이었다. 그에 비견할 만한 참사가 '바이든 날리면' 사태다. 2022년 9월 22일 윤석열은 미국 순방 중 참석한 글로벌 펀드 재정기업 회의에서 조 바이든 미국 대통령과 48초간 만났다. 이후 행사장을 빠져나가며 박진 외교부장관을 향해 "국회 이 새끼들이 승인 안 해주면 바이든은 쪽팔려서 어떡하나"라고 말을 던진다. 만약 '단 하나의 문장으로 윤석열 정부의 상징성을 드러내시오'라는 주문이 있다면 나는 주저 없이 바이든 날리면 사건을 꼽을 것이다. 현대판 지록위마의 이 스캔들은 윤석열 정부 그 자체다. 이태원 참사를 대하는 뻔뻔함부터 채 상병 사망 사건에서의 거짓말, 전 국민이 실시간 목격한 친위 쿠데타에 말장난과 궤변으로 일관하는 그 모습은 모두 바이든 날리면 사건의 변종들이다. 진실을 물구나무 세우고 양심을 거세한 자가 대통령이 될 때, 우린 어떤 정신착란에 시달려야 하는지 윤석열이 가감 없이 보여줬다.

"그것은 스코틀랜드식의 이름일 수 있다. 기차에 탄 두 사람이 있다. 한 사람이 말한다. '저 화물 선반에 놓인 꾸러미가 뭔가요?' 다른 사람이 답한다. 아, '그건 맥거핀입니다.' 물었던 사람이 또다시 묻는다. '맥거핀이 뭐죠?' 다른 사람이 답한다. '그게, 스코틀랜드 고지대에서 사자를 잡는 도구입니다.' 물었던 사람이 다시 묻는다. '그런데 스코틀랜드 고지대엔 사자가 살지 않는데요?' 다른 사람이 답한다. '그렇다면 맥거핀은 아무것도 아니군요.'"

앨프리드 히치콕이 1939년 강의에서 맥거핀(MacGuffin)에 대해 설명한 내용이다. 어거스트 맥파일이란 영국 극작가가 처음 사용한 것으로 알려진 영화 연출 기법인 맥거핀은 극을 전개하는 데 촉발제가 되는 장치이지만, 극의 내용과는 아무 상관없는 것을 말한다. 그것은 소품일 수도 있고, 이야기일 수도 있고, 대사일 수도 있고, 어떤 사건일 수도 있다. 맥거핀은 언뜻 극에서 매우 중요한 것처럼 보이면서, 관객의 시선을 잡아끌게 된다. 관객은 일순간 플롯의 촉매제로서 맥거핀에 집중한다. 그러나 극이 전개되는 동안 맥거핀(소품이든, 행위든, 대사든, 사건이든)의 실체는 감쪽같이 사라진다. 엔딩 크레디트가 올라갈 때까지 결말에 일말의 영향도 미치지 못한 채 산화한다. 영화 〈미션 임파서블3〉에서는 '토끼발'이라는 아주 위험한 생화학 무기가 등장하지만, 극의 전개는 이 '토끼발'의 정체와는 전혀 상관없이 흘러간다. 토끼발이 뭔지, 왜 이런 이름이 붙었는지의 여부는 중요하지 않다. 그게 사자발이든, 노루발이든, '쓰레빠'든 전혀 상관없다. 실제로 토끼발은 영화가 끝날 때까지도 정체가 드러나지 않는다.

"국회에서 이 ××들이 승인 안 해주면 바이든이 쪽팔려서 어떡하나."

이건 이 거대한 정치극의 맥거핀이다. 이 말 자체는 어떤 의미도 담지 않고 있으며, 대통령실에 따르면 '이 ××' 부분은 아예 명확하지도 않고, '바이든'이란 부분은 '날리면'이라고 한다. '이 ××' 발언이 과연 존재했느냐? '바이든'이 아니고 '날리면'이 맞느냐? 가장 중요하게 여길 만한 팩트는 이것인 것처럼 보이지만, 이건 그 자체로써 아무런 의미가 없는 말이다. 여권의 설명대로 누군가 지나가듯 한 '혼잣말'이고, 그 단어가 발화자의 입에서 나왔는지도 불분명하며, 실제로 바이든 미국 대통령이나 미국 국익과도 전혀 상관없는 말이다(미 국무부는 윤 대통령 발언 보도 이후 '한국과 우리의 관계는 끈끈하다'고 발표했다). 아니, 이 발언이 존재하지 않았다고 해도, 아예 뉴욕 순방이란 게 실재했는지 아닌지의 여부도 모두 다 어찌됐든 상관없다.

중요한 것은 이 '맥거핀'이 등장한 이후의 극적 전개다. 대통령실은 2022년 11월 11일 동남아시아국가연합(ASEAN·아세안)과 주요 20개국(G20) 정상회의 참석차 출국하며, MBC 기자를 콕 찝어 '전용기 탑승 편의'를 제공하지 않겠다고 밝혔다. "전용기 탑승은 외교 안보 이슈와 관련해 취재 편의를 제공해 오던 것으로, 최근 MBC의 외교 관련 왜곡·편파 보도가 반복되어 온 점을 고려해 취재 편의를 제공하지 않기로 했다"는 게 이유였다. 그리고 대통령실은 다른 모든 기자들에게도 '공평하게' 취재 기회를 제한했다. 김건희 영부인의 일정은 물론 대통령 일정까지 상당수가 '전속 취재'로 진행됐다. 윤석열 대통령의 비속어 발언 영상은 140여 개 매체가 거의 동일하게 보도한 것인데, 그런 것도 크게 중요하지 않다. 중요한 건 윤 대통령의 '선택' 그 이후다. 이 사태로 국제 기자 단체까지 성명을 내는 등 '언론 탄압' 논란이 국경을 가리지 않고 뻗어나갔다.

그리고 마침내 지난 2022년 11월 21일, 대통령실은 윤석열 대통령의 '도어스테핑(출근길 문답)'을 중단한다고 밝혔다. 윤 대통령이 "국가 안보의 핵심 축인 동맹 관계를 사실과 다른 가짜 뉴스로 이간질하려고 악의적 행태를 보였다"라고 말한 데 대해 MBC 기자가 "뭐가 악의적이냐'고 등 뒤에서 목소리를 높여 질문을 했다는 게 표면적인 촉발제였다. 이후 대통령실 비서관과 기자의 설전이 이어졌는데, 이 설전은 '바이든이냐 날리는이냐', '이×× 발언이 들리느냐 안 들리느냐'의 설전과 거리가 영 먼 것이다. '쓰레빠'는 사실 '용산 시대'의 상징이다. '구두가 아닌 슬리퍼 신은 채로도 취재할 수 있는 대통령의 일상적 브리핑'은 그러나 '쓰레빠 질질 끌고' 나와 '주총장 망가뜨릴 기회를 찾고 있는 총회꾼'들의 장으로 둔갑했다. 어감이란 참 중요하다.

'뭐가 악의적이냐'는 질문에 대한 답변도 내놓았다. 대통령실 이재명 부대변인은 MBC 보도가 악의적인 10가지 이유, 이른바 '악의 10조'를 발표하고 대통령실이 MBC 기자 전용기 탑승을 거부하고 도어스테핑을 중단한 상황에 당면하기까지의 일을 적어냈다. 그런데 여기에는 '윤 대통령 뉴욕 비속어 논란' 관련 반박 외에도 몇 가지 사례가 더 붙어 있다. 점점 일은 커지고, 극의 전개는 어지러워졌다.

"8. MBC의 각종 시사·교양 프로그램은 대통령 부부와 정부 비판에 혈안이 돼 있습니다. 그 과정에서 대역을 쓰고도 대역 표시조차 하지 않았습니다. 이게 악의적입니다. 9. MBC의 가짜 뉴스는 끝이 없습니다. 광우병 괴담 조작 방송을 시작으로 조국 수호 집회 '딱 보니 100만 명' 허위 보도에 이어 최근에도 월성원전에서 방사능 오염수가 줄줄 샌다느니, 낙동강 수돗물에서 남세균이 검출됐다느니 국민 불안을 자극하는 내용들을 보도했지만 모두 가짜 뉴스였습니다. 이러고도 악의적이지, 아닙니까. 10. 왜 이런 문제가 반복되는지 공영방송으로서 성찰하기보다 '뭐가 악의적이냐'고 목소리를 높입니다. 바로 이게 악의적인 겁니다."

8·9·10번은 '뉴욕 비속어 논란'과 하등 관계없는 것이다. 영부인 논란 보도를 지적한 데에서는 대통령의 '사적 감정' 같은 게 어른거린다. 심지어 이명박 정부의 〈PD수첩〉 사태, 문재인 정부의 '조국 사태'까지 MBC의 그간 보도들을 문제 삼았는데, MBC 광우병 관련 보도가 2008년이란 점을 생각해보면 무려 14년 전의 일이다(그런데 박근혜 정부 시절 MBC 언론 보도 내용은 '악의적' 대상에서 빠진 것 같다). 이 사안을 두고 윤 대통령 참모들은 지난 주말 (무려) 5시간이 넘는 '마라톤 회의'를 거쳐 도어스테핑을 이대로 유지하기 어렵다는 결론에 이른 것으로 전해졌다.(연합뉴스, 11월 21일자) 이게 그럴 만한 일인가? 2008년의 〈PD수첩〉 보도까지 문제 삼았다는 것은, MBC를 사실상 '고질적 적폐'로 본다는 이야기다. '바이든이냐 날리면이냐'로 시작한 파문은 MBC의 14년치 보도의 문제로 비화됐다. 다들 아는 일이지만 윤석열 정부는 2022년 5월에야 출범했다.

==이 이야기의 결말이 어떻게 나든지 간에, '바이든이냐, 날리면이냐'는 더 이상 중요한 문제가 아니게 됐다. 맥거핀은 작동했다. 극의 전개는 언론 자유 논란으로 확장됐고, 극의 장르는 '복수극'에 가까워지고 있다.==

대통령의 '비속어 사과' 요구도 자연히 의미 없는 일이 되어 간다. 이를테면 지금 여권에선 MBC 민영화, YTN 민영화 주장들이 제기된다. 윤 대통령이 강조해 온 '시장주의'의 취지에 맞는 흐름이라면 모르겠지만, 윤 대통령과 여권, 대통령실이 갖고 있는 MBC에 대한 태도가 노골적으로 드러난 만큼 향후 그들이 추진할 언론 정책이 불순하다는 의심을 받을 수밖에 없다. 이건 윤 대통령과 대통령실이 자초한 일이다. '언론 개혁' 명분을 '언론 탄압' 프레임에 가둬놓은 여권은 대통령의 '심기'를 위해 최소한의 '전략적 판단'

까지 팽개쳤다. '대국민 소통'을 위해 '용산 시대'를 열었다는 대통령의 원대한 명분은 어디로 갔는가. 이 모든 게 '날리면'이라는 맥거핀에서 시작된 일이다.

윤 대통령의 지난 2022년 5월 10일 취임사 전문을 다시 들춰봤다. '반지성주의'와 '자유'가 눈에 띄었다. 현재 상황에 비춰볼 때 곱씹어볼 만한 문장들이 많다.

"정치는 이른바 민주주의의 위기로 인해 제 기능을 하지 못하고 있습니다. 가장 큰 원인으로 지목되는 것이 바로 반지성주의입니다. 견해가 다른 사람들이 서로의 입장을 조정하고 타협하기 위해서는 과학과 진실이 전제되어야 합니다. 그것이 민주주의를 지탱하는 합리주의와 지성주의입니다. 국가 간, 국가 내부의 지나친 집단적 갈등에 의해 진실이 왜곡되고, 각자가 보고 듣고 싶은 사실만을 선택하거나 다수의 힘으로 상대의 의견을 억압하는 반지성주의가 민주주의를 위기에 빠뜨리고 민주주의에 대한 믿음을 해치고 있습니다. 이러한 상황이 우리가 처해 있는 문제의 해결을 더 어렵게 만들고 있습니다."

그런데 이것도 그냥 윤석열 정부 출범을 위한 '맥거핀'에 불과했을까?

만약 '단 하나의 문장으로 윤석열 정부의 상징성을 드러내시오'라는 주문이 있다면 나는 주저 없이 '바이든 날리면' 사건을 꼽을 것이다. 현대판 지록위마의 이 스캔들은 윤석열 정부 그 자체다.

'바이든'이 아니었다니! 윤석열 대통령께 사과드립니다

2024.01.13.

윤석열의 '바이든 날리면' 발언이 방송사 카메라에 잡힌 후 기자들은 윤석열 측에게 해명을 요구했다. 침묵하던 대통령실은 15시간이 지난 다음 날 김은혜 홍보수석 브리핑을 통해 윤석열 대통령의 발언은 미 의회를 향한 게 아닌 '우리 국회'에 대해 한 얘기였고, 발언 도중 등장하는 '바이든'으로 들리는 말은 '날리면'이라고 주장했다. 이후 윤석열은 트레이드 마크인 '격노'를 했고, 외교부는 똑같은 보도를 한 다른 모든 언론사를 제쳐둔 채 최초로 발언에 자막을 달아 보도한 MBC에 정정보도 청구 소송을 걸었다. 윤석열은 이 사건을 빌미로 도어스테핑(출근길 문답)을 없애 버렸고 기자실 앞에 벽을 세웠으며 MBC는 대통령의 순방 1호기 탑승을 거부당했다. 방송심의위원회는 MBC에게 법정 최고 수위 징계인 과징금 부과를 의결했고, 국민의힘은 MBC를 형사 고발했다. 이후 서울서부지법 민사합의12부(성지호 부장판사)는 2024년 1월12일 MBC에 대한 정정보도 청구 소송에서 외교부 승소 판결을 내린다. 재밌는 사실은 윤석열은 지금까지 단 한 번도 이 발언 논란에 대해 직접 해명을 내놓은 일이 없다는 점이다. 단 한 번도!

"국회에서 이 ××들이 승인 안 해주면 ○○○○ 쪽팔려서 어떡하나."

대통령의 발음기관이 어떤 형태의 조합을 통해 물리적으로 음성을 내었는지조차 법원에서 진위를 가려야 하는 세상이 됐다. 이제 대통령의 발언 중 ○○○○ 자리를 '바이든은'으로 들었던 모든 사람들은 자신의 청각기관을 항시적으로 의심해야 하는 마법과 같은 세상으로 빨려들어갔다. 마치 토끼굴에 빠진 엘리스처럼.

서울서부지법 민사합의12부(성지호 부장판사)는 12일 외교부가 MBC를 상대로 낸 정정보도 청구 소송에서 원고 승소 판결을 내리며 MBC에 "이 사건 판결 확정 후 최초로 방송되는 뉴스데스크 프로그램 첫머리에 진행자로 하여금 별지 기재 정정 보도문을 통상적인 진행 속도로 1회 낭독하게 하라"고 주문했다. 외교부가 요구한 정정 보도문은 이렇다. "본 방송은 지난 2022. 9. 22. 〈뉴스데스크〉에서 윤석열 대통령이 글로벌펀드 제7차 재정공약회의에서 미국 의회 및 바이든 미국 대통령을 향해 욕설 및 비속어 발언을 했다는 취지의 보도를 한 바 있습니다. 그러나 사실 확인 결과, 윤석열 대통령이 '미국'이라는 발언을 한 사실이 없고, '바이든'이라는 발언을 한 사실이 없는 것으로 밝혀져…(이하 생략)."

==대통령은 '바이든'이라고 말하지 않았다고 한다. 그럴듯해 보이지만, 핵심이 빠져 있다. '바이든'이 아니라면 윤석열 대통령은 뭐라고 말했을까? 뭐라고 말했길래 140개 넘는 거의 모든 언론이 '바이든'이라고 말했다고 보도한 것을 두고, '바이든'은 아니었다고 주장하고 있는 걸까?== 답은 있다. 김은혜 홍보수석은 "다시 한 번 들어봐주십시오. 국회에서 승인 안 해주고 '날리면'이라고 되어 있습니다"라고 말했다.

그런데 '날리면'은 정확한가. 여기에서 재미있는 점은 정작 이 발언을 한 윤석열 대통령이 스스로 단 한 번도 본인 육성으로 자신의 입에서 튀어나온 형체 불분명한 언사에 대해 해명한 적이 없다는 것이다. 법원에도 '감정 불가' 의견서가 제출됐다.

기왕 이렇게 됐으니 솔직하고 짓궂은 심경으로 말하면, 〈뉴스데스크〉에서 앵커가 정정 보도문을 읊고 나서 "윤 대통령은 '미국 국회에서 이 ××들이 승인 안 해주면 바이든은 쪽팔려서 어떡하나'라고 말하지 않았고 '(한국) 국회에서 이 ××들이 승인 안 해주면 날리면은 쪽팔려서 어떡하나'라고 말했습니다"라는 말을 1회 낭독하는 모습을 꼭 보고 싶은 생각이 들었다. 현실판 블랙코미디를 후대에 길이 길이 남겨야 하지 않겠는가. 상상만으로도 웃음이 나올 지경에까지 이르지만, 정신을 차리고 다시 한 번 사태를 직시하자. '바이든 날리면' 논란은 인류가 가진 최고의 난제 중 하나인 언어의 생성에 관한 고대의 비밀에 대해 고민해볼 철학적 질문을 던져주고 있는 것이다.

탈구조주의와 해체주의, 포스트모더니즘에 영향을 줬던, 70여 년 전에 유행한 신비평 이론에 따르면 텍스트에 대한 모든 해석의 객관적인 증거는 오로지 '텍스트 위에 써진 단어들(words on the pages)'이다. 발화자(윤석열 대통령)의 의도나 사회적 지위, 문장이 발화된 장소나 문장이 발화된 전후 시대적 맥락은 텍스트의 의미에 개입해선 안 된다. 즉, 발화자가 발화하는 순간 그 문장들은 그 자체로 생명력을 가진다. 이를 '음성'으로 확장하면 '음성 그 자체'를 대상으로 우리는 의미를 구분 짓기 위한 작업에 돌입해야 한다. 대통령의 입에서 튀어나온 '음성' 그 자체를 텍스트로 옮기거나 하는 '불경한 짓'을 거둬야 한다. 대통령이 바이든을 만난 직후에 이 발언이 튀어나왔다는 사실도 잊어야 한다. 그런 맥락 같은 건 대통령과 대통령실, 외교부를 제외한 모든 사람을 정신적 착란에 빠지게 할 수 있는, 신비평 이론에 의하면 '오류'로 걸어 들어가는 지름길이다.

그리하여 처음부터 대통령의 '음성'을 다시 들어보자. 프랑스 상징주의 시인 아르튀르 랭보는 인간의 언어에서 모음의 힘이 세다는 걸 간파했다. A, E, I, O, U, 다섯 개의 모음에 색깔을 부여하고 '언젠가는 너희들의 보이지 않는 탄생을 말하리라'라고 썼다. 그는 시인이 되기 위해선 "모든 감각의 규범을 철폐함으로써 미지해 도달해야 한다"며 '투시자'가 되어야 한다고 역설했다.

"국회에서 이 ××들이 승인 안 해주면 ○○○○ 쪽팔려서 어떡하나."

'랭보'의 시선으로 보면 대통령의 음성에서 간신히 구별 가능한 건 웅웅 거리는 모음들이다. 모음은 발음과 언어의 의미를 구별 짓는, 형태소보다 작으면서 형태소를 가능케 하는 첫 번째 구분 도구다. 모음은 말 그대로 음성의 '어머니'이자, 퇴폐적이고 신비로운 '웡웡거림'들이다. '바이든'인지 '날리면'인지 발음하는 대통령의 입술에서 '아이으믄'(전문가조차 감정 불가라고 하니 이런 방식밖에 표기법이 없다)이라고 웅얼거리는 소리가 나왔는데, 이 발성은 모음조차 명확하지 않아 평범한 사람 귀에 들리기엔 아와 어, 오와 으의 중간 어디엔가 발음의 좌표가 위치해 있는 것 같다. 그래서 글자를 분절해서 보면 '바'로도 '날'로도 들리고, '이'로도 '리'로도 들리고, '든'으로도 '면'으로도 들릴 수 있는 것이다. 모음조차 불분명하니, 대통령의 음성은 듣는 사람에 따라 자음과 모음 조립이 가능한 숫자만큼 무한 확장될 수 있다.

그래서 사실 이건 자연의 소리를 언어로 옮기는 것만큼이나 무의미한 짓이다. 이 무의미 앞에서 인류가 쌓아온 언어 해석의 맥락은 허무하고 천박하고 초라한 기술에 불과하다. 이를테면 그건 돼지 울음소리, 소 울음소리, 폭풍우 휘몰아치는 소리, 파도가 치는 소리,

새가 지저귀는 소리 같은 것이 된다. 그런 소리들을 어떻게 '의미를 갖는 글자'로 바꿔치기 할 수 있단 말인가. 결국 대통령의 '옥음'은 음성 그 자체로만 보존해야 하는 특별한 작품이 된다. '태초에 말씀이 있었다'라는 말의 신성함을 누가 문자로 기록할 것인가. 해석의 독점권은 오로지 '신'에게만 허락되는데. 모든 규정과 해석은 불경한 시도다. 로고스여 영원하라.

대통령의 '음성'이 구분 불가능하다는 결론을 내리자, 놀라운 일이 벌어진다. 대통령의 발음이 내포한 어떤 '착란'적 틈을 비집고 대통령실과 정부가 권위를 앞세워 그 자체로 구별 가능하지 않은 '모음의 우물거림'의 자리에 '날리면'이라는 단어를 쿠데타처럼 대동하고 등장했다. 그리고 법원은 마침내 그 쿠데타를 절반가량 인정했다. 대통령실과 외교부가 법원을 동원해 확립한 'ㅇㅇㅇ=날리면' 기준으로 보면 대한민국 국민의 60% 정도는 '날리면'이 '바이든'으로 들리는 사람들로, 30% 정도는 '날리면'이 '날리면'으로 들리는 사람들로, 10% 정도는 아예 이 말을 해석할 가치를 못 느끼거나 관심이 전혀 없는 사람들로 구성돼 있다.

이건 교정돼야만 한다. 이제 후속 조치를 해야 할 시간이다. MBC가 '정정 보도'를 한다고 해서 바이든이 날리면이 되는 건 아니지 않은가. 이제 '바이든'으로 기록된 모든 활자 매체와 과거 방송들, 유튜브에 남아 있는 모든 기록을 하나하나 정정해 나가야 할 것이다. 이번 판결은 시작일 뿐이다. 외교부는 모든 매체가 보도한 '바이든'을 정정하도록 하는 방안을 실행하길 바란다.

"(한국) 국회에서 이 ××들이 승인 안 해주면, 날리면은 쪽팔려서 어떡하나."

우린 불경하게도 대통령의 웅얼거림을 함부로 인지하고 분석하려는 죄를 지었다. '그래도 지구는 돈다'라던 갈릴레오처럼, '그래도 바이든'이라고 믿는 사람들은 레지스탕스가 되어 지하 세계로 숨어들 것이다. 이 나라에선 '바이든'으로 들은 것은 허락되지 않는 일이다.

자, 이제 저 어색한 문장은 이렇게 완성되고 공인되어 '유한한 인간들'에게 '말씀'으로 차분히 내려오신다. 생각해보면 해볼수록 저 문장은 우리 인간들을 더욱 겸손하게 만들어주는 것 같다. 들리는 대로(들렸다고 착각하는 대로) '말씀'을 받아들이고 해석하고 규정해 버리는 건, 우리의 감각을 맹신하는 우리 자신이 가진 문제이고 인간의 한계다. 어쩌면 인간의 감각기관은 우리가 아는 것보다 더욱 미숙한 것일 수 있다. 그래서 저 문장은 차라리 하나의 언어 예술 작품처럼 대해야 마땅하다. 언어 예술 작품은 통상의 방식으로 청음해서 독해하는 게 불가능하다는 걸 명심하면서.

우린 불경하게도 대통령의 웅얼거림을 함부로 인지하고 분석하려는 죄를 지었다. '그래도 지구는 돈다'라던 갈릴레오처럼, '그래도 바이든'이라고 믿는 사람들은 레지스탕스가 되어 지하 세계로 숨어들 것이다. 이 나라에선 '바이든'으로 들은 것은 허락되지 않는 일이다. 이제 '바이든'은 전설처럼 구전으로만 전해질 것이다. '바이든'으로 들은 전 국민의 3분의 2가 집단적으로 청각기관이 문제를 일으킨 사건으로 후세에 전해질 것이다. 이 '집단 청각장애'의 원인을 어떤 훌륭한 학자가 맹렬히 연구해서 좋은 논문을 하나 써주었으면 한다.

한국판 '드레퓌스 사건'의 피해자인 윤석열 대통령에게 사과를 드리면서 법원의 노고에 무한한 경의를 표한다. 마지막으로 필자의 인지부조화 현상을 해소하기 위한 처절한 노력의 일환으로, 이런 정신착란적 글을 선보이게 돼 독자들에게도 미안한 마음뿐이다.

尹 대통령이 창조한 거대한 부조리극, 대체 왜 이렇게까지 하는 건데?

2024. 03. 23.

2024년 3월 4일 윤석열은 해병대 채수근 상병 사망 수사 외압 의혹의 핵심 피의자인 이종섭 전 국방부장관을 갑작스럽게 주호주 한국 대사로 임명한다. 4월 총선을 한 달 앞두고 벌어진 일이다. 여전히 의혹이 풀리지 않고 있는 채 상병 사망 사건은 윤석열 정부의 아킬레스건이었다. 이종섭의 '호주런' 사건은 여러 의미로 문제가 컸다. '윗선' 의심을 받는 윤석열이 수사 외압의 중간 고리이자 핵심 피의자인 이종섭에게 외교관 여권을 발급하고 그를 해외로 내보내려 한 것은 사건 수사 자체에 차질을 빚게 했다. 이 수사 차질로 누가 가장 이익을 볼지는 뻔했다. 총선 정국에서 국민의힘 지지율이 급격히 하락하자, 이종섭은 3월 29일 외교부 장관에게 사의를 표명한다. 이 사건이 충격적이었던 건, 핵심 피의자를 뻔뻔하게 해외 대사로 임명한 점, 그걸 정당화하기 위해 온갖 무리수를 뒀다는 점이다.

버트런드 러셀의 유명한 '역설'이 있다. 세비야의 한 이발사가 말했다. "이 마을 사람 중에 스스로 면도하는 사람을 제외한 모든 사람들은 내가 면도를 해줍니다." 그럴듯하게 보이는 이 명제엔 역설이 내포돼 있다. '그렇다면 이발사의 수염은 누가 깎을까?' 이발사는 스스로 수염을 깎지 않는 사람만 면도를 해주므로, 스스로 수염을 깎을 수 없다. 마찬가지로 이발사가 스스로 수염을 깎지 않는다면 '이발사에게 면도를 받아야 하는 사람'이 되기 때문에 그는 이발사(본인)

에게 면도를 받아야 한다.

 이 역설에서 빠져나올 수 있는 방법이 있다. '이발사는 수염을 불로 태우는 사람이다'라거나 '이발사는 수염이 나지 않는 여성이다'라거나. 제3의 조건을 난입시켜 역설의 순환 구조를 아예 부숴버리는 거다. 하지만 이러면 '역설의 게임'은 재미가 없어진다.

 출국 금지된 자는 주호주 대사가 될 수 없다. 호주로 출국할 수 없기 때문이다. '출국 금지된 자'가 호주 대사가 되면 그 사람은 호주 대사로 불릴 수 없다. 호주 대사가 된 자가 한국에 있으면 안 되기 때문이다. 호주 대사가 출국해서 호주로 가게 되면 문제가 풀리지만, 그러기 위해 호주 대사는 '출국 금지된 자'가 아니어야 한다. 말장난 같지만, 이 단순한 역설은 지금 대한민국에서 실재한다. 그리고 이 역설의 순환 구조를 깨부수는 말이 대통령실에서 나왔다. "좌파가 놓은 덫에 우리가 제대로 걸렸다."(2024년 3월 15일 MBC 보도, 대통령실 고위 관계자 발언) 좌파가 놓은 덫이라니, 대통령실이 만들어낸 '이종섭 퍼즐'은 이렇게 풀린다.

 좌파가 놓은 덫에 걸리기 위해서는 많은 단계를 거쳐야 한다. 첫째, 이종섭 대사는 국방부 장관 시절 해병대 채 상병 사건 수사 결과를 결재했다가 하루 만에 뒤집고 박정훈 수사단장을 '항명수괴죄'로 입건한다. 그래서 '좌파의 덫'에 의한 '수사 외압 의혹'이 발생한다. 둘째, 이종섭 대사는 야당의 탄핵안 발의 직전 국방부 장관직에서 전격 사퇴한다. 그러니까 스스로 사퇴한 것도 좌파들이 치밀하게 놓은 덫에 걸린 게 된다. 셋째, 윤석열 대통령이 이종섭을 주호주 대사로 임명하기도 전에 공수처는 이미 모든 걸 예상하고 12월에 '출국 금지'라는 덫을 놓고 도사리고 있었다. 얼마나 치밀한지, 누가 봐도 꼼짝없이 걸려들지 않을 재간이 없다.

==여기에서 우린 근본적인 의문을 소환한다. "왜 이렇게까지 해야 돼?" 공항에서 MBC 기자를 마주친 이종섭 호주 대사가 한 말이다. 곱씹을수록 명언이다.==

이종섭 대사는 무슨 작전하듯이 한국을 떠났다. 이 대사가 임명된 건 2024년 3월 4일. 2023년 12월부터 '출국 금지' 상태였다는 게 알려진 게 6일이다. 갑자기 이 대사는 7일 고위공직자범죄수사처(이하 공수처)를 찾아가 '셀프 소환' 조사를 받는다. 그리고 법무부에 이의 신청을 했고, 기다렸다는 듯 법무부는 8일에 출국 금지를 전격 해제한다. 이틀 뒤 이 대사는 호주로 출국한다. 주호주 대한민국 대사관은 캔버라에 있는데, 캔버라와 280km 떨어진 시드니행 항공편을 이용하지 않고 1180km 떨어진 브리즈번행 항공편을 이용했다. 들고 간 대사 임명장은 사본이었다. '차관보'급이 가는 호주 대사는 갑자기 '장관급'으로 승격됐고, 전임 호주 대사는 1년 3개월 만에 급거 한국으로 귀임했다.

법무부는 "이종섭 전 장관에 대한 출국 금지 당시 법무부 장·차관이나 대통령실에 일체 보고되지 않았던 것으로 확인됐다"고 당당하게 공지했다. 전직 장관에 대한 출국 금지를 '몰랐다'고 강변하는 법무부나, "정부 당국자도 알지 못한 출국 금지 사실을 친야 성향의 일부 언론이 확인해 먼저 보도한 것도 세 축(공수처, 야당, 언론)이 결탁했다는 걸 보여주는 방증"(YTN에 보도된 대통령실 반응)이란 말은 '좌파의 덫' 이론을 완전하게 만들어준다. 하긴, '출국 금지 사실을 알고도 임명했다'라고 하면 더 큰 문제가 되는 것이니 차라리 '무능'을 택했을 것이다.

출국 금지된 피의자를 주호주 대사로 임명한 대통령의 행위를 정당화하기 위한 온갖 무리수가 동원됐다. 방산 관련 재외공관장회의가 갑자기 잡혔다. 이 대사와 함께 사우디아라비아, 폴란드 등 다른 나라 공관장들이 갑자기 한국으로 불려왔다. 일부 공관들은 뉴스를 보고 자국 대사가 한국에 회의차 귀국하는 걸 알았다고 한다. 심지어 이 대사는 국내에 장기 체류할 것이라고 한다. 이럴 거면 왜 그렇게 급하게 한국을 떠났는지 당최 영문을 알 수 없다. 대체 왜 이렇게까지 하는데?

==따지고 보면 '왜 이렇게까지 해야 하는가'라는 질문은 이 정부를 계속 따라다녔다. 원조는 '바이든 날리면' 사건이다.== 2022년 9월 미국을 방문한 윤석열 대통령은 글로벌펀드 제7차 재정공약회의에 참석, 바이든 대통령 등과 함께 '48초 정상회담'(?)을 한 직후 박진 외교부장관 등 참모진과 대화를 하는 과정에서 =="국회에서 이 ××들이 승인 안 해주면 바이든은 쪽팔려서 어떡하나"==라고 말하는 장면이 언론에 포착됐다. 대통령실은 15시간 만에 미국 현지에서 해명 브리핑을 통해 "'승인 안 해주면 바이든은'이 아니라 '승인 안 해주고 날리면'"이라고, "이 ××들은 한국 국회를 가리킨다"고 주장했다. 김은혜 홍보수석은 '이 ××들은 우리 국회냐'는 질문에 "미국 의회가 아니라는 것"이라고 답했고 '한국 의회냐'는 질문에 "예, 미국 의회가 아니니까요"라고 못을 박았다.

그러자 윤 대통령은 한국으로 돌아오는 길에 뜬금없이 페이스북에 글을 한 편 올린다. 자신이 글로벌펀드 제7차 재정공약회의에 참석했다는 사실을 알리고 "대한민국 국회의 적극적인 협력을 기대한다"고 말이다. 대통령실 주장대로 한국 대통령이 한국 국회를 향해 욕설을 한 것이라는 사실을 뒷받침하는 내용이다. 대체 왜 이렇게까지 하는 걸까.

2023년 10월 11일 있었던 강서구청장 재보궐 선거도 빼놓으면 섭섭하다. 윤석열 대통령은 2023년 김태우 전 강서구청장을 대법원 유지금 우리는 '벌거벗은 임금님'의 시대에 살고 있다. 대통령의 잘못된 결정과 실수를 정당화하기 위해 유능한 국가 공무원들이 공적 자원을 동원해 거대한 부조리극을 매번 창조해내고 있다. 이 거대한 부조리극은 언제 끝날 지 알 수가 없다.

죄 확정 3개월 만에 8·15 특별 사면으로 출마 길을 열어줬다. 그때만 해도 국민의힘에서는 '설마' 하는 얘기들이 흘러나왔다. 윤석열 대통령이 김태우 청장을 '동지'로 여긴다는 보도들이 이어지면서, '김태우 공천 불가'를 외치던 지도부는 돌연 태도를 바꾼다. 보궐선거 원인 제공 당사자(김태우)가 불법 행위로 직을 상실한 뒤 대통령에게 특별 사면을 받고 재공천을 받기까지 걸린 시간은 불과 6개월 남짓. 그때 여의도 사람들은 그랬다. "왜 이렇게까지 하는 걸까?" 그러자 국민의힘은 총력전을 폈다. 결과는 17.15%포인트 차이의 대패. 이 선거 결과에 용산이 충격을 받았다는 사실에 많은 이들이 충격을 받았다.

피의자를 대사로 임명한 걸 취소하면 될 일이었다. '비속어'는 깔끔하게 사과하면 될 일이었다. 원칙대로 보궐선거 원인 제공자를 공천에서 배제하면 될 일이었다.

==지금 우리는 '벌거벗은 임금님'의 시대에 살고 있다. 대통령의 잘못된 결정과 실수를 정당화하기 위해 유능한 국가 공무원들이 공적 자원을 동원해 거대한 부조리극을 매번 창조해내고 있다. 이 거대한 부조리극은 언제 끝날 지 알 수가 없다.== 버트런드 러셀의 '세비야 이발사의 역설'은 원래 수학 문제를 풀기 위한 퍼즐 같은 것이지만, 그런 역설은 부조리극의 필수 요소이기도 하다. '부조리'는 말 그대로 '말이 안 되는 것', '논리적으로 이해 불가능한 것'을 의미한다. 모든 게 순리대로 돌아가는 것처럼 보일 때 인간은 진실을 깨칠 수 없다. 논리적으로 설명 불가능한 엉뚱한 일이 발생할 때 인간은 비로소 '진실'에 다가서게 되는 법이다. 역설을 동반한 부조리극은 어떤 '은폐된 진실'을 폭로해준다. 이 부조리와 역설이 이 정부의 허약한 '본질'을 드러내준다. 그리하여 우린 끊임없이 '대체 왜 저렇게까지 해야 하는 건데?'라는 의문을 오늘도 키워가고 있다.

한국 상대 일본의
완벽한 승리,
과학을 오염시키는 데
성공하다

2023.05.20.

2021년 4월 13일 일본 정부는 후쿠시마 제1원자력발전소에서 나온 오염수의 바다 방류를 결정했고 2023년 8월 22일 이를 확정했다. 일본 측은 다핵종제거설비(ALPS) 처리 과정을 거쳐 오염수를 안전 기준 이하로 희석한 후 2051년까지 약 30년에 걸쳐 방류할 계획이라고 밝혔다. 지금도 오염수는 방류되고 있다. 이 문제는 2023년 초부터 국제 이슈로 떠올랐다. 그런데 이상한 일들이 일어났다. 궁지에 몰린 여당은 '언어'를 오염시키기 시작했다. 2023년 5월 9일 '우리 바다 지키기 검증 TF' 회의에서 성일종 국민의힘 의원은 "바다에 방류되는 물은 오염수가 아닌 처리수라는 용어를 사용하자"라고 말했다. 이후 '북한 공작 기관이 민주노총 간부들에게 오염수 방류를 문제 삼아 남한과 일본을 이간질시키라'는 국정원의 간첩 수사 내용이 흘러나오기 시작했다. 정부는 일본 오염수의 안전성 홍보를 위해 세금을 들여 동영상을 만들었다. 어느새 후쿠시마 오염수 방류에 비판적인 사람들은 '북한의 사주를 받은 자'들에 부화뇌동한 사람들이 돼 있었다. **윤석열과 여당은 '바이든 날리면'의 그 수법으로 언어를 오염시켜 과학을 하이재킹했다. 그런데 애초에 일본은 왜 오염수의 바다 방류를 결정했을까. 가장 비용이 싸기 때문이다. 여기에 무슨 과학이 있나?**

"시간이 걸리더라도 한국 국민의 이해를 구해 나가겠다."

이 말의 장본인은 일본 정치인이 아니고 대한민국의 윤석열 대통령이다. 후쿠시마 제1 원전 오염수 방류에 대한 이 발언은 일본 교도통신 보도로 알려졌다. 지난 3월 17일 윤 대통령이 도쿄에서 스가 요시히데 전 총리를 접견하면서 한 말이다. 이미 결론이 내려진 것처럼 들린다. 그리고 지금 정부는 시찰단을 꾸려 일본에 보내려 한다. 한덕수 국무총리에 따르면 시찰단의 성격은 이렇다. "한국의 역할은 일본과 IAEA의 검증 과정을 전문가의 입장에서 믿을 만한지 보는 것"이고 "일본이 하는 것을 전혀 믿지 않으니 시료를 하나 뜨고 그 자리에서 검사하는 게 아니"라는 것이다.

일견 복잡하게 보이지만, 후쿠시마 오염수 문제는 간단하다. 오염된 물을 바다에 버리지 말라는 것이다. 정화 처리를 했느냐, 인체에 해가 있느냐에 앞서, 누구라도 오염된 물을 바다에 버려선 안 되며, 그런 행위를 하는 누군가가 있다면 그렇게 하지 말라고 반드시 말해줘야 하는 일이다. 그렇지 않으면 '일본도 했다'면서 앞으로 누구나 오염된 물을 바다에 버리려고 할 것이다.

그런 일이 지금 벌어지고 있다. 과학이라는 이름으로, 인간이 만든 방사능 오염 폐기수를 바다에 버리는 걸 용인하려 하고 있다. 예측 불가능한 문제도 아니다. 왜냐하면 일본 후쿠시마의 1066개 탱크에 보관된 137만 톤의 오염수가 현존하고 있기 때문이다. 일본 스스로도 '처리수'(그들의 표현에 의하면)의 완벽한 정화가 불가능하다고 인정하고 있다. 일본의 전문가들은 다섯 가지의 처리 옵션을 건의했다고 한다. ①깊은 지층에 주입, ②해양 방출, ③증발 후 대기 방출, ④수소에 변화를 준 후 대기로 방출, ⑤고체화 또는 겔(용액이 굳은 것)화 후 지하 매설 방식이었다. 오지선다 중 일본 정부가 찍은 건 '해양 방출'이었다. 한국의 국책 기관인 한국원자력연구원이 초청한 옥스퍼드 대학 웨이드 앨리슨 교수는 그 이유를 명쾌하게 설명했다. "(오염수를) 식수, 농업, 공업용수로 쓰지 않고 해양 방류를 하는 이유는 안전 문제 때문이 아니라 비용이 가장 저렴하기 때문이다."

일본 정부 예상대로 이 물을 바닷물로 100배 희석해 30년간 내보낸다면 2억7400만 톤을 바다에 버린다는 계산이 나온다. 30년 후에는 또 다른 2억 톤 이상의 오염수가 발생하는데, 이것도 바다에 버릴 가능성이 높다.

비용이 저렴하니 해양에 쓰레기를 투기한다는 수준의 논리를 두고, '당장 1리터의 오염수를 마실 수 있다'느니, '인체에 유해하지 않다'느니, '알프스 처리 시설은 믿을 만 하다'느니, '오염수가 아니라 처리수로 불러야 한다'느니 하는 논란은 사치에 가깝다.

"이번 일이 전례가 되면 다른 국가가 방사성 오염수를 바다에 방류하는 것을 막을 명분이 없다."(미국 우즈홀 해양연구소 연구원), "해양을 쓰레기 투기 지역으로 활용하는 것은 지속 가능성에 위배된다는 국제적 합의가 존재한다."(로버트 리치몬드 미국 하와이대 교수) 등 과학자들의 이 간단한 논리를 넘어설 수 있는 이유는 현재까지 없다.

==인체에 해가 없든 있든 인류는 역사상 단 한 번도 이런 거대한 규모의 오염수를 '바다에 버리겠다'고 공표해본 적도 없고, 실제로 바다에 버젓이 버려본 적도 없다. 공식적으로 일본 정부의 방사능 오염수 해양 방류 프로젝트에 한국이 들러리를 선다는 건, 인류가 만들어온 윤리적 프로토콜을 버리고 '혼돈' 속으로 걸어 들어가는 걸 방조하는 일이다.==

이 간단한 문제를 복잡하게 만들고 있는 것은 정부다. '해양 쓰레기 투기'를 반대하지 못하고 있는 한국 정부의 시찰단을 일본이 받아들인 것은 일본 외교의 승리에 가깝다는 평가가 나온다. 일본 정부는 이제 오염수 방류에 앞서 '한국의 시찰을 받았다'는 명분 하나를 더 얹게 된 셈이다. 한국이 요구하는 걸 받아들인 모양새를 취한 것도 물론이거니와, 일본 측은 현재 시찰단이 '검증'을 하는 게 아니라고도 선을 그어놓았다.

특히 문제는 시찰단이 다녀온 이후에 벌어질 일들이다. 시찰단이 낼 보고서에 '방류는 적절치 않다'고 적거나 '방류해도 괜찮다'는 내용을 담거나, 둘 모두 문제가 될 수밖에 없다. 전자는 한국의 '과거사 문제 제기 포기'로 개선되고 있다고 '믿고' 있는 '한일 관계'에 찬물을 끼얹게 되는 것이고, 두 번째는 일본의 완벽한 승리를 축하해주는 꼴이 될 것이다. 무난한 것은 정치적 고려를 끼워넣어 '방류 적절성에 대한 판단 유보' 정도 수준이겠다. 그러나 이 경우엔 '왜 갔느냐'라는 질문에 답을 줄 수가 없다. 그때 이미 일본은 '한국의 시찰까지 받았다'며 국제사회 만방에 오염수 방류의 정당성을 선전할 것이다.

이렇게 되면 후에 후쿠시마 오염수 방류 문제로 한국이 손해를 입었다는 사실이 밝혀졌을 때, 한국은 이 말 앞에 가로막힐 수 있다. "당신들, 직접 시찰했었잖소." 이걸 대비해 우리 정부가 할 수 있는 일은 딱 하나다. 후쿠시마 오염수와 처리수 시료를 각각 확보하는 일이다. 현재로서는 이 방법만이 오염수 방류 이후 벌어질 예측 불가능한 일들에 대해 우리 외교가 지렛대를 확보할 수 있는 유일한 길이다. 하지만 "한국만 별도의 시료를 채취하겠다고 요구하는 것은 과도하다"(한덕수 국무총리)는 수준이 한국 관료들의 인식이다. '일본 대변인 같다'라는 비판이 왜 나오겠는가. 우리는 알 권리마저 스스로 박탈하고 있다.

일본의 보수 주간지 《주간현대》는 한국에서 후쿠시마 오염수 방류에 비판적 여론이 높고, 윤석열 정부의 '비토층'이 60%를 돌파해, 출범 1년 만에 정부가 궁지에 몰렸다고 진단했다. 한 자민당 관계자는 "이 시찰단을 제안한 것은 일본 측이다. 기시다 정권으로서는 '친일'적인 윤석열 정권이 쓰러져서는 곤란하기 때문에 선물을 건네려

'상대'가 있는 외교적 언어와 행위는 발생할 수 있는 모든 경우의 수를 감안해야 하기 때문에 '전략적 모호성'을 미덕으로 삼는다. 그런데 지금 후쿠시마 오염수 방류의 들러리를 서려는, 윤석열 정부가 보여주고 있는 '선명 외교'는 거의 자충수에 가깝다.

고 했는데, 오히려 역효과였던 것은 아닐까"라는 우려를 표했다고 보도했다. 한일 관계 개선은 하루아침에 되는 것이 아니라는 말도 덧붙였다.

'상대'가 있는 외교적 언어와 행위는 발생할 수 있는 모든 경우의 수를 감안해야 하기 때문에 '전략적 모호성'을 미덕으로 삼는다. 그런데 지금 후쿠시마 오염수 방류의 들러리를 서려는, 윤석열 정부가 보여주고 있는 '선명 외교'는 거의 자충수에 가깝다. 일본이 검증단을 받아들였다며 환호했던 이 정부 사람들을 보고 있자면 참으로 절망적이기까지 하다. 여당 사람들은 후쿠시마 오염수의 안전성에 대해 열심히 설명하고 있다. '바다에 무언가를 버리면 안 된다'는 초등생 수준의 명제에 '과학'을 들이밀며 겁박하는 꼴이다.

동일본 대지진과 후쿠시마 원전 폭발의 충격과 비극을 TV로 생생히 목격한 (일본인 누군가에겐 경험으로 느껴진) 게 불과 12년 전이다. 후쿠시마 오염수 방류 문제를 두고 벌이는 기억력 짧은 인간들의 논쟁들 속에서, 핵 발전의 환상에 사로잡힌 세력이 만들어낸 거대한 은유가 읽힌다. 풍요와 죽음을 상징하는 '핵'이 가진 모순 속에서 '값싼' 방식을 택하는 것, 그리고 그걸 우려하는 사람들을 '비과학적'이라 멸시하는 세상. 어쩌면 '후쿠시마 오염수 방류'는 핵 발전이 '값싼 것이어야 한다'는 그들의 논리를 공고히 해주고 있는 것 같다. 그게 이 정부와 일부 보수 언론이 바라는 것이 아닌가. '원전만이 살길'이라는 그들의 주장이 얼마나 값싸고 허망한지, 언젠가 깨닫길 바라며 이 슬픈 블랙코미디를 감내해야 하는 게 우리의 일이다.

재앙을 대하는 방식도, 재앙의 부산물을 처리하는 방식도 틀렸다. 과학이라는 이름으로 자행되는 해양 쓰레기 투기에 대한민국이 들러리가 되어간다.

윤석열의 '도그 휘슬', 그리고 언론 기술자 이동관의 '공산당 언론'

2023.08.05.

"공산 전체주의를 맹종하며 조작 선동으로 여론을 왜곡하고 사회를 교란하는 반국가 세력들이 여전히 활개치고 있다.(윤석열, 2023년 8월 15일 광복절 경축사)", "공산 전체주의 세력, 그 맹종 세력과 기회주의적 추종 세력들은 허위 조작, 선전 선동으로 자유사회를 교란시키려는 심리전을 일삼고 있다.(윤석열, 2023년 8월 29일, 민주평통 연찬회)" 이동관은 언론 기술자다. 《동아일보》 기자 출신인 그는 '뉴라이트'라는 말을 자신이 고안해냈다고 자랑스레 말한다. 그는 이명박 정부 홍보 요직을 지냈다. KBS 사장 해임, MBC 사장 해임, YTN 낙하산 사장 논란 등 이명박 정부의 '언론 장악' 과정에서 그의 이름을 기억하는 언론인은 많다. 그 이동관이 2023년 8월 윤석열 정부의 차기 방송통신위원장에 임명돼 98일간 재임했다. 그 짧은 기간 동안 그는 KBS 사장에 윤석열 측근인 박민을 임명할 틀을 다졌고, 권태선 방송문화진흥회(이하 방문진, MBC 최대 주주) 이사장 해임을 위해 소송전을 불사했다. 졸속·부실 심의라는 비판을 뒤로하고 YTN 민영화 추진을 위해 최대 주주 변경 승인 심사를 강행했다. 야당이 탄핵 카드를 내놓자 이동관은 '방송 장악'이 정체될 걸 우려해 스스로 사퇴하면서 "내가 그만두더라도 제2, 제3의 이동관이 나온다"고 말했다. ==윤석열이 '공산 전체주의' 해소를 위해 고용한 자가 이동관이다. '언론 기술자' 이동관을 통해 윤석열은 어떤 세상을 만들려고 했을까. 윤석열의 계엄 포고령 1호에는 '모든 언론과 출판은 계엄사의 통제를 받는다'고 적시돼 있다.==

"저희가 어떤 정당이나, 특히 과거 선전 선동을 굉장히 능수능란하게 했던 공산당의 신문이나 방송을 저희가 언론이라고 얘기하지 않습니다."

이동관은 첫 일성으로 '공산당의 신문이나 방송'을 언급했다. 기자가 "(공산당) 기관지 같은 언론이 지금 있느냐. 어떤 언론이 그런 언론이냐"고 묻자 "국민들이 판단하시고 본인들이 잘 아시리라고 생각한다"고 했다. 비유인 줄 알았는데 아니었다. 이동관에 따르면 공산당 기관지 언론은 실재한다. 그런데 이 말은 누구에게 보내는 메시지일까.

무슨 스무고개 하듯 내놓은 이동관의 발언은 일종의 '도그 휘슬(dog whistle)'이다. '개 호루라기'는 사람에겐 들리지 않지만 개가 듣고 그 의미를 파악할 수 있는 초음파를 내는 도구다. 정치학에서는 특정 지지 그룹의 호응을 얻기 위해 암시적 언어를 사용하는 걸 말한다. 정치 저관여층에겐 전달되지 않지만, 특정 지지 그룹은 '도그 휘슬'을 알아듣고 그에 맞는 행동을 하거나 그를 지지하는 결정을 내릴 수 있다. 부정적인 관심을 끌고 싶지는 않은데 논란성 이슈에 대해 지지 그룹을 선동하고 싶을 때, 혹은 부인할 수 없는 당위성으로 포장하면서도 특정 지지 그룹의 편향성에 호소하고 싶을 때 사용된다.

트럼프가 미국 의회 앞에 모인 성난 지지자들을 향해 "Have the courage to do the right thing. Fight!"(올바른 일을 하기 위해 용기를 내라. 싸우라!)고 말한 것은 일종의 '도그 휘슬'이다. '올바른 일을 하기 위해 용기를 내라'는 말은 흠잡을 데 없는 말이지만, 이 말은 일부 성난 지지자들에게 '의회에 쳐들어가라'고 해석된다. 그리고 트럼프는 자신은 폭동을 선동하지 않았다고 말했다. 이건 입증할 수도 없다. 보통의 '인간'들에겐 의회에 난입하라는 의미로 들리지 않기 때문이다.

'미국을 다시 위대하게'라는 슬로건도 '미국 백인'들을 겨냥한 도그 휘슬이란 비판을 많이 받았다. 많은 극우 정치가들이 '도그 휘슬'을 이용해 난민·이주민 혐오 정서, 인종차별 정서를 건드리고 '페미니즘'을 조롱하며 지지층의 내심에 어필하려 한다는 지적들이 나온 건 오래된 일이다.

==이동관이 '공산당 기관지' 같은 언론을 언급하고 '본인들은 잘 알 것'이라며 에둘러 얘기했지만, '특정 세력'은 아마 환호했을 것이다. 대한민국에 존재하지도 않는 공산당을 언급함으로써 일부 한국인들의 내심에 여전히 존재하는 '빨갱이 콤플렉스'를 자극한 것이다.== 이에 화답하듯 일부 아스팔트 우파나 '극우 유튜버'들은 '공산당 언론'을 몰아내야 한다며 실재 존재하는, 공산당과 전혀 상관없는 몇몇 언론들을 콕 집어서 비난할 것이다. 매카시즘 시대나, 냉전 시대에나 있었을 법한 이런 유형의 '도그 휘슬'은 분단국가에서는 오늘날에도 여전히 좀비처럼 현현한다.

윤석열 대통령은 '도그 휘슬'을 잘 사용하는 한국의 정치인 중 하나다. 그는 지난 5·18민주화운동 기념식에서 "오월 정신은 자유민주주의 헌법 정신 그 자체이고, 우리가 반드시 계승해야 할 소중한 자산"이라며 "우리가 오월의 정신을 잊지 않고 계승한다면 우리는 자유와 민주주의를 위협하는 모든 세력과 도전에 당당히 맞서 싸워야 하고 그런 실천적 용기를 가져야 한다"고 말했다. ==당위성으로 포장된 평범한 말처럼 들리지만, 오월 정신까지도 '진영 논리'에 가두어 특정 지지자들에 어필하고자 하는 전형적인 '도그 휘슬'이다. 윤 대통령은 이런 식으로 극우 세력을 자극하는 언사를 자주 펴왔다.==

윤 대통령이 연설마다 수십 차례 언급하는 '자유'가 그런 것이다. '자유'는 한국 사회 맥락 속에서 피 묻은 이념 내전의 최전선에 내몰렸던 단어다. 70년 전 한국전쟁 이후 엄청난 사회적 갈등 비용을 지불한 한국 사회에서 일부 '반공 보수'는 여전히 "좌파가 자유민주주의의 '자유'를 없애려고 한다. 이는 나라를 북한에 바치기 위한 것이다"라는 믿음을 가지고 있다. 그리하여 '자유'는 한국 사회의 현대사가 주물한 특정한 토대 위에서 특정 계층에게는 특별한 암호로 해석된다. '자유민주주의'라는 용어를 비판적으로 바라보면 '북한으로 가 버리라'는 반응이 즉각적으로 나오는 것도 그 증거다. '자유'는 윤 대통령의 '도그 휘슬'과 같은 것이다.

==물론 윤 대통령뿐만이 아니다. 홍준표 대구시장이 '도로 무단 점유'를 명분으로 내세워 퀴어 페스티벌을 억압하는 것도 전형적인 '도그 휘슬'이다.== 그는 '반 동성애자'들의 표심에 호소하고 싶지만, '동성애자의 페스티벌에 반대한다'는 직접적 메시지가 도덕적 지탄의 대상이 될 수 있기에 우회로를 선택했다. 홍 시장은 대선 후보 시절에도 "동성애에 반대한다"고 직설적인 발언을 했다가 비난을 받은 바 있다. 그의 전략이 조금 더 교묘해지고 있는 셈이다.

이준석 전 대표도 그런 면에서 '선수'다. 페미니즘, 장애인 시위와 관련해 그가 '불법과 합법'을 언급하며 '역차별'을 호소할 때 그것이 누구를 향한 말인지, 누구에게 들으라고 하는 얘기인지 우린 알아차릴 수 있다. 그는 '장애인 혐오자'도 '페미니즘 혐오자'도 아니라고 하지만, 장애인 혐오와 페미니즘 혐오 정서를 가진 이들은 '도그 휘슬'을 알아차리고 정치적 신념을 강화하며 나아가 행동(투표든 시위든)을 강구하게 된다. 이준석 본인이 이런 원리를 아주 잘 알고 있을 것이다.

'도그 휘슬'이 서구 정치권에서 주로 부정적으로 쓰이는 데는 이유가 있다. 다양성을 배척하는 극우 보수주의자들을 지지층으로 거느린 정치가들이 중도층의 도덕적 비난을 피하기 위해 주로 사용하기 때문이다. 이를테면 종교 다양성 사회에서 '기독교 전통을 복원해야 한다'는 배제의 슬로건은 '가족 가치(주로 동성애를 비판하는 기독교도인들이 쓰는 말)'와 같은 평범한 '도그 휘슬'로 둔갑한다. 선거 캠페인에서 '가족 가치'를 언급할수록 '보수적 기독교인'들이 뭉친다고 한다. 또 다른 예로 영국 총리를 지낸 보리스 존슨은 2016년 4월 미국의 버락 오바마 당시 대통령이 자신의 '조상' 때문에 영국에 대해 원한을 품고 있다고 주장했다가 '도그 휘슬 인종차별'로 비난을 받았다. 오바마 대통령은 영국의 식민지였던 아프리카 케냐 혈통이다. 도그 휘슬러들은 주로 '불법', '비국민', '주류', '가족' 등의 용어를 사용하며, '무슨 뜻인지 알지?'라고 지지층의 내심에 호소한다. 이런 사례는 무수하다.

=='도그 휘슬'의 가장 큰 문제는 '이중 언어'라는 점 때문이다. 윤석열 대통령이 '자유'를 언급했을 때, 유권자 중 누군가는 '일할 수 있는 자유'나 '언론의 자유', '억압으로부터의 해방' 같은 걸 떠올리며 투표하지만, 누군가는 '자본의 자유', '북한 체제 해체', 심지어 '적화통일에 협조하는 대한민국의 반국가 세력을 때려잡자'라는 메시지로 해석하고 투표한다.== 하나의 메시지를 두고 전혀 다른 이해를 갖는 두 명의 유권자가 그 메시지를 발신한 한 명의 후보를 택하는 건 민주주의가 가진 오래된 오류의 일종으로 본다. 이걸 적극 이용하는 세력은 중도층을 자극하지 않고, 논란을 최소화하면서 극렬 지지 그룹에 어필할 수 있다. 그러면 표를 최대한 많이 끌어모을 수 있다.

다시 이동관으로 돌아오자. 그가 '공산당 언론'을 언급한 것은 한국 사회에서, 그것도 21세기에 아주 고약하고 낡은 '도그 휘슬'이라 비판받을 만하다. 이동관이 하필 '공산당'이란 단어를 선택한 건 우연이 아니다. 그는 누군가에게 메시지를 발신하고 있다. 그것도 그가 하고자 하는 모종의 '과업'과 관련해 극렬 지지층에게 모종의 '힌트'를 주고 있는 것이다. 대한민국에 '공산당 기관지' 같은 언론은 존재하지 않는다. 그러나 그런 언론인지 아닌지 '본인들이 잘 알 것'이라고 하는 건 지지층들만 '아는' 특정 매체를 지칭한 효과를 갖게 된다. 두말할 것 없이 그건 윤석열 정부에 비판적인 몇몇 언론들이다. 정치적 반대파를 '국가 전복 세력'이라 암시하고 '레드 콤플렉스'나 약자 혐오에 기대어 하는 정치, 그 말로는 별로 좋지 않다. 트럼프를 보라.

'도그 휘슬'의 가장 큰 문제는 '이중 언어'라는 점 때문이다. 윤석열 대통령이 '자유'를 언급했을 때, 유권자 중 누군가는 '일할 수 있는 자유'나 '언론의 자유', '억압으로부터의 해방' 같은 걸 떠올리며 투표하지만, 누군가는 '자본의 자유', '북한 체제 해체', 심지어 '적화 통일에 협조하는 대한민국의 반국가 세력을 때려잡자'라는 메시지로 해석하고 투표한다.

부하들의
'거짓말' 위에 선,
한때 '정직한 검사'였던
윤석열

2024. 06. 01.

==해병대 제1사단 채수근 상병 사망 사건 수사 외압 의혹의 핵심은, 윤석열이 수사 결과를 미리 보고받고 '격노'했느냐의 여부였다. 하지만 윤석열은 관련 질문에 단 한 번도 제대로 답한 적이 없다.== 2024년 5월 9일 대통령 취임 2주년 기자회견에서 "대통령실의 외압 의혹과 대통령이 국방부 수사 결과에 대해 질책했다는 의혹에 대해서도 입장을 말해 달라"는 질문이 나왔다. 대통령 본인이 외압을 행사했느냐고 묻는데, 윤석열은 "이 수사를 담당하고 있는 수사 관계자나 향후 재판을 담당할 관계자들도 모두 저나 우리 국민들과 똑같이 채 상병 가족과 똑같은 안타까운 마음으로 열심히 진상 규명할 것이라고 믿고 있다"는 동문서답을 내놓았다. 원하는 답변은 간단한 거였다. 대통령이 해병대 수사단의 조사 결과를 두고 '격노' 했는지, 안 했는지, 격노 후 이종섭 국방부 장관에 전화해 무슨 지시를 했는지, 박정훈 전 수사단장의 주장대로 일부 혐의자와 혐의 내용을 빼라고 지시한 적이 있는지 밝히면 된다. 그런 적이 없으면 없다고 하면 된다. 윤석열의 침묵 상태가 지속된 지난 1년 6개월 동안 해병대와 국방부는 쑥대밭이 됐다. 예스든 노든 우리는 윤석열의 답을 여전히 원한다. 대통령이 탄핵되고 감옥에 가더라도 이 사건의 진실은 꼭 알아야겠다.

미국의 도덕 철학자 시셀라 복은 《Lying(거짓말하기)》이라는 책에서 "진실을 말하는 데는 어떠한 정당화도 필요하지 않은 반면 거짓말에는 반드시 이유가 있다"고 말했다.

정치에 있어 거짓말은 치명적이다. 휴대전화, 인터넷, SNS가 없던 시대는 '정보 독점', '기록 독점'의 시대였다. '은폐'가 쉬웠다. 미국의 현대 정치사는 '정치인의 거짓말'이 대중들에 의해 비토당한 역사라고도 할 수 있다.

1960년 미국의 U-2 정찰기가 소련에 의해 격추되고 조종사가 생포당했을 때 아이젠하워 대통령은 미국인들에게 "기상 연구용 비행기가 실종됐다"라고 거짓 발표를 했다. 이유는 명확했다. 며칠 후 소련의 흐루쇼프와 정상회담을 열어야 했기 때문이다. 하지만 정상회담에서 흐루쇼프가 이를 폭로했고, 아이젠하워는 체면을 구겼다. 그때 미국인들은 정부의 거짓말에 충격을 받았다고 한다. 그 결과, 대선에서 공화당 리처드 닉슨이 패배하고 민주당의 존 F.케네디가 대통령이 됐다.

베트남전의 계기가 된 '통킹만 사건'이 조직적 거짓말이었다는 건 1971년 《워싱턴포스트》와 《뉴욕타임스》의 특종으로 드러났다. '허위 정보'를 실제 사건으로 조작하는 과정에 대해서는 여러 설이 있지만, 베트남 무력 개입에 부정적이던 미 의회의 승인을 얻기 위해 당시 행정부와 군 당국이 거짓 사실이라 할지라도 '미국이 공격당했다'는 명분이 필요했다는 게 정설이다. 이 '거짓말'은 '반전 여론'에 불을 붙였고, 미국의 정치, 사회, 문화 저변에 지대한 영향을 미쳤다.

정치에서 거짓말은 고도화되고 있다. 1998년 미국의 빌 클린턴 대통령은 '르윈스키와 부적절한 관계가 있었느냐'는 질문에 "부적절한 관계는 없다"고 답한다. "과거에 성적 관계가 없었느냐"는 질문에 그는 한결같이 "성적 관계는 없다. 그건 정확한 사실이다"라고 답한다. '과거 시제'로 물은 질문에 두 번 모두 '현재 시제'로 답해 거짓말 논란을 교묘히 피해 간 유명한 사례다.

채 상병 사망 사건 수사 외압 의혹에서 '거짓말'이 난무하고 있다.

이종섭 전 국방부 장관은 2023년 8월 21일 "대통령실의 어떤 누구에게 전화받은 것이나 어떤 문자를 받거나 메일을 받거나 한 것이 없느냐"는 질문에 "이 문제(채 상병 사건 수사)와 관련해서 문자나 전화나 받은 것 전혀 없다"고 말했다. 신범철 전 국방부 차관은 2023년 8월 30일 국회 예결위 회의에서 이첩 보류의 정당성을 설명하는 과정에서 "그래서 국방부 장관이 대통령과 통화를 했느냐"는 민주당 진성준 의원의 질문에 "통화하지 않은 것으로 알고 있다"고 말했다. "어떻게 아느냐"고 재차 묻자 신 차관은 "제가 장관께 여쭤봤다", "장관님 누구와 통화하신 적 있느냐고 하니까, '없다'고 했다"고 말했다.

하지만 박정훈 해병대 전 수사단장 항명 사건 재판에서 통화 기록이 나왔다. 이종섭은 8월 2일 낮에 윤석열 대통령과 '개인 휴대전화'로 세 번 통화했다. 모두 18분가량의 통화였다.

'클린턴식 거짓말'이다. 사건 초기 대통령과 통화 여부를 묻자 이종섭은 '이 사안과 관련해'라는 말을 붙여서 교묘히 넘어간다. 그리고 해외 출장을 간 사이 국방부 차관은 "이종섭은 통화하지 않았다"고 재차 말한다. 그들은 답변하면서 아마도 '이 사안과 관련해'라는 전제를 마음속으로 붙였을 것이다. 그리고 스스로 '나는 거짓말을 하고 있지 않다'라고 생각했을 것이다. 문제는 대통령과 '개인 휴대전화'로 나눈 통화 내용이 '이 사안과 관련한 통화'인지 '아닌지'를 아무도 확신할 수 없다. 그건 '피의자 이종섭'의 일방적 주장일 뿐이다.

김계환 해병대 사령관의 거짓말은 더 심각하다. 김계환은 2023년 7월 30일(채 상병 사건 수사 국방부 장관 결재가 있던 날)부터 나흘 동안 대통령실 국가안보실 관계자들과 16번이나 통화한 사실이 최근 드러났다. 하지만 김계환은 2023년 8월 25일 국회에 출석해 '안보실로부터 이 건과 관련해 몇 번 통화를 했느냐'는 질문에 "이 건과 관련해 안보실과 통화한 적은 없습니다, 한 번 있습니다"라며 말을 더듬는다.

그 '한 번'에 대해 김계환은 "안보실 2차장이 이첩하고 난 이후 휴가 중이었는데 들어오면서 상황 파악을 위해 저한테 전화를 해서 관련 경과에 대해서 잠시 말씀드렸다"고 했다. 추후 밝혀진 바에 따르면 김계환이 안보실 임종득 2차장과 통화를 했다는 시점은 8월 2일 낮 12시 50분이다. 김계환은 이 '한 번'의 통화 말고도 안보실과 15번 더 통화했다. 말을 더듬는 행위는 전형적인 거짓말의 징후다. 스스로 거짓말을 하고 있다는 사실을 인지하고 있었을 가능성이 높다. 김계환은 결국 위증했다.

거짓말은 또 있다. 'VIP 격노설'과 관련해 김계환은 군 검찰 조사와 군사법원 재판에서 "박정훈 전 수사단장이 항명 사건을 벗어나기 위해 지어낸 이야기"라고 반박했다. 하지만 공수처가 김계환의 휴대전화에서 'VIP 격노설'을 언급했다는 녹취 파일과 물증을 확보하자 갑자기 입을 꾹 닫았다. 공수처에서 'VIP 격노설'을 추궁받은 그는 "해병대 사령관인 내가 국군 통수권자인 대통령에 대해 언급하는 건 부적절하다"고 했다. '박정훈의 지어낸 얘기'라고 했던 그다. 이건 '무고'에 해당할 수 있다.

진실을 말하는 데에는 이유가 없다. 그러나 '거짓말'을 하고 있는

데엔 반드시 이유가 있다. 뭔가를 감춰야 할 것이 있다는 방증이다. 진실이 드러났을 때 '누군가'가 곤란해질 수 있기 때문이다. 거짓말들이 하나둘 들통나면서 '대통령실 외압 의혹'은 이제 '대통령 외압 의혹'으로 좁혀졌다. 모든 손가락이 한 방향을 가리킨다. 윤석열 대통령이 직접 나서서 그간 감춰졌던 '전화 통화'의 내용과 진실을 밝히면 된다. 검사 시절 그는 '국정원 댓글 사건 수사 외압'을 폭로하면서 본인의 선배와 상관들이 거짓말을 하고 있다는 사실을 밝혔다. 그 '정직한 검사'가 최고 권력자가 되어 부하들의 '거짓말' 위에 위태롭게 서 있다.

정치에서 거짓말의 가장 큰 문제는 정치인과 유권자 간의 신뢰를 무너뜨린다는 데 있다. 니체는 《선악의 저편》에서 "내가 화가 난 것은 당신이 내게 거짓말을 해서가 아니다. 더는 당신을 믿을 수 없기 때문이다"라고 썼다. 대통령이 부하들의 얄팍한 '거짓말의 토대' 위에 서서 '동문서답'으로 일관하는 사이 윤석열 정부에 대한 신뢰 자본은 바닥나고 있다. 국정 수행 지지율은 21%(한국갤럽 기준)를 찍었다.

==채 상병 사망 이후 해를 바꿔가면서 거의 10개월 동안 진행된 이 '거짓말들'은 우리 사회에 아주 나쁜 영향을 끼쳤다. 전화 통화 몇 번 한 문제를 두고 그것이 '거짓말'인지 알아내기 위해 막대한 사회적 비용을 쏟아부어야 했다.== 공수처와 군 검찰의 수사 역량이 낭비됐고, 출국 금지된 자(이종섭)가 호주 대사로 내정됐다 취소되는 과정에서 외교 자원이 불필요하게 소모된 데다 국제적 망신까지 감내해야 했다. 채 상병 특검법 처리와 거부, 그리고 재의결 과정에서 여야 간 벌어진 불필요한 정쟁도 이런 '거짓말들' 때문이다.

==거짓말은 그래 봐야 '진실의 부산물'일 뿐이다. 찌꺼기를 걷어내면 진실은 드러나게 돼 있다.==

채 상병 사망 이후 해를 바꿔가면서 거의 10개월 동안 진행된 이 '거짓말들'은 우리 사회에 아주 나쁜 영향을 끼쳤다. 전화 통화 몇 번 한 문제를 두고 그것이 '거짓말'인지 알아내기 위해 막대한 사회적 비용을 쏟아부어야 했다.

"대통령 부부,
둘 다 너무
이상해요"

2024.08.10.

2024년 4월 총선 패배의 원인은 명확했다. 모든 사람의 손가락은 단 한 사람, 윤석열을 가리키고 있었다. 독선적인 국정 운영과 수직적 당정 관계, 김건희 금품 수수 문제와 주가 조작 의혹, 이종섭 전 국방부 장관 호주 대사 임명과 근거도 불분명한 의대 정원 2000명 확대, 그리고 무엇보다 '대파'로 상징되는 경제 정책 실패 등이 총선 참패의 원인으로 지목됐다. 이 모든 사건의 정점엔 윤석열과 김건희가 있었다. 하지만 총선 패배 후 윤석열의 행동은 기이했다.

내란 중요 임무 종사 혐의로 구속 기소된 김용현의 공소장에 따르면 윤석열은 최소 2024년 3월부터 비상계엄을 염두에 두고 '충암고 동문'으로 이뤄진 '충암파' 김용현 등과 수차례 계엄과 '비상대권'에 대해 논의했다. 3월은 총선 결과가 나오기도 전이다. 여당이 선거에 임하고 있는 한편에서 윤석열은 계엄을 모의하고 있었고, 총선 참패가 확정된 후에도 이를 거둬들이지 않았던 것이다. 오히려 총선 패배 후 윤석열은 더욱 계엄에 집착한 것 같다. 그는 애초에 '변화'할 생각이 없었다. 의석 수를 충분히 얻지 못했기에 폭력적 방식을 동원해서라도 정국을 돌파하려 했다. 그래서 '이상한 대통령 부부'는 총선이 끝난 후에도 여전히 '이상한' 채로 있었다. '한 방'을 노리면서.

윤석열 대통령 부부는 참 이상하다.

2024년 4월 25일 국민의힘 여의도연구원이 주최한 총선 패배 원인 분석 토론회에서 김종혁 당 조직부총장(현 국민의힘 최고위원)은 "국가 지도자인 대통령의 PI가 완전히 망했다"며 "대통령이 격노한다고 나가면 그걸 보는 국민이 행복하겠나"라고 말했다.

==지난 총선 패배의 제1 요인이 윤석열 대통령이라는 데에는, 이른바 '친윤' 외에 동의하지 않는 사람들이 거의 없는 것 같다.== PI(President Identity, 최고경영자 정체성)는 정치인, 기업 CEO 등 인물에 초점을 맞춰 회사나 단체의 이미지를 관리하는 마케팅 기법이다. 긍정적인 최고 지도자 이미지를 통해 기업 이미지를 개선하고 소비자들에게 호감을 불러일으켜 궁극적으로 소비자들의 선택을 받고자 하는 것이다.

이를테면 스티브 잡스나 일론 머스크, 제프 베이조스 등 유명 CEO들은 자신의 캐릭터나 메시지, 활동을 통해 기업 이미지를 구축한다. 도널드 트럼프는 스스로 평생 구축한 PI를 통해 미국 대통령직에까지 오른 입지전적인 종합 엔터테이너다. '리더'의 이미지가 마케팅이 되고 그 마케팅은 조직 홍보에 막대한 영향을 미친다. 미국 투자자의 77.7%가 CEO를 보고 투자를 결정한다는 조사 결과도 있다.

최악의 PI 실패 사례는 이마트의 오너 정용진의 '멸공' PI가 아닐까 싶다. 유통업계의 큰손인 그가 감자밭을 방문하거나 백종원과 같은 셀럽들과 관계를 과시할 땐 호감도가 상승할 수 있지만, 갑자기 SNS로 중국 공산당을 비난하면 PI를 담당하는 참모들은 물론, 이마트 종사자들이나 주주들, 중국과 관계를 맺고 있는 신세계그룹 담당자들은 당황하게 된다. 제대로 된 참모라면 옆에서 말렸겠지만, 스스로 '전문가'라고 생각하거나 본인 스타일이 '안하무인'이라면 어쩔 수 없이 '완전히 망하는' 길로 가게 되는 것이다.

정치인도 마찬가지다. 현대사회에서 대중 정치인은 그 메시지와 상징성의 총합으로 자신이 이끄는 정당이나 국가의 브랜드 가치를 홍보한다. PI 전략에서 중요하게 고려해야 하는 것은 긍정적 이미지를 강화하고 부정적 이미지를 보완하는 것이다. 어떤 이미지가 넘친다 싶으면 덜어내고, 장점이 묻힌다 싶으면 보강해야 한다. '일관성'도 중요하다.

윤 대통령의 PI가 완전히 망했다고 한다. '윤석열'이라는 리더는 하나의 상징이다. 그가 자주 쓰는 말, 손짓 하나, 옷차림, 걸음걸이, 먹는 음식, 시선 처리, 목소리, 사소한 습관들은 메시지가 된다. 무엇보다 중요한 건 행동이다. 리더는 어떤 결정과 행동을 함으로써 메시지를 전하고 그것을 유권자들의 동의와 지지로 이어지도록 만든다. 특히 참모들은 리더의 PI 구축을 위해 방문 장소(장소에 담긴 메시지)와 그 장소에 적합한 메시지를 고려해야 하고, 어떤 메시지를 부각할지, 어떤 메시지를 감출지 정교하게 판단해야 한다.

그런 측면에서 윤석열 대통령의 '완전히 망한' PI 마케팅 사례는 셀 수가 없다. '격노'의 아이콘이라거나, '술꾼'의 이미지 같은 것들이다. 특히 유수의 언론인들이 점잖은 칼럼으로 수차례 '술을 멀리하라' 조언해도 듣지 않고 여당 행사장에서 맥주를 돌리면서 스스로 강화한 '술꾼'의 이미지는 국정 운영의 모든 사안에 '밈'으로 들러붙는 고약한 PI 실패 사례로 꼽힌다.

이런 PI는 그나마 개선 가능성이 있는 것들이다. 이상하긴 해도 우리 주변에 있는 친근(?)한 이미지이기 때문이다. 그런데 개선이 원천적으로 불가능한 PI들이 있다. 이른바 '내로남불의 덫'이라고 표현해도 좋을 것들인데, 대중은 자신들이 공정하다고 믿은 리더가 공정하지 않다는 걸 발견했을 때 두 배로 실망하게 된다. 이럴 땐 리더도, 대중도 '인지 부조화' 현상에 빠져든다.

PI 전략은 정교해야 한다. 기계처럼 '긍정적 이미지'를 좇다간 또 망할 수 있다. 소위 '미담으로 망하는' 사례다. 이를테면 윤석열 검사가 '국정원 댓글 사건'의 부당한 수사 개입에 항의하고, '살아 있는 권력'을 수사할 때 일선 검찰청을 방문해 검사들을 격려하면 '정의와 공정'의 PI가 강화되지만, '채 상병 사건' 부당한 수사 개입의 주요 용의자가 된 후 해병대 부대를 찾아가 사진을 찍으면 "거기가 어디라고 감히"라는 반응을 불러일으킨다. 이를테면 이명박이 '가훈이 정직'이라고 소개한 것이나 박근혜가 최순실과의 우정을 '순수한 마음'으로 포장한 것처럼 말이다.

그런 면에서 다음 사례는 '미담으로 망하는' 전형적인 요소를 갖추고 있다. 대통령실은 2023년 8월 7일 '尹 대통령, 진해 해군기지서 휴가 보내며 해군·해병 장병 격려'라는 제목의 보도 자료를 배포했다.

"대통령은 오늘(7일) 오후 해군 및 해병대 장병들과 농구, 족구 등 다양한 체육 활동을 하며 단합을 다졌습니다. 대통령이 진해 기지 사령부 체육관에 들어서자 해군 장병 30여 명이 '필승'을 외치며 환영했고, 대통령은 장병 한 명 한 명과 하이파이브를 하며 '수고가 많다'고 격려했습니다.

대통령의 점프볼로 장병들의 농구 경기가 시작됐고, 경기를 관람하던 대통령은 경기 쉬는 시간 동안 자유투 라인에서 슛에 도전했습니다. 대통령이 첫 슛에 실패하자 장병들은 "한 번 더!"를 외쳤고, 그 응원에 힘입어 다시 한 번 슛에 도전했습니다. 대통령이 세 번째에 슛을 성공한 데 이어, 5번째, 마지막인 6번째 슛도 연달아 성공하자 다 함께 하이파이브를 하며 기뻐했습니다."

'대대 축구대회에서 대대장이 해트트릭을 기록하시었다'라는 느낌의 이런 보도 자료는 참모들의 '과잉 충성'의 발로인지 모르겠으나, 대통령의 PI 구축에는 오히려 역효과를 내는 예시 자료로 소중하게 쓰일 수 있다. 그런데 보도 자료의 다음 부분에서는 '이상함'을 넘어 '기괴함'을 느끼게 된다.

"(해군 관계자들과 저녁 식사 자리에서) 한 해병대 장교는 '지난 20년 군 생활 동안 지금처럼 자랑스러운 적이 없었다. 역대 어떤 대통령보다 제복 입은 군인을 기억하고 대우해준 점에 깊이 감사드린다'며 '나가자, 해병대. 나가자, 대한민국!' 구호를 외쳤습니다."

해군 관계자들과 식사를 하는데 해병대가 빠질 순 없겠다. 하지만 맥락이 중요하다. 윤 대통령은 해병대 채 상병 사망 사건 수사 외압 의혹의 중심에 서 있는 인물이다. 자신이 수사 대상으로 적시된 특검법안에 대해 두 번이나 거부권을 행사했다. 해당 의혹에 대해 대통령은 단 한마디도 해명한 적이 없다. 일부 예비역 해병대 전우들은 대통령에게 진상 규명을 요구하고 있으며, 채 상병 사망 사건을 수사한 해병대 박정훈 대령은 전시에서나 볼 법한 '항명수괴죄(후에 항명죄)'로 입건된 상황이다. 해병대 채 상병 사건의 진상 규명을 원하는 대략 70% 이상의 사람들이 보기에 이 보도 자료는 '기괴한' 모습으로 다가온다.

해병대 대원 사망 사건으로 온 나라가 떠들썩한 가운데, 이런 내용을 굳이 보도 자료에 포함시킨 것은 몇 가지 이유로 설명될 수 있겠다.

표층과 심층의 문제다. 표층에서 공식적으로 대통령은 채 상병 사건 수사 외압과 무관하다. 그런 만큼 해병대 대원들과 '화이팅'을 외치는 장면을 보도 자료에서 뺀다는 것은 있을 수 없는 일이다. 하지만 심층에서 많은 시민들은 윤 대통령이 무관하다고 생각하지 않는다. 그 때문에 대통령이 해병대 대원들과 '화이팅'을 외치는 모습을 보는 건 곤욕이다. 대통령이 즐겨 입는 해군 마크 티셔츠는 평시엔 '미담거리'지만, '채 상병 사건'의 불편한 맥락이 개입된 현재엔 누군가에게 모욕적일 수 있다. 그렇다고 대통령이 해병대만 빼고 해군 인사들만 격려할 수는 없다. 딜레마다.

애초에 대통령이 '격노'를 부인하지 않고 수사 외압 의혹에 대해 솔직히 말했다면 PI가 꼬이는 일도 없었을 것이고, 불쾌한 상황이 계속되는 일도 없었을 것이다. 채 상병 수사 외압 사건은 공식적으로 윤 대통령에게는 '아무렇지 않은 일'이어야 한다. 그래서 앞으로도 군과 관련된 대통령의 PI는 더욱 악화될 것이다. 대통령은 채 상병 사건에 대한 '진실'을 숨기고 있다고 느끼는 사람들을 배려할 필요 따위도 없다. 대통령의 PI를 담당하는 참모들이 "그래도 해병대 대원들은 만나지 않았으면 합니다"라고 건의할 수도 없다. 참모들도 극한 직업이다.

==대통령과 '세트'로 대통령의 지지율에 영향을 미치는 영부인의 PI는 더욱 심각한 상태다. 디올 백을 받는 장면을 전 국민이 지켜본 상황에서, 영부인은 '바이 바이 플라스틱 백'이라 적힌 에코백을 계속 메고 다녀야만 하는 운명에 빠졌다.== 에코백을 멘 장면이 노출될수록 사람들은 '디올 백'을 떠올리며 '이상하다'는 심상에 사로잡히겠지만, '디올 백'을 받은 행위가 문제없다는 '논리적 일관성'을 달성하기 위해서라도 영부인은 공식적으로 아무렇지 않게 어떤 '백'이든 들 수 있어야 하기 때문이다. 어느 날 갑자기 '에코백'을 들지 않게 된다면 사람들은 더 궁금해 할 것이다. 이렇게 영부인은 영원히 '가방'을 들어야 하는 운명에 빠지게 되고, 그걸 보는 사람들은 점점 불쾌감이 커지는 운명에 빠져드는 것이다.

요컨대 군 통수권자가 해병대를 만나는 게 어색하다고 해도, 영부인이 평범한 가방을 메는 게 어색하다고 해도, 공식적으로 그걸 안 할 수 없게 되는 상황에 놓인다. 그럴수록 대통령과 영부인의 PI는 더 '망하는' 악순환의 길로 간다. 그리하여 대중들은 대통령이 해병대를 격려하는 모습을 매번 봐야 하고, 영부인이 에코백을 메는 모습을 매번 봐야만 한다. 이를테면 윤 대통령은 '바이든'이라고 하지 않고 '날리면'이라고 말했다는 사실을 영원히 안고 가야 한다. 그 모습을 보는 대중의 '기괴한 심상'도 아마 영원히 평행선을 이루며 갈 것이다.

==대통령과 영부인이 일부러 사람들을 괴롭히려 하는 '악인'들은 아닐 것이다. 그래서 대통령 부부는 참으로 이상하게 보인다. 그 이상함이 점점 일상화되면서 간혹 '언캐니(uncanny, 섬뜩함)'의 영역으로 들어간다.== 익숙한 지식과 상식에 의한 인식의 국경을 넘어서 갑자기 낯선 영역에 도달할 때, 우린 섬뜩함을 느끼곤 한다. 이런 건 PI로 해결할 수 없다. 진실을 말하고, 이해를 구하는 방법만이 유일하다. 그렇지 않다면 우린 영원히 '해병대'와 '명품 백'의 잔상에 갇혀 지내야 한다. 마치 윤석열 부부가 있는 채팅방에 강제 초청됐는데, 아무도 모르게 2년째 관전하다 보니, 눈치가 보여 막상 채팅방을 나갈 수 없게 된 상황에 처한 묘한 기분이다. 다행히 카카오톡엔 '조용히 나가기' 버튼이 있지만, 현실에는 그런 버튼이 존재하지 않는다.

==대통령 부부의 모습이, 참으로 이상하다.==

2024년 4월 총선 패배의 원인은 명확했다. 모든 사람의 손가락은 단 한 사람, 윤석열을 가리키고 있었다. 독선적인 국정 운영과 수직적 당정 관계, 김건희 금품 수수 문제와 주가 조작 의혹, 이종섭 전 국방부 장관 호주 대사 임명과 근거도 불분명한 의대 정원 2,000명 확대, 그리고 무엇보다 '대파'로 상징되는 경제정책 실패 등이 총선 참패의 원인으로 지목됐다.

#3.

검찰 공화국의 시대

'석열이 형' 서사의 예견된 '폭망'

2022. 01. 01.

윤석열은 검찰의 화신처럼 행동했다. 그는 사법연수원 23기를 수료, 1994년 검사로 임용돼 27년간 검찰청에서 근무했다. 2013년 박근혜 정부 때 국가정보원 여론 조작 사건 특별수사팀장을 맡았고, 국정 감사장에서 수사 외압을 폭로한 후, 2014년 대구 고검 검사로 좌천됐다. 그때 그가 남긴 유명한 말이 '나는 사람에 충성하지 않는다'였다. 그는 2016년 12월 박근혜-최순실 게이트 특검 수사팀장으로 화려하게 부활한 후 문재인 정부에서 서울중앙지검장, 검찰총장을 지냈다. 검찰총장 시절 조국 당시 법무부 장관을 수사해 정권과 갈등을 빚은 후 검복을 벗었다. 그리고 2021년 6월 29일 대통령 선거 출마를 선언한 후 국민의힘 대선 후보로 선거에 나선다. 당시 국민의힘은 '강골 검사' 이미지를 보완하기 위해 '친근한 형' 이미지를 대선 캠페인에 활용했다. 그런데 역효과가 났다. 고압적이고 시대에 뒤떨어져 보이는 그의 리더십은 '조폭'의 그것에 비견된다는 지적이 나왔다. 평생 검찰주의자로 위계질서의 꼭대기만 바라보며 살아온 그는 애당초 '대중 정치'에 부적합한 인물이었는지 모른다. 그런 윤석열을 '대중 정치인'으로 포장한 것이 이준석을 비롯한 국민의힘의 '여론 기술자'들이었다. **대통령에 당선된 그는 본색을 드러냈다. 이 권위주의적 검찰주의자는 한국 사회를 '검찰 공화국'으로 만들었고, 결국 망상에 빠져 정치인들을 싹 잡아들이겠다는 일념으로 계엄을 선포했다.**

==윤석열은 이미지 정치에 능한 것 같지 않다. 처음에 그가 '석열이 형' 캐릭터를 들고 나왔을 때 일부 달성하고자 하는 효과가 있었을 것이다. 범죄자를 호령하던 검찰총장의 무섭고 딱딱한 이미지를 벗기 위해 '석열이 형'이라는 '부캐'를 생성했는데, 이는 윤석열 본인의 과거 서사를 개량해 대중 앞에 내놓은 것일 뿐이다.==

학창 시절 주변 사람들의 증언에 따르면 윤석열은 사법시험에 붙기 위해 9수를 하면서 '신림9동 신선' 반열에 올랐다고 한다. 그는 수많은 신림동 '동생'들과 토론을 즐겼다 하고, 호방한 성격으로 '그의 주변엔 배곯는 후배들이 없었다'라는 말도 전해온다. 연수원 동기들보다 나이가 많아 '군기 반장' 역할을 도맡았다고 한다. 이런 작은 일화들이 모여 일종의 신화가 됐다. 술을 즐기며(심지어 최근까지도) 선배들과 '맞짱'도 마다 않는 '정의파 형'의 이미지도 그의 트레이드 마크다.

윤석열은 '석열이 형' 이미지를 적극적으로 만들고 구사했다. 정치 데뷔 초기에 예능 방송에 출연한 그는 "윤석열 전 총장님께서 TV로 볼 때는 무서운 스타일인 줄 알았다"는 진행자에게 "형님이지 무슨 총장이냐"며 "형님이라고 불러라"라고 말한다. 또한 유튜브 채널 '석열이형 TV'를 만들었고 최근에는 '석열이 형네 밥집'을 차렸다. 이를 두고 '형님 리더십'이라 평하는 사람들이 많아졌다. 주로 윤석열 캠프 측에서 만든 이미지인데, 그를 '석열이 형'이라고 부를 수 없는 사람(여성)이 세상의 절반을 차지하고 있는 물리적 사실을 보면 다소 허탈한 일이지만, 일단 이 글에서는 그것이 주제는 아니다.

대한민국 현직 검사는 2000명이 넘는다. 검찰 관계자에 따르면 "대한민국 검사가 2000명 있다면 검사 서열을 1등부터 2000등까지 줄 세울 수 있다"고 한다. 나이, 기수, 출신 학교, 출신 지역, 그리고 승진과 보직의 자릿수를 복합 방정식으로 풀어내면 못할 일이 없다. 그만큼 검찰의 엄격한 위계질서를 방증하는 이야기다. 그 정점에 올라선 '검찰총장'은 수많은 부하와 후배를 거느리며 일사불란하게 조직을 통제한다. 그곳은 '선배'의 세계이고, '형님'의 세계. 검사 동일체의 원칙은 검찰 조직의 논리적 완결성을 상징하는 것이면서 '검찰총장을 정점'으로 하는 거대한 리바이어던(The Leviathan, 영국 철학자 홉스의 책에 나온 괴물로 '국가 유기체'를 비유한다)에 대한 수사이기도 하다.

==그러니까 윤석열의 '석열이 형'은 '검찰총장'이라는 대한민국 '위계질서'의 상징 속 정점에서 오는 이미지를 뒤집은 게 아니라, 윤색한 것에 불과하다. 친근한 검찰, 친근한 선배, 친근한 형님이다.==
'석열이 형 서사'에는 두 가지 성질이 공존한다. 이를테면 '친근한 형님'과 '무서운 형님'이라는 동전의 양면이다. '형님'과 '꼰대'는 다르면서도 같을 수 있다. 후배와 동생들을 '챙겨온' 형님이 후배들을 '거느리는' 선배, 동생들에게 '호통치는' 형님이 되는 순간 '형님 리더십'의 서사는 곧바로 전복된다. 특히 한국 사회 '남성의 세계'에 몸담아 본 적 있는 사람이라면 모를 리 없다.

한국 정치판에서 '형님' 캐릭터는 유권자들에게 별로 좋은 인상을 남기지 못했다. 노무현 전 대통령의 '형님' 노건평 씨는 비리 사건으로 징역을 살았고, '형님 정치'라는 말을 탄생시킨 이명박 정부의 실세 이상득 씨는 국회 부의장까지 지낸 거물이었지만, 이명박 정부 5년 내내 '형님 정치'라는 꼬리표를 달고 갖은 풍파를 몰고 다닌 부정적 이미지의 '끝판왕'이었다.

이처럼 낡은 '형님 마케팅'을 전면에 내세운 결과는 썩 좋아 보이지 않는다. 30년, 40년 전에는 통했을 지 모르겠지만, 지금 윤석열에게 남은 것은 '무서운 형님'과 '호통치는 형님', 그리고 '꼰대 같은 형님'이다.

최근 윤석열과 관련한 '인터넷 밈'이 증가하고 있는 것은 그가 자초한 바 크다. 특히 젊은 남성 유권자층이 드나드는 커뮤니티 '펨코', '엠팍' 등, 그가 지지를 구애하던 곳에서 그에 대한 조롱이 부쩍 늘어났다. '석열이 형'은 이미 '취업 앱'을 사용할 줄 아는 대학생들을 만나 "조금 더 발전하면 학생들 휴대전화에 앱을 깔면 어느 기업이 지금 어떤 종류의 사람을 필요로 한다는 것을 실시간 정보로 얻을 수 있을 때가, 아마 여기 1·2학년 학생이 있다면 졸업하기 전에 생길 거 같다"라고 말한다. '최저임금보다 더 적게 받고 일하고 싶어 하는 사람들이 있다'는 말은 청년 노동 현실과 노동과 대가에 대한 청년들의 눈높이를 크게 벗어난다. 질 나쁜 음식이라도 먹을 수 있게 해야 한다는 말도 마찬가지의 맥락이다.

그가 영입한 선대위원장이라는 사람은 '정규직을 폐지하자'고 했고, 공정의 이미지를 강조하던 그는 취업 때 경력을 부풀리기 한 부인에 대한 기자들의 질문에 "시간강사는 공개 채용하는 것이 아니다"라며 호통을 쳤다. 대선 후보 일정에 술자리가 잦은 것은 '부장님 스타일'로 인터넷에서 '조롱거리'가 됐다. 심지어 "대선도 필요 없고 곱게 정권을 내놓고 물러가는 게 정답"이라는 주장은 그가 말하는 '공정 경쟁'에 위배되지 않나?

도무지 고쳐지지 않는 '쩍벌' 버릇도 그렇고, 가르치는 듯한 말투도 썩 호감형은 아니다. '형이라고 부르라'는 허락이 수많은 '동생들'에 대한 시혜처럼 느껴지는 것도 불편해 하는 사람들이 많다.

한국갤럽 조사에서 '석열이 형'은 '동생들'의 지지를 받지 못하고 있는 것으로 나타났다. '석열이 형'보다 높은 연배인 '형님 세대' 60세 이상을 제외한 전 연령층에서 윤석열은 이재명에 뒤졌다. 만 18

한국갤럽 조사에서 '석열이 형'은 '동생들'의 지지를 받지 못하고 있는 것으로 나타났다. '석열이 형'보다 높은 연배인 '형님 세대' 60세 이상을 제외한 전 연령층에서 윤석열은 이재명에 뒤졌다.

세 이상을 포함한 20대에서는 이재명 25.4%, 윤석열 9.5%, 30대에서는 이재명 34.3%, 윤석열 18.0%, 40대에서는 이재명 57.0%, 윤석열 20.3%, 50대에서는 이재명 42.3%, 윤석열 35.8%였다. 60세 이상에서만 윤석열 후보가 53.5%로 과반을 이상을 차지했다. 2021년 12월 27~28일 전국 유권자 1008명 대상 실시. 응답률은 15.4%, 표본오차는 95% 신뢰 수준에서 ±3.1% 포인트. (자세한 사항은 중앙선거여론조사심의위원회 홈페이지 참조)

국민의힘 이준석 대표는 "60대를 빼고는 다 포위당했다"고 했다. 왜 '석열이 형' 마케팅은 수많은 '동생들'에게 통하지 않을까.

윤석열의 메시지 관리팀은 아마도 지지율 하락을 만회하기 위한 '특단의 조치'로 전통적인 지지층을 결집시키는 게 우선이라고 판단한 것 같다. TK 지역을 방문한 윤석열이 쏟아낸 호소는 '주사파', '사회주의' 등 낡은 이념 논쟁으로 점철돼 있었고, 쏟아낸 단어들은 '투쟁', '미친 사람들', '서서 죽겠다' 등 욕설에 가까운 표현들이었다. '무서운 형'의 등판이다.

그러나 정치인에게 중요한 것은 '강자에게 호통치기'가 아니라 '약자에게 말 걸기'다.

시대에 맞지 않는 캐릭터를 불안하게 지켜보던 이들에겐 어쩌면 예견된 결과였을지 모른다. 호통치는 형님은 필요 없다. '비전을 보여주는 친구'가 필요하다. 이 사실을 윤석열 캠프의 이미지 및 메시지를 만드는 수많은 '동생들'이 깨닫지 못하면 정치인 윤석열의 미래는 암담할 것 같다.

윤석열 체제, '상상의 질서'를 향한 '아마추어리즘'의 폭주

2023.06.10.

윤석열은 자신의 충실했던 심복 한동훈을 법무부 장관에 임명했다. 이를 시작으로, 장·차관급 기관장들은 물론 대통령실, 국무총리실, 국가정보원, 금융감독원 등 주요 권력기관 요직에 검사와 검찰 수사관 출신 인사를 대거 등용했다. 권력기관뿐 아니었다. 검사 업무와 큰 관련이 없는 장관직(통일부 장관, 국가보훈부 장관)과 합의제 행정기관(국가인권위원회, 국민권익위원회 등)은 물론이고, 금융감독원 원장이나 국민연금 수탁자 책임전문위원회 위원장 등에도 검찰 출신들이 대거 들어섰다. 22대 총선에 패배한 후에는 '검찰 통치'를 더 강화했다. 방송통신위원회(이하 방통위) 위원장에 검사 출신(김홍일)을 앉히고 자신의 최측근인 주기환 전 광주지검 수사과장을 민생특별보좌관으로 위촉했다. 2024년 5월 7일에는 갑작스럽게 민정수석을 부활시켜 김주현 전 대검찰청 차장을 앉혔다. "수사와 기소 기관인 검찰 출신이 국정 전반을 담당할 수 있다는 오만과 독선이 다양성과 전문성을 훼손하고 있다. 더 나아가 사회적 합의나 토론, 설득, 협력과 연대가 설 자리를 빼앗고 있다는 점에서 심각한 문제다. '검찰 몰입 인사', 검찰 출신 인사의 요직 독식은 민주주의를 위협하고 있다." 참여연대의 경고였다. 윤석열의 고집스러운 검찰 통치는 윤석열을 지금의 윤석열로 만든 중요한 요인 중 하나다.

'검찰 통치(Prosecracy)'라는 말은 안병진 경희대학교 미래문명원 교수가 제안했다. 검찰(Prosecute)에 정치 체제를 의미하는 'cracy'를 붙인 말이다. 검찰 통치의 특징은 크게 세 가지다. 첫째, 검사주의 세계관, 즉 '법치'를 강조하는 윤 대통령의 스타일. 둘째, 모든 부처의 검찰화(수사 및 조사 기관화). 셋째, 각 부처 검찰 출신 인사의 적극 기용이다. 이 세 가지는 유기적으로 결합돼 있다.

여기에 하나 덧붙이자면 정무 기능마저 수사기관을 활용한다는 점이다. 윤석열 대통령의 세계관은 기본적으로 '대결적 구도'를 지향한다. 협치보다는 견제, 조정보다는 단죄, 소통보다는 명령이다. 이를테면 국회는 협의의 대상이 아니라 견제의 대상이다. 법안 조율은 없고 대신 대통령 거부권 행사를 적극 활용하며, 협치 대상인 야당 대표는 아예 만나지를 않는다.

==윤석열 대통령은 검찰 그 자체다. 검찰 동일체의 머리에 해당하는 정점 검찰총장을 지냈다. 그리고 대통령이 된 후 '법에 의한 통치'를 전면에 내세우고 사회 정화 작업에 돌입했다. 정화 대상은 노조, 간첩, 시민단체 등이다.== 앞선 칼럼에서 행정부의 '검찰 부서화'를 지적한 바 있는데, 다소 순진했음을 인정한다. 검찰은 노조, 간첩, 시민단체의 비리를 캐는 걸 넘어, 국회를 견제하는 정무 기관의 역할까지도 한다. 권위주의 정권 시절에 군과 국정원이 하던 일이었다.

이 정부가 해온 정무 활동이란 건 국회를 '범죄 집단화'하는 것이었다. 더불어민주당 당사는 물론 국회 사무처, 국회의원회관을 밥 먹듯이 압수 수색한다. '빈손'이어도 상관없다. 국회를 '부패의 온상'으로 찍어 놓으면 자동적으로 반사이익이 발생하고, 그걸 취하면 지지율이 소폭 오르는 현상들이 꽤 빈번하게 관찰돼 왔다. 눈앞의 작은 이익을 취하는 데 익숙해지면, 같은 방식을 계속 사용하고자 하는 유혹에 빠진다.

수사기관이 국회를 견제하는 시스템의 정점은 최근 검찰이 한동훈 장관 인사 청문 자료 유출 사건을 수사한 사건이다. 이제 고위 공직자 인사 청문회 자료는 '국민의 알 권리'보다 상위에 위치하게 된다. 앞으로 국회의원이 의정 활동을 통해 확보한 인사 청문 자료를 기자에게 건넬 경우, '정보 유출'이라는 '불법' 딱지를 붙이고 수사 기관을 동원해 국회의원실과 언론사 뉴스룸을 치면 된다. 이 정부의 논리대로라면 이미 우린 하루에도 수많은 '불법 보도'들을 보고 있다. 그러나 검찰은 '선택적 수사'라는 강력한 무기를 갖고 있다.

이 신비로운 방법을 이전 정권이 몰라서 안 쓴 게 아니다. 국민의 알 권리를 존중하는 차원에서 고위 공직자의 인사 자료를 폭넓게 공유하는 것에서 국민이 얻을 실익이 더 많다는 걸 알기 때문에 하지 않은 일들이다. 하지만 '검찰 통치' 체제의 정부는 거침이 없다. 곧 있으면 대대적인 '인사 청문회 정국'이 열린다. 이걸 앞두고 '개인정보 유출'로 언론과 국회를 한꺼번에 쳤다. 앞으로 국회의원들은 인사 청문 자료를 받아들고 '어디까지가 위법이 아닌가' 고민하고 기자들은 인사 청문 자료를 보고 '보도해야 하나, 말아야 하나' 고민하며 '자기 검열'을 하게 될 것이다.

==보수 정부, 진보 정부를 막론하고 주장해 왔던 '공직자 개인 문제 검증 비공개 청문회' 주장은 더 이상 할 필요도 없다. 법 한 글자도 고치지 않고 우회해서 공직자 사적 영역 검증을 위축시키는 효과를 볼 수 있으니까.== 이때 윤석열 정부의 '촉수'와 같은 기능을 하는 수사기관에는 국회를 견제하는 '정무 기능'이 추가된다. 굉장히 영리하고 전략적이다. 당장 방통위 위원장 내정설의 주인공인 이동관 씨가 첫 수혜자가 될 수도 있겠다.

나치에 부역한 독일 법학자 칼 슈미트의 "정치적인 것은 적과 동지를 구분하는 것이다"라는 말은 윤석열 정부 들어 단골로 인용된다. 적을 만드는 정치. 적이 있어야만 가능한 정치. 칼 슈미트는 독일 바이마르공화국의 의회 정치를 싫어했다. 의회는 합리적이지 않고 '영원한 대화'만이 이뤄지는 공간이었다. 그는 독재에 관한 글에서 '예외 상태'를 선언할 수 있는 사람을 '주권자'로 봤다. 통치 권력은 예외 상태를 선언할 수 있는 결단을 내릴 수 있다고 역설했다. 이른바 '결단주의'다. 칼 슈미트는 의회를 싫어했고, 나치 정권의 독재에 정당성을 부여했다. 이런 이유로 학자로서는 예외적으로 뉘른베르크 전범재판 피고석에 섰다.

재미있는 점은 윤 대통령이 칼 슈미트를 비판했다는 것이다. 그는 후보 시절 진중권 광운대 교수와 만나 대화하는 과정에서, 칼 슈미트의 이론을 언급하며 과거 한국의 권위주의 독재 시절 선호됐던 것일 뿐 지금은 시대에 맞지 않는다는 취지로 평했다고 한다. 그런 윤 대통령에게 정치학자들이 앞다퉈 칼 슈미트를 인용하며 '검찰 통치'를 설명하는 툴로 활용하고 있다는 점은 참으로 아이러니하다 하겠다. 하긴 이런 불일치와 모순도 이 정부의 큰 특징 중 하나다.

기왕 통치 방식에 대한 고찰을 하는 김에 조금 더 나아가보자. 윤석열 정부의 세계관은 '상상된 질서'로 이뤄져 있는 것 같다. '상상된 질서'를 향해 나아가고자 하는 강한 추동력이 있다. 윤 대통령이 '낡은 이론'으로 치부한 칼 슈미트의 '결단주의'는 여기에서 빛을 발한다. '전광판'을 보지 않고 '지지율'도 신경 쓰지 않는 '고독한 결단'은 윤 대통령 통치 방식의 핵심이다. 이건 대통령실에서도 자랑스레 강조하고 있는 것이다.

청와대 출신 인사들이 공통적으로 하는 말이 있다. 정권 초, 대통령직에 일단 오르면 대통령이 모든 걸 다할 수 있을 거라는 착각에 빠진다고 한다. 문재인 전 대통령은 인천국제공항에 불쑥 등장해 비윤 대통령과 참모들이 자주 하는 말이 '지지율은 신경 쓰지 않겠다'는 말이다. 내가 하는 것이 옳은 것이고, 옳은 것은 인기가 없다는 신념이다. 이런 상태라면 견제가 불가능하다. 남의 말을 듣지 않기 때문이다. 합리적 대안의 존재 가능성을 항상 의심하기 때문이다.

정규직을 정규직으로 전환하라고 명령했다. 윤석열 대통령은 대통령 집무실을 벼락처럼 용산으로 이전했다. 이명박 전 대통령은 대불국가산업단지의 전봇대 하나를 아예 뽑아버렸다.

정치 무대에서 대화와 타협을 통해 현장과 이론을 두루 습득해본 경험이 없는 윤 대통령은 평소 교양으로 쌓아온 이상적 이데아를 갑자기 현장에 구현하려 '힘에 의한 현상 변경'을 자주 시도해 왔다. 대표적인 사례가 교육 분야에서 만 5세 취학 논란, 그리고 노동 분야에서 주 69시간 논란이다. 둘 다 여론의 뭇매를 맞고 해프닝으로 마무리됐다. 그리고 이제 노동계와 시민사회, 그리고 야당을 '적'으로 돌리고 있다. 적을 만드는 행위는 무지 때문이다. 현실을 모르니 자꾸 '결단'에 의존하는 강경책이 나온다. 상대를 알고 현장을 알면 '강경책'으로만 치달을 수 없다. 대화 공간이 생기기 때문이다.

외교 분야도 그렇다. '한미일 동맹'은 가보지 않은 길이다. 북한과의 관계 개선을 '위장 평화'라고 비난하던 사람들이 '한미일 군사동맹'의 상상된 목표는 현실이라 주장한다. 일본과의 관계 개선도 나머지 물컵의 절반을 상상으로 미리 채워넣었다. 미중 대결, 우크라이나 전쟁 개입 등 민감한 현안도 '선명한 진영론'이 확립돼 있는 상상의 세계 질서를 상정하고, 그 길로 나아가려 한다.

윤 대통령과 참모들이 자주 하는 말이 '지지율은 신경 쓰지 않겠다'는 말이다. 내가 하는 것이 옳은 것이고, 옳은 것은 인기가 없다는 신념이다. 이런 상태라면 견제가 불가능하다. 남의 말을 듣지 않기 때문이다. 합리적 대안의 존재 가능성을 항상 의심하기 때문이다. 검찰 통치와 결단주의, 그리고 무지에서 비롯한 '상상의 질서'를 향한 강한 추동력, 세 가지 키워드는 모두 연결돼 있다. 윤석열 정부는 어쩌면 한국 역사상 가장 독특하게 이념화된 정권일 수 있다.

깡패만 잡고 있는 대통령, '검찰 공화국'의 피로감이 몰려온다

2023.04.07.

검찰 공화국은 범죄와의 전쟁, 공안 통치라는 과거의 망령을 꺼내들었다. 정상적인 국정 운영이 불가능하다고 판단했는지, 윤석열은 정권 초반부터 사정 정국을 조성했다. 2023년 4월 10일, 범정부 차원의 '마약범죄 특별수사본부'가 출범했다. 대검찰청이 직접 나섰다. 검찰·경찰·관세청의 마약 수사 전담 인원 840명이 투입됐다. 2022년 12월에는 민주노총을 겨냥, 건설노조의 각종 불법 행위와 부조리를 근절하겠다며 '건폭(建暴, 건설 현장 폭력)'이라는 신조어를 만들고 '건폭과의 전쟁'을 선포했다. 2023년 1월에는 국가정보원과 경찰이 합동으로 민주노총 간부 4명을 간첩 혐의로 잡아들였다. 국정원은 북한 지하조직이 제주특별자치도, 경남 창원시, 경남 진주시, 전북 전주시 등 전국 각지에 결성된 정황이 있다며 수사를 전국으로 확대했다. 윤석열 정부 들어 검거한 이번 간첩단 사건은 2013년 통합진보당(이하 통진당) 해산과 이석기 전 의원 구속으로 귀결된 RO 사건, 2021년 4명으로 구성된 이른바 '충북 동지회 사건' 이후 가장 큰 사건이라고 했다. 하지만 통진당 사건이나 충북 동지회 사건의 실체라는 것도 대한민국 체제를 흔들 수 있을 만한 것인지 아리송하다. 이들은 북한이 민주노총 간부들에게 '이태원 참사를 세월호 사건처럼 각계각층의 분노 분출 계기로 만들 것', '촛불 시위, 추도문 등 다양한 항의 투쟁에 집중할 것' 등의 지령을 내렸다면서 대대적인 여론 몰이에 나섰다. 이런 식으로 정부 정책에 대한 반대 투쟁은 모두 '북한의 지령'이 됐다.

윤석열 정부가 잘하는 것과 못 하는 것이 있다.

잘하는 것은 '범죄와의 전쟁'이다. 실제 윤석열 대통령은 "마약과의 전쟁에서 반드시 승리해야 한다"는 말도 한 바 있다. 이건 '전쟁'이다. '나쁜 놈'을 때려잡는 '정의파 검사'의 서사는 흠잡을 데가 없다. 명분과 당위성에서 그 자체로 완벽한 스토리이고, 관전자에겐 카타르시스를 안겨준다. 윤 대통령의 발언과 그의 충실한 측근 한동훈 법무부 장관의 발언에는 공통점이 많다. 특히 '깡패'라는 말을 쓰는 걸 좋아한다. '깡패 잡지 말란 거냐'라며 윽박지르는데 감히 대꾸할 사람이 없다. 이건 십계명에 준하는 격언이자 도덕적으로 완전무결한 문장이다. 이런 류의 문장을 자주 사용하는 배경에는 상대에 비해 도덕적 우위를 점하려는 심리가 작용한다. 모두가 동의할 만한 악한 적을 설정하고, 비난을 쏟아붓고 때려잡는다. 여기에 토를 달면 "깡패 잡지 말란 거냐"는 삿된 말이 돌아온다. 이 지점에서 대화는 종료될 수밖에 없다.

윤석열 정부는 특히 깡패 수사에는 진심인 것 같다. 이걸 위해 행정부를 빠르게 검찰 조직처럼 재배열한다. 정부가 때려잡겠다는 건 크게 세 부류다. 첫째, 마약 조직, 둘째, 노동조합(건폭 포함), 셋째, 간첩이다. '깡패'는 이 모든 '나쁜 짓을 하는 무리'의 상징어다. 그리고 묘하게 이 세 종류의 사건은 연쇄적으로 이어진다. 마약 수사는 깡패 수사로 이어지고, 깡패 수사는 건폭(노조) 수사로 번지고, 노조 수사는 간첩 수사로 흘러간다. 사건의 교집합을 만들어 물고 물리는 수사를 벌이는 걸 보면, 대대적인 사정 정국이라 해도 틀린 말이 아닐 것이다. 특수부 검사 출신들이 용산과 법무부에 포진해 있고, 경찰청은 경찰국 신설을 통해 행정안전부의 통제, 궁극적으로 대통령의 통제를 받도록 설계됐다.

"도대체 깡패, 마약, 무고, 위증 수사를 검찰이 하지 말아야 할 이

==유가 무엇인가"(한동훈 법무부 장관), "마약과의 전쟁에서 반드시 승리해야 한다."(윤석열 대통령)==

마약 조직은 사회 정화 사업의 일환이 된다. 윤 대통령은 청소년에게까지 마약이 스며든 현실을 개탄하며 '미래 세대'를 위해서라도 마약과의 전쟁에서 승리하라고 지시했다. 한동훈 법무부 장관은 마약 범죄에 대해 "최선을 다했다는 말로 부족하다. 무슨 수를 써서라도 잡아야 한다"라고 했다. "미국처럼 아이들에게 학교 갈 때 '너 마약 하지 마라'고 얘기하는 것이 일상화될 수도 있다"고 경고도 했다. 이 마약 수사에 어느 정도 진심인지, 이태원 참사 유족들에게 '마약 부검' 제안까지 했다. 논란이 있지만 이태원 참사 때 경찰은 질서 유지보다 마약 범죄 적발에 더 열을 올린 것으로 보인다. 김광호 서울경찰청장은 핼러윈 당일 마약 범죄 예방 활동을 위해 형사를 배치했다고 밝힌 바 있다. 같은 시간, 사람들은 도심 한복판에서 압사로 쓰러져갔다.

=="노조 부패도 공직 부패, 기업 부패와 함께 우리 사회에서 척결해야 할 3대 부패 중 하나", "건폭이 완전히 근절될 때까지 엄정하게 단속하라."(윤석열 대통령)==

'노조 때리기'는 이 정부의 트레이드 마크와 같다. 화물연대 파업을 강경 진압하고 지지율 상승을 맛본 대통령은 나아가 '건폭'이라는 신조어까지 만들어냈다. '깡패 잡는 데 무슨 말이 필요하냐'는 완전무결한 명분은 이번에도 작용했다. 잠재적 범죄를 근절하기 위한 것인지 노조의 회계장부를 들여다보겠다고 나섰고, 일선 경찰과 검찰은 '건폭 검거' 실적 올리기에 열을 올리고 있다. 언론은 그들이

던져주는 '실적'을 받아 적고 있다. 이 작전의 목표가 어디쯤인지 알 수 없지만, 대강 짐작할 만한 단서가 있다. 윤석열 대통령이 임명한 경제사회노동위원회 김문수 위원장은 이렇게 말했다. "광주글로벌 모터스를 방문했습니다. 감동받았습니다. 노조가 없습니다."

감동적으로 노조가 없어질 때까지 '건폭 척결 작전'을 수행하는 게 최종 목적일 수는 없을 테지만, 이 행정부의 장관급 인사가 생산적이고 건설적인 노사정의 화합 대신 '노조가 없는 세상'을 꿈꾸고 있다는 인식을 내비치는 부분에선 어떤 섬뜩함마저 느껴진다.

"나라에 간첩이 이렇게나 많나?" (윤석열 대통령)

노조 수사와 연결된 게 최근 간첩 잡기다. '노조에서 활동하는 간첩'은 북한의 지령을 받아 윤석열 정부를 비판하는 문구를 적어 들고 광장에 나가 '체제 전복'을 꾀하는 중이다. 북한 지령에 따라 F-35 스텔스기 도입 반대 운동을 벌였다는 '청주 간첩단 사건'을 보고받은 윤 대통령은 '충격'을 받았다고 한다. 수사권을 부활시킨 국정원을 컨트롤타워로 경찰, 방첩사령부 등 군경이 총동원돼 전국을 이 잡듯 뒤지고 있다.

한 발 더 나아가 국방부는 방첩사령부(옛 기무사) 관련 시행령에 정보 수집 및 작성, 배포 등을 요청할 수 있는 기관으로 '중앙 행정기관의 장'을 명시하려 하고 있다. 쉽게 말해 국토부 장관, 행정안전부 장관, 문화관광부 장관 등 일선 장관들이 간첩 정보를 공유받을 수 있도록 한 것이다. 이건 행정부 자체가 거대한 수사 조직이 된다는 걸 의미한다. 아니 검찰청 산하에 행정부를 통째로 집어넣었다고 표현해도 되겠다.

대통령의 '간첩 척결' 의지에 국민의힘 김기현 대표는 당내 '종북 세력 척결 특별위원회' 설치를 검토했다가 슬그머니 말끝을 흐리는 중이다. 아마도 민심이 '간첩 때려잡는 게 우선'은 아니라는 판단이 있었을 것으로 보이지만, 눈치를 볼 줄 아는 건 그나마 여당 정도다. 용산은 행정부의 모든 수사권을 총동원한 것도 모자란 것인지, 급기야 통일부에 자국민을 대상으로 '심리전'까지 주문하는 지경에 이른다. '심리전'은 적을 상대로 쓰는 말이다. 대통령이 국민을 '적'으로 간주한 건 아니겠지만, 이 묘한 발언으로 통일부가 진땀을 빼는 중이다. 대남 정보를 취급하는 북한의 통일전선부에 대한 맞대응을 통일 정책을 수립하는 통일부에 주문한 것도 해프닝에 가까운데, 공무원들은 대통령의 엉뚱한 발언을 부인하지 못하고 심리전을 '북한 인권 대국민 홍보'라고 해석하며 곁눈질 중이다.

대통령과 법무부 장관이 완전무결한 말을 자주 쓰는 이유는 사실 그 외에 다른 일을 잘하기 어려울 때 변명하기 쉽기 때문이다. '한동훈식 화법'이 최근 화제인데, 이 화법은 '도덕적 우위'를 통해 이의 제기를 차단하는데 매우 편리하다. 예를 들면 이런 대화가 가능하다.

"경제가 어렵습니다."
"그럼 깡패 수사하지 말란 말인가."

"남는 쌀 문제가 심각합니다."
"그럼 간첩 수사하지 말란 말인가."

물가가 치솟고, 무역수지가 곤두박질치고, 출생율이 하락하고, 굴욕 외교 논란이 일더라도, '깡패 수사'나 '마약 수사'를 안 해야 할 이유는 아니다. 하지만 대통령과 그의 충실한 '거버먼트 어토니(정부에서 일하는 법조인'들의 메시지가 '범죄와의 전쟁'에 집중하는 건 너무나 또렷하다. 이 현상을 어떻게 설명할까. 윤석열 정부는 외교, 경제 등 다른 분야에선 그다지 점수를 잘 받지 못하고 있다. 그럴수록 대통령은 더욱 '당위성'과 '정의 구현'에 몰입하는 것 같다. 범죄와의 전쟁은 그리 어렵지 않다. 얼마나 잘 잡느냐, 얼마나 많이 잡느냐, 얼마나 더 처벌을 강하게 하느냐의 문제로 귀결된다.

이런 스타일은 정치에서도 나타난다. 정치는 주로 대통령의 고독한 결단으로 이뤄지고 있다. 강제징용 해법이 그렇고, 양곡관리법의 거부권 행사가 그렇다. 강제징용 해법을 너머 채워야 할 물잔은 상대방에게 떠넘기고 스스로 손과 발을 묶어버렸다. 양곡관리법 대안은 여당의 '밥 한 공기 다 먹기' 운동 아이디어로 밑천이 드러났다.

'정의 구현'에 몰입하고 있는 대통령은 야당을 만나지 않는다. 야당 대표가 검찰 수사를 받고 있는 '피의자'이기 때문에 그렇다는 여의도식 해석이 그럴듯하게 들린다. 그렇다고 169석 야당의 여소야대 현실을 타조가 머리 박듯 외면할 수 없는 만큼 뭔가 해법을 내야 한다. 대화와 타협을 통해 해법을 만드는 게 정치다. 농사를 지을 때도 씨를 뿌리고, 날씨 예보를 보고, 둑을 만들고, 거름을 줘야 한다. 그런데 대통령은 칼을 뽑아들고 잡초만 계속 베고 있다. 이 잡초 베기가 언제 끝날지도 모른다. 범죄와의 전쟁이 끝날 거였으면 노태우 정부 때 끝났을 터, 지금 대통령은 해야 할 일을 미루고 가장 쉬운 일에만 몰두하고 있다. 이것도 일종의 '나르시시즘'이 아닐까. 정의를 독점하고 깡패를 때려잡는 자신의 모습에 만족하는 것.

대통령실이 직접 나선 '사정 정국'은 피로감으로 다가오고 있다
행정부 자체가 거대한 검찰청인 '검찰 공화국'에서 벌이는 범죄와의 전쟁에 대한 피로도가 누적되고 있는 모양새다. 더 이상 지지

검찰 공화국은 범죄와의 전쟁, 공안 통치라는 과거의 망령을 꺼내 들었다. 정상적인 국정 운영이 불가능하다고 판단했는지, 윤석열은 정권 초반부터 사정 정국을 조성했다.

율은 '깡패 잡는 대통령'에 호응하지 않고 흘러내린다. 소위 '약발'이 떨어졌다. 그런데도 이 전쟁은 언제 끝날 것인지 알 수도 없다. 요컨대 사람들에게 희망을 느낄 수 있도록 해야 하는데, 남은 것은 너저분한 범죄자들이 나뒹구는 공소장들이다.

재보선에서 패배했는데 '검찰총장'처럼 도열을 받고 있는 대통령 사진이 공개됐다. 민생 사정 정국, 이게 윤석열식 정치의 처음과 끝이라면 유권자들의 실망은 계속될 것이다.

검찰 수사로
대학 입시 전문성
키웠다는
尹 대통령이
걱정스러운 이유

2023.06.24.

윤석열은 카르텔이라는 단어를 좋아했다. 대학수학능력시험(이하 수능)의 '킬러 문항'을 비판하며 이를 '사교육 이권 카르텔'로 규정했다. '통신시장 이권 카르텔'을 언급하며 통신3사를 카르텔로 규정했다. '과학기술 카르텔'을 타파하겠다며 과학 기술 연구 개발 예산을 대폭 삭감했고, 이에 항의하는 카이스트 졸업생의 입을 대통령실 경호원이 틀어막았다. 이른바 '입틀막' 사건은 사회적으로 큰 파장을 일으켰다. 의사 정원을 늘리겠다면서 '의료 개혁'에 착수하자 이에 반대 목소리를 내는 의사들에게 '의사 카르텔' 딱지를 붙이고 근거가 불분명한 '의대 정원 2000명 증원'을 추진했다. 윤석열의 카르텔 타파는 각종 부작용을 남겼다. 과학기술 연구 개발 예산 삭감에 정치적 후폭풍이 불자 갑자기 '카르텔이 해소됐다'는 이유로 관련 예산을 슬그머니 복원시켰다. 카르텔의 실체가 어땠는지, 어떻게 해소됐는지 설명은 없었다. 사회 개혁 정책은 세심한 접근이 필요하다. 하지만 검찰 출신 대통령은 일단 감사와 사정을 통해 전문가 집단을 초토화시키는 방식으로 일을 진행했다. **유승민 전 의원은 "윤석열 대통령은 아무 데나 카르텔을 갖다 붙이고 있다"면서 "대한민국에서 가장 심각한 카르텔인 법조 카르텔은 건드리지 않는다"고 비판했다.**

역시 수사를 통해 입시 전문성을 쌓아온 검찰 출신 대통령(2023년 6월 19일, 박대출 국민의힘 정책위원회 의장의 말) 답다. 교육정책을 검찰 수사하듯 한다. '킬러 문항'의 '핀셋 제거'라는 말도 나왔다. 벌써 교육부 대학입시 담당 국장과 교육과정평가원 원장을 날리고 시작한다. 여기서 끝이 아니다. 국무총리실은 윤석열 대통령의 '교과 과정 밖 수능 출제 배제' 지시가 반영되지 않았다며 교육부에 대한 복무감사에 돌입했다. 대통령이 2023년 3월부터 수능 모의고사에서 킬러 문항을 출제하지 말라고 지시했는데, 6월 모의고사에서 킬러 문항이 등장했다는 것이다. 어떤 복무 행태를 감사하는 것인가. 직권남용인가, 복지부동인가? 그림도 잘 그려지지 않는다.

보안을 요하는 수사처럼, '6월 모의고사'에서 킬러 문항이 어떤 형태로 등장했는지부터, 모든 게 베일에 가려져 있다. 실제 6월 모의고사에서 킬러 문항이 등장했는지의 여부조차 아직 정부가 '분석 중'이라고 한다. 그런데 '킬러 문항' 혐의는 있다는 것이다. 이주호 교육부 장관은 대통령이 킬러 문항에 격노한 지 일주일도 넘은 오는 6월 26일에 그걸 공개한다고 한다. 윤 대통령의 전광석화 같은 '깨알 지시'에 대한 반응치고 너무 오래 걸린다. 대체 대통령실과 교육부는 소통이란 걸 하고 있는 것인가.

공개된 후도 문제다. 과연 공개될 문제는 '킬러 문항'인가 아닌가 논란이 벌어질 수 있다. 그렇다면 '킬러 문항'의 기준은 무엇인가. 대통령이 '어렵다'고 느끼면 킬러 문항인가? 여론조사라도 할 것인가? 나아가 공개된 킬러 문항 수준의 난이도 문제가 9월 모의고사와 수능에서 제거되면 '사교육비 경감' 효과가 발생할 것인가의 문제도 있다. 킬러 문항이 제거됐는데 사교육비 통계 수치상 유의미한 변화가 있을 것인가? 변화가 없다면 대통령이 직접 챙긴 정책은 실패했다고 평가될 것인가? 대통령은 지금 스스로에 대한 평가 기준을 '킬러 문항'을 통해 제시하고 있는 것이다.

검찰 수사처럼, 킬러 문항을 잡아넣고 철창문 닫히는 소리가 들릴 때 이 스토리가 끝나면 다행이다. 그러나 정책은 수사가 아니다. 킬러 문항을 잡았을 때, 그것이 실제 국민의 생활에 어떤 이익으로 돌아가는지 평가를 받아야 한다.

킬러 문항, 문제다. 중요하다. 그런데 무려 한 나라의 대통령이 모의고사 수능 문제 출제까지 꼼꼼히 챙기는 '만기친람' 방식은 우려스럽다. 검찰 수사하듯 '킬러 문항'과 그와 연계된 '이권 카르텔'의 환부를 도려내면 마치 사교육이 줄어들 것처럼 프레임을 짜고 스스로를 가뒀다. 실제로 수술하듯 교육정책을 만지고 있다. 깡패를 많이 잡는다고 범죄가 사라지는 것은 아니다. 재벌 총수를 구속한다고 재벌 개혁이 되는 것도 아니다. 사교육 '이권 카르텔', 이게 실체가 있는지 없는지 모르지만 본보기로 '카르텔 패밀리' 몇 명 잡아들인다고 사교육 시장이 축소될 것 같지도 않다. 게다가 그게 유의미한 저출생 대책으로 이어질 것 같지도 않다. 지나친 비약 같나? 하지만 이 비약의 모델을 윤석열 정부가 만들어 제시하고 있다.

갑작스러운 대통령의 '킬러 문항 타령'도 뜬금없다. 정부는 지난 3월부터 지시했다고 반박했지만, 저출산·고령사회위원회가 지난 3월 28일 '저출산 정책 추진 방향 및 과제'를 마련하면서 내놓은 '저출산 5대 핵심 분야'에서 사교육 문제는 달랑 한 줄 언급돼 있다. 그 내용도 '(사교육비 경감) 빈틈없는 돌봄과 수준 높은 방과후 프로그램 제공 등 사교육비 경감 대책 마련' 수준이다. 대입 수능시험 문제는 언급조차 되지 않았다.

지금 교육정책을 다루는 윤석열 정부의 방식은 문재인 정부가 부동산 정책을 다룬 그것과 비슷해 보인다. 문재인 정부는 부동산 가격 안정을 위해 다양한 방식을 강구했지만, 정작 시장 구성원들에게는 마치 '부동산 세금만 올리면', 마치 '공직자의 주택 보유 수만 줄이면', 마치 '다주택자만 단속하면' 부동산 가격이 떨어질 것처럼 받아들여진 면이 있다. 정부의 순진한 정책과 보수 언론의 집요한 공격, 부동산 수요·공급 주체의 심리를 예측하는 데 실패한 결과가 뒤섞인 것이다. 모든 걸 고려해 법과 제도를 종합적으로 개선했어야 하는 일인데, 정부 스스로 '공직자 2주택'과 같은 특정 사례를 제거하는 대증요법에 매몰되며 좁은 프레임 안으로 걸어 들어갔다.

부동산이 심리라면, 교육도 심리다. 교육정책 역시 부동산 정책 못지않게 복잡하다. 대통령이 직접 눈에 보이는 '킬러 문항'(실제 존재하는지 아직 알 수 없는)을 때려잡겠다고 검찰 수사하듯 달려들면 여론의 이목은 킬러 문항에 쏠릴 수밖에 없다. 그러면 대통령과 교육 당국이 움직일 공간은 좁아진다. 대통령 스스로 '킬러 문항' 프레임을 만들고 자신을 가둔 셈이다.

이제 6월 모의고사, 9월 모의고사, 12월 수능에서의 최대 관심은 '킬러 문항'이 됐다. '킬러 문항'이 나타났느냐, 안 나타났느냐가 논쟁이 될 수밖에 없고, '불수능'이든 '물수능'이든 그에 따른 혼란도 대통령이 오롯이 책임지게 되어버렸다. 설령 '킬러 문항'이 제거됐다고 하더라도 그것이 사교육 시장에 어떤 영향을 미쳤는지 그 평가마저 대통령이 안아야 한다. 킬러 문항을 제거했는데 사교육비가 줄지 않았다는 통계가 나오면 뭐라고 할 것인가.

사교육 문제가 문제 출제 '기술'의 문제였다면 진작 해결됐을 일일 것이다. 한심스럽게도 보수 언론은 대통령의 '킬러 문항 죽이기' 장단에 맞춰 사교육 시장 몇몇 기술자(일타 강사)들의 초호화 생활을 캐내고, 이미 수십 년 지난 야당 정치인의 '학원 운영' 경력을 보도하고 있다. 이런 건 정부의 부동산 정책을 비난하기 위해 청와

사회 개혁 정책은 세심한 접근이 필요하다. 하지만 검찰 출신 대통령은 일단 감사와 사정을 통해 전문가 집단을 초토화시키는 방식으로 일을 진행했다. 유승민 전 의원은 "윤석열 대통령은 아무 데나 카르텔을 갖다 붙이고 있다"면서 "대한민국에서 가장 심각한 카르텔인 법조 카르텔은 건드리지 않는다"고 비판했다.

대 대변인의 흑석동 땅 구매를 추적하는 것만큼이나 허탈하고 무의미한 일이다. 학원 강사를 세무조사 하고, '카르텔'로 지목된 전직 교육부 간부 몇 명 잡아들이면 사교육비가 줄어들까?

검찰은 사회 구조를 만드는 사람들이 아니다. 그들은 '나쁜 놈'을 포착해 잡아들이고 벌해 '나쁜 짓 하면 이렇게 된다'는 본보기를 보여주는 역할을 하는 사람들이다. 검찰 수사는 보직을 날릴 수 있고 때론 사람을 처벌할 수 있고 '권력 카르텔'을 일시적으로 와해할 수도 있을 것이다. 그런데 이건 교육정책이라고 부를 수 없다. 근본적으로 '조국 사태'에 올라타 정시 모집 확대 여론을 받아들여 공약에 반영한 윤석열 정부가 정시의 근간인 수능의 변별력을 손대겠다는 것도 모순이다. '모순'은 이 정부의 주요한 특성이기도 하다.

검찰 수사로 대학 입시의 전문성을 키운 윤 대통령이 걱정스러운 이유다.

'윤석열·한동훈 동일체'의 '내적 투쟁'에 대한 정신분석학적 보고서

2024.01.27.

윤석열과 한동훈의 관계는 결국 비극으로 끝났다. 윤석열이 한동훈을 초대 법무부 장관으로 지명했을 때 용산 대통령실 기자실에서는 탄성이 쏟아져 나왔다. 누군가는 '젊은 피 수혈'로, 누군가는 '검찰 공화국'의 음습한 그림자로 봤다. 어찌 됐건 윤석열이 자신의 '분신'을 키워내기 위한 포석이라는 게 대체적으로 합의된 해석이었다. 실제로 한동훈은 윤석열 정권 초반 마약과의 전쟁 등 '사정 정국'을 조성하며 윤석열의 든든한 통치 기반 역할을 해냈다. 국회에서 야당과 대신 싸워주는 것도 윤석열에게는 카타르시스를 안겼으리라. 하지만 2024년 총선을 앞두고 한동훈을 당 대표(비상대책위원장)에 발탁한 이후 이야기는 이상한 방향으로 흐르기 시작했다. 윤석열은 자신이 키워낸 한동훈과 대립각을 세웠고, 영부인 김건희 비리 의혹을 적극 방어하지 않는다는 이유로 한동훈을 버린다. **'검찰 공화국'의 투 톱은 돌아올 수 없는 강을 건넜다. 그리하여 윤석열은 비상계엄을 선포하며 가장 먼저 잡아들여야 할 정치인 명단에 이재명, 우원식과 함께 한동훈을 맨 위에 적어 하달했다.** 한동훈은 윤석열의 분신이자, 분신이 아닌 자였다. 이 글은 윤석열과 한동훈이라는 캐릭터가 '내적 분열'을 일으킨 시점에 작성됐다. 그들의 캐릭터가 왜 양립할 수 없는지, 윤석열의 검찰 공화국, 그 허약한 체제가 어떻게 무너지기 시작했는지에 관한 첫 번째 고찰이기도 하다.

'약속 대련'이니 하는 말과 함께 윤석열 대통령과 한동훈 국민의힘 비상대책위원장의 득실 계산이 한창이다. 쓸데없는 일이다. 사안은 명백하다. 검찰 공화국에서 범죄 의혹을 두고 벌이는 국력 낭비다. 해결책도 간단하다. 검찰이 전광석화처럼 수사하면 된다. 그러나 이미 도래한 검찰 공화국의 검찰은, 정작 가만히 웅크리고 있을 뿐이다.

검사 동일체의 원칙. 이 무시무시한 말은 노무현 정부 때 개정되기 전까지 검찰청법 제7조의 제목이었다. 검찰청법 제7조 제1항은 "검사는 검찰 사무에 관하여 소속 상급자의 지휘·감독에 따른다"고 돼 있고, 3항은 "검찰총장과 각급 검찰청의 검사장 및 지청장은 소속 검사의 직무를 자신이 처리하거나 다른 검사로 하여금 처리하게 할 수 있다"고 돼 있다. 세월이 흐르며 문구는 다소 부드러워졌지만, '검사 동일체'의 핵심 의미는 그대로다.

제3항은 독재 시절 참 유용했다. 양심 있는 검사가 거부한 시국 사건은 충성스러운 검사가 맡아 처리할 수 있었다. 검사는 동일체이므로, 완전무결한 하나의 상상된 '법인격체'이기 때문에 나사 몇 개, 부품 몇 개 빠진다고 해도 문제가 없었다. 기소 검사와 공소 유지 검사가 달라도, 모든 검사는 '동일체'이기 때문에 논리적 완결성은 훼손될 수 없다. 그런 조직에서 윤석열과 한동훈은 20여 년간 '동일체'로 살았다. '눈에 넣어도 안 아플' 관계(윤석열 대통령)라고 한다. 거의 '식구'다.

'정신분석학'적 검찰 공화국의 세계관에서 윤석열과 한동훈, 여권 투 톱은 한 몸이다. 당 대표를 두 번 갈아치운 끝에 드디어 '자아 일체'를 이뤘다. 그러니까 지금 벌어지는 소동은 일종의 '내적 투쟁'이다. 과거 '정의의 검사'로 불렸던, 지금 한 몸에 살고 있는 두 자아가 자신들의 과거와 벌이는 내적 투쟁.

==이 내적 투쟁의 촉발제는 김건희 영부인의 디올 백 스캔들이다. 김건희 영부인이 피해자인지, 피의자인지 논쟁이 한창이지만, 그걸 규명해줄 '슈퍼 에고', 즉 이 정부의 또 다른 자아인 '검찰'은 내면 깊숙이 숨어들어가 아예 '무의식'이 됐다. (Unconsciousness 무의식이 아니라 No consciousness 의식 없음이 됐다. 혹은 Disconsciousness, 의식 잃음인가?)==

종교나 철학에서 말하는 내적 투쟁은 본능과 본능의 충돌이다. 정신분석학에서도 비슷하다. 자아 속에서 권력과 욕망을 둘러싼 본능이 충돌하고 이를 '이성'과 '양심'이 제어하는 게 보통의 메커니즘이다. 그런데 요란한 내적 투쟁에는 '이성'과 '양심' 같은 슈퍼 에고의 존재가 고장나 있다.

자, 양심을 팽개친 이 '동일체'의 한쪽에선 영부인을 보호해야 한다는 본능이, 한쪽에서는 총선에서 승리해야 한다는 본능이 작용한다. 영부인을 보호해야 한다는 욕망은 또렷하지만, 왜 그래야 하는지는 분명하지 않다. 총선에서 승리하고자 하는 욕망도 또렷하지만, 왜 그래야 하는지 그 또한 분명치 않다. 하지만 본능적으로 안다. 영부인의 '디올 백 스캔들'을 보호하고 가면 총선에서 패배할 가능성이 높고, '디올 백 스캔들'을 털고 가면 대통령이 정치적 치명타를 입을 수 있다는 걸. 총선 패배는 '식물 정권'이 될 것이라는 두려움의 근원이고, 정권의 생명 그 자체를 위해 극복해야 할 치명적(fatal) 이벤트다.

두 개의 상반된 욕망이 충돌했다. 이 '내적 전쟁'이 윤석열, 한동훈 두 사람에겐 사적으로 중요할 수 있지만 대통령과 여당 대표의 지위를 가지고 공개적으로 '내적 싸움'을 실시간 중계하면 민주주의 국가에서는 큰 문제가 될 수 있다. '동료 시민들'은 내적 싸움이 공적 영역으로 전이되면서, '사적 비리 의혹'에 대한 두 개의 자아가 충돌하는 모습에 그대로 노출된다. 이걸 지켜보는 사람들을 안쓰러워해도 모자랄 판에 일각에서 '약속 대련'이니, '극적 화해'니 하는 말로 포장지를 둘러대는 건 여간 민망스러운 일이 아니다.

이재명이라는 '거악'을 척결하기 위해, 조국이라는 '거악'을 척결하기 위해 쉼 없이 달려온 이 '동일체' 투 톱은 이제 자신들이 '살아 있는 권력'이 됐다. '거악 척결'로 권력을 잡은 이 동일체는 본인의 몸에 난 '환부'를 발견했고, '동료 시민들'은 이제 이들이 그 '환부'를 어떻게 다룰지 일거수일투족을 지켜보고 있다.

검찰총장 시절에는 많은 의사결정이 암막 뒤에서 이뤄지기 때문에 별다른 문제가 생길 일이 없다. 동일체를 거부한 검사들은 옷을 벗고 나가면 그만이니까. 하지만 대통령직은 다르다. 모든 결정 과정이 투명해진다. 그런 가운데 완전한 일체가 되지 못한 또 다른 자아(한동훈)를 꾸짖고 어르고 달래는 원자아의 모습이 언론 지상에 날 것으로 등장한다.

"대통령을 뒷배 삼아 한 위원장이 당의 주인인 것처럼 줄 세우기 한다는 소문이 맞다는 생각을 갖게 된다", "한동훈은 내가 눈에 넣어도 안 아플 내 후배였다. 내가 오죽하면 신뢰와 지지를 철회한다는 말까지 했겠느냐", "가장 아끼던 사람에게 바보같이 뒤통수를 맞느냐는 소리까지 들었다", "사람을 너무 의심하지 않고 썼던 나의 잘못인가 싶은 생각마저 든다", (채널A [단독]윤 대통령 "한동훈, 사당화 하지 말라는 것" 봉합 여지는 남겨, 역시 채널A [단독] "뒤통수 맞았다더라"… 윤 대통령, 심경 토로)

궁중 암투에서 나올 법한 말들이다. 일개 검찰 조직의 수장에서 대한민국의 컨트롤타워로 자리를 옮겼지만, 대통령은 여전히 자신두 개의 상반된 욕망이 충돌했다. 이 '내적 전쟁'이 윤석열, 한동훈 두 사람에겐 사적으로 중요할 수 있지만 대통령과 여당 대표의 지위를 가지고 공개적으로 '내적 싸움'을 실시간 중계하면 민주주의국가에서는 큰 문제가 될 수 있다.

이 '국가 동일체'의 머리 부분에 자리한다고 착각하고 있는 것일까?

이번 사태의 본질은 총선에서 지면 '식물 정권'이 된다는 근원적 두려움 위에서 벌어지는 욕망끼리의 내적 투쟁이다. 이들에겐 총선에서 이겨서 무엇을 하겠다는 '비전'이 불분명하다. 얼른 기억나는 건 운동권 청산론인데, 이건 공산 전체주의에 맞서 싸우는 이념 투사의 기출 변형 수준에서 멈춰버린다. 그리고 여권의 '권력 자원'을 총선 승리를 위해 투여하겠다는 한동훈식 마키아벨리즘이 난무한다.

지금 세상은, 지금 국정은 대통령이 '내적 투쟁'을 통해 자아를 완성해나가는 실험장이 될 정도로 한가롭지 않다. 세계 정세는 불안하다. 미국에서는 '동맹'을 경시하는 트럼프가 대통령직을 향해 내달리고 있다. 한미 동맹 '원 툴'의 외교 정책은 위태롭지 않은가? 북한은 '전쟁'을 입에 담으며 연일 도발을 해대고 있다. 경제 상황도 심상치 않다. 물가는 치솟고 있으며, 부실 대출은 폭발 직전이다. 2023년 한국의 경제성장률은 1.4%로 팬데믹 이래 최악이다. 세금 깎고 재정 아끼자는 이 정부의 '솔루션'이 전혀 먹히지 않았다.

==선거를 앞두고 주가 부양과 부동산 경기 부양에 나섰지만 주가는 되레 곤두박질치고, 부동산 시장은 얼어붙고 있다. 미국에서 북한과의 '전쟁 가능성'이 공공연하게 거론되는데 어느 투자자가 한국을 눈여겨보겠나. '코리아 디스카운트'는 누가 만들고 있는가.== 이 판국에 왜 한국 정부는 300만 원짜리 영부인 디올 백 스캔들을 두고 '내적 투쟁'을 '동료 시민들'에게 강제 시청하게 만들고 있나.

이 국정 걸림돌을 치우는 방법은 간단하다. 내적 투쟁의 요인을 제거하면 된다. '조국 수사' 때처럼 전광석화로 진상 규명을 하면 된다. 그런데 검찰이 왜 그렇게 하지 않는 것인지, '동료 시민들'은 지금 그걸 궁금해 하고 있다.

윤석열의 '서초동 권력'이 빚어낸 '대혼돈의 멀티버스'

2024.06.08

검찰은 민주주의 체제의 감시자다. 그렇다면 감시자는 누가 감시하는가? 이 오래된 질문은 여러 형태로 변주가 가능하다. 검찰주의자의 상징 윤석열은 전임 정부의 '적폐'와 '카르텔'을 청산하겠다며 팔을 걷어붙였지만, 결국 스스로 불법의 덫에 걸려 무너졌다. 그 배경에는 '검찰주의자'의 무오류성을 토대로 '검찰주의자가 장악한 정권에 오류가 있을 수 없다'는 허망한 믿음이 깔려 있었다. 돌이켜 생각해보면 윤석열은 처음부터 대한민국에 대한 비전이랄 게 없는 정치인이었다. 전임 문재인 정부에 대한 '반동'의 힘 위에 올라탔을 뿐, 윤석열은 애초에 경제, 사회, 외교, 안보 분야에 대한 경험도 없고, 고민도 없었다. 그 후과를 지금 5000만 명이 나눠 할부로 감당하고 있는 중이다.

한국은 '삼권분립'으로 설명될 수 없는 독특한 권력 지형을 갖고 있다. 행정부, 사법부, 입법부의 틈새에 제4부라 할 수 있는 '검찰 권력'이 존재한다. 검찰은 행정부 소속이지만 스스로를 '준사법기관'으로 여긴다. 한국 검찰은 행정부이면서 행정부 포함 3부의 권력을 모두 견제하는데, 이 '검찰 권력'의 핵심은 수사와 소추의 독점 권한이다. 단순하게 말하면 범죄가 되는지 안 되는지 1차적으로 판단하는 권력이다.

원래 검찰은 법을 집행하는 행정권의 '절제'와 '인권 보호' 등을 위해 도입된 제도다. '네 죄를 네가 알렷다'식 원님 재판을 막기 위해 사법권을 행사하는 판사와 동등한 수준의 법률 전문가를 국가에서 고용해 '형사 절차'의 근대화를 이루기 위한 목적이었다. 하지만 '기소독점권'과 같은 막강한 권한으로 '수사와 소추'의 독립성을 보장받는 한국 검찰은 삼권의 사각지대에서 독특한 포지션에 자리를 비집고 들어앉아 한국 사회를 호령해 왔다.

==그리하여 한국에서는 삼권분립이 아니라 독특한 권력 분류법이 구전을 통해 존재한다. 이른바 '한국 사회 세계관'이다. 여기에 따르면 한국 사회는 여의도 권력(정치)과 서초동 권력(검찰), 그리고 강남 권력(재벌)의 '삼권 분점'으로 이뤄진다.== 서울의 유명 지명들을 딴 이 권력 분류법은 삼권분립과 같은 따분한 학술적 규정보다 훨씬 직관적으로 한국 사회를 설명해준다. 비유하자면, 삼권분립이 낮의 권력 지형도라면, 삼권 분점은 밤의 권력 지형도다. 교과서와 필드 매뉴얼의 관계라고 할까? 이 '구전설화'의 세계관에서 '행정부'를 따로 뺀 이유는, '정치 권력'에 입법부와 행정부가 공존하고 있어서다. 대통령이 주로 '입법 권력'에서 선출돼 왔고, 정치가 행정부(정확히는 '자리')에 미치는 영향이 크기 때문이다. 삼권분립은 이데아고, 삼권 분점은 마키아벨리적 현실이다. 이 현실을 직시해야 한국 사회를 더 정확히 볼 수 있다.

나름대로 견제와 균형을 이뤄왔던 이 세계관 속에서 이변이 일어난 건 지난 2022년 대선 때였다. 행정권의 별첨 '부록'이었던 검찰이 서초동 권력으로 성장하더니 급기야 '본책'을 접수하고 나서면서 주객전도가 벌어졌다. ==허약한 보수 세력이 어설픈 용병술을 펼친 결과 윤석열 대통령이 탄생한 것은 서초동 권력이 삼권 분점의 균형을 깨고 여의도 권력의 절반인 행정부를 집어삼킨 사건이라 보는 게 맞==

을 듯하다. 서초동 권력의 '영토 확장'에 따른 반대급부로 여의도 권력은 그만큼 쪼그라들었다. 과거 군인 권력, 혹은 정치 권력의 '종속 변수'에 불과했던 서초동 권력의 '사법 굴기'다.

 희한한 일들이 벌어지기 시작했다. 대통령이 '내가 수사해 봐서 아는데'라며 교육 전문가, 경제 전문가를 자처하는데, 그런 대통령을 앞에 두고 정작 전문가 관료들은 "대통령에게 제가 배웁니다"라며 한껏 겸양을 떠는 것이다. 수사 및 기소권을 제한하려 하자 온몸을 비틀어 반발하던 검찰은 급기야 '선출된 권력'이란 타이틀까지 획득했고, 천박한 검찰식 '우월주의'가 벌거벗은 채 수면 위로 떠올랐다. 이태원 참사가 발생하자 대통령은 "책임이라고 하는 것은, 있는 사람한테 딱딱 물어야 되는 것이지, 그냥 막연하게 다 책임져라. 그것은 현대사회에서 있을 수 없는 일"이라며 정치적 책임론에 '전근대' 딱지를 붙였다. 재판에 붙여볼 것도 없이 불기소처분을 내리는 검사의 모습이 대통령의 얼굴에 오버랩됐다.

 아마 포항 석유 시추 지시도 MB정부 자원 외교 비리 수사에서 '전문성'을 얻은 결과가 아닐까? 자원 외교를 수사하던 검사들은 슬그머니 수사를 접었고, 막대한 국고 손실의 책임자들은 대부분 처벌을 면했다. 성공률 20% 가능성에, 시추공 한 번에 1000억 원이 든다는 말에 최남호 산업통상자원부 2차관은 "자원 개발은 성공 불융자 개념으로 한다. 그러니까 자원 개발 자체는 워낙 성공률이 높지 않기 때문에 실패 시에 책임을 묻지 않는 것이 국제적인 관례"라고 했다. 대통령 '직접 브리핑'의 자신감은 거기에서 나온 것은 아닐까?

 경제 범죄를 수사하던 이복현 검사는 금융위원회의 산하기관인 금융감독원 원장으로 가더니 최근 경제 위기설이 "길어도 1년 내, 바라건대 하반기 들어 정리될 것으로 기대한다"라며 경제부총리 말투를 흉내 내고 있다. 강남 권력은 '재벌 잡던' 검찰 권력에 순응하는 모습으로 자신의 위치를 재정립하기 시작했고, 대통령의 은밀한 프랑스 파리 술자리에 불려 다닌다. 부산 깡통시장에서 떡볶이를 들고 대통령과 함께 사진 찍는 재벌 총수들의 모습에서 서초동 권력의 '전리품'과 같은 그들의 처지를 읽을 수 있다. 윤석열 정부 들어 '대기업 수사'가 사실상 사라진 건 우연일까? 오히려 삼성 이재용과 롯데 신동빈 등 재벌 총수들은 대거 사면 받았다. 행정부 권력을 접수하기 전 본인들이 단죄했던 사람들이다.

논공행상에도 비상이 걸렸다. 서초동 권력이 행정부 구석구석 요직을 향해 진격했다. 사면권을 쥔 서초동 권력은 범죄자를 사면해 보궐선거 여당 후보로 공천하더니, 대통령실 비서관으로까지 기용했다. 그러자 '자리'를 기다리던 여의도 판에서는 "검사 출신에 이어서 이젠 전과자들에게도 밀린다"는 푸념이 터져나왔다.

행정부 권력을 접수한 서초동 군단의 '지상군 사령관' 격인 한동훈은 인사 검증까지 장악한 '역대 최강 법무부'를 이끌었다. 급기야 여의도로 진군해 단번에 '군정 사령관'으로 '여당 대표직'에 오른다. 그는 식민 총독이 모국어 사용을 금지하듯 '여의도 사투리'를 철폐하려 했으나 이미 패색이 짙던 상황. 결국 '총선 전투'에서 서초동 군단은 치명적인 타격을 입고 만다. 이미 유권자는 서초동 정치에 질려 있었는데, 지금 이 사실을 윤석열 대통령만 모르고 있는 것 같다. 총선 참패 후 사표 낸 총리가 유임되고, 채 상병 특검법이 거부당했다. 대통령은 총선 전투 생존자들이 연 대책 회의 자리에서 "과거는 잊자"고 한다. 지지율 21%엔 다 이유가 있다.

행정부를 장악한 서초동 권력의 혼란상은 채 상병 사건에서 극명히 드러났다. 행안부 산하 경찰은 순직한 해병대 대원 관련 군 수뇌부의 범죄를 수사하고 있다. 그 경찰은 해병대 수사단으로부터 사건 검찰주의자의 상징 윤석열은 전임 정부의 '적폐'와 '카르텔'을 청산하겠다며 팔을 걷어붙였지만, 결국 스스로 불법의 덫에 걸려 무너졌다. 그 배경에는 '검찰주의자'의 무오류성을 토대로 '검찰주의자가 장악한 정권에 오류가 있을 수 없다'는 허망한 믿음이 깔려 있었다.

을 이첩받았다가 국방부에 돌려준 혐의(직권남용)로 공수처에 고발당했다. 해병대 수사단 단장 박정훈 대령은 '이첩 보류 불복'에 따른 항명수괴죄(후에 항명혐의로 바뀜)로 군 검찰의 수사를 받고 기소됐다. 군 검찰은 박정훈 대령 구속영장을 청구하면서 VIP 격노설을 '망상'이라 했다가 국방부 조사본부의 조사를 받고 있다. 그런데 국방부 조사본부는 이첩받은 수사 기록을 재검토하는 과정에서 임성근 해병대 1사단장의 혐의를 축소한 의혹으로 공수처의 조사를 받고 있다. 공수처는 어떤가. 끊임없는 '외압설'에 시달리는 와중에 '특검법'으로 압박을 받고 있다.

==꼬리에 꼬리를 무는 수사는 대혼돈의 멀티버스다. 서초동 권력이 접수한 한국 사회의 세계관에서 채 상병 사건이 파생시킨 무수한 수사는 선형적으로 존재하는 게 아니라 동시성으로 존재한다. 눈앞에서 펼쳐지는 평행 우주의 가능성들이 난잡하게 중첩되고 얽히면서 수사받는 자가 수사하고, 수사하는 자가 수사받는 '사법 카니발'이 펼쳐진다.== 국방부와 대통령실, 군 검찰과 경찰, 행정부 기관들 사이에서 일찍이 경험해보지 못한 초현실적인 일이 벌어지는데, 그 모든 의혹들의 정점엔 서초동 권력의 핵심인 대통령이 술 취한 듯 흔들거리며 서 있다. 서초동이여, 대체 행정부에 무슨 짓을 한 것인가?

이 모두가 입법 권력, 경제 권력, 심지어 행정 권력을 단 한번도 경험해보지 않은 서초동 사람들이 거대한 대한민국 사회를 움직이는 권력의 핵심부를 운용하기 시작하면서 벌어진 일들이다. 후대 역사가들은 이걸 무엇으로 설명할 것인가.

프랑스의 드레퓌스 사건은 삼권분립이 정립되는 과정에 있던 프랑스 제3공화국에서 벌어진 일이었다. 간첩 누명을 쓴 유대인 프랑스 장교 한 명을 두고 왕당파와 종교 권력이 행정 권력과 사법 권력을 좌지우지하면서 벌어진 이 사건으로 공화국의 역사가 뒤집어지고 재정립됐다. 우린 어쩌면 지금 19세기 말 전근대적 민주주의 시스템이 빚어낸 혼돈의 시대를 21세기에 겪고 있는 것일 수 있다.

김건희,
'?검찰청 폐지'
역사의 첫 장에 나올
그 이름 석 자

2024.10.19.

김건희는 남편이 대통령이 된다면 조용한 내조만 하겠다고 약속했다. 거짓이었다. 윤석열 정부의 몰락은 김건희라는 인물 없이는 서술할 수 없다. 2023년 11월 27일 〈서울의소리〉가 공개한 동영상에서는 재미교포 최재영 목사가 지난 2022년 9월 13일 서울시 서초동 아크로비스타의 코바나컨텐츠 사무실에서 김건희에게 명품 가방을 주는 모습이 그대로 담겨 있었다. 윤석열 정권 몰락의 신호탄이었다. 이 영상이 찍힌 9월 13일 전후 정치 상황에 주목하자. 불과 6일 전인 9월 7일 더불어민주당 소속 의원 169명이 김건희 특검법을 발의했다. 거의 모든 매체가 이 뉴스를 크게 다뤘다. 취임한 지 100일가량 된 대통령과 그 영부인을 겨냥해 특검법이 발의된 것은 헌정 사상 전무후무한 일이었다. 윤석열과 용산은 끝내 이 사건을 뭉개면서 2024년 4월 총선을 치렀다. 김건희 리스크가 수면 위로 올라오면서 도이치모터스 주가 조작 사건도 관심을 끌었다. 검찰은 영부인을 조사하면서 대통령 안가로 출장을 갔고 도리어 휴대전화를 빼앗겼다. 명품 백 수수 사건과 도이치모터스 주가 조작 사건은 모두 무혐의로 결론났다. 검찰 공화국은 이때 사실상 끝난 것이다. 정적의 허물에 추상 같았던 대통령과 검찰은 영부인에게 터무니없는 면죄부를 안겨줬다. 검찰 공화국의 마지막 페이지는 어떻게 장식될 것인가.

윤석열의 검찰 공화국에서는 한 편의 무협 소설 같은 이야기가

펼쳐진다.

'검수완박(검찰 수사권 완전 박탈)'을 주장하는 사파가 등장하자 중원의 주인을 자처하던 무림 세가는 '검수원복(검찰 수사권 원상 복구)'을 내걸고 일제히 일어나 사파 세력에 결연하게 맞섰다. 두 세력이 피 터지는 싸움을 벌인 결과 '검수원복' 세력이 승리를 거머쥐었다. 그렇게 군웅할거 시대가 지나고 수사권을 되찾은 검사들이 최고 권력을 획득하며 중원에는 평화가 찾아오는 듯했다.

그런데 검수원복의 시대에 검사들의 수사 내공이 궤멸적 타격을 입는 원인 모를 일들이 발생하기 시작했다. 무형지독(無形之毒)을 집단으로 삼킨 것 같은 이 현상을 두고 조선 제일검이라 불리던 사내는 뭔가 잘못됨을 감지했는지 '국민 눈높이'라는 신공을 꺼내들었다. 그럼에도 불구하고 사모펀드 수사에서 시작해 피의자(조국) 딸의 대학교 표창장까지 뻗어나가던 검찰의 수사 내공이, 갑자기 증거를 눈앞에 두고도 기소를 못할 수준으로 내상을 입은 걸 설명할 방법은 많지 않다. 그리고 국민 눈높이 신공을 꺼내든 조선 제일검은 두어 번의 초식만을 휘둘렀을 뿐인데, 보이지 않는 적의 암기(暗器)에 속수무책 당하고 있는 중이다.

검찰이 도이치모터스 주가 조작 사건에서 '김건희 불기소' 결론을 낸 것을 보면서 법무부 장관 한동훈의 검수원복을 떠올렸다. 국회 입법을 통해 검찰의 직접 수사 범위를 '부패'와 '경제' 범죄로 축소했지만 법무부는 그간 하위 법령과 규칙을 개정하는 꼼수로 검찰의 직접 수사 범위를 '원상복구'시켰다. 그런데 이상하게도 조국 전 법무부 장관과 이재명 더불어민주당 대표를 전방위로 수사하던 검사들의 그 탁월한 '능력'이 검수원복 이후 오히려 눈에 띄게 무력해졌다는 생각을 지울 수 없게 하는 일들이 자꾸 생긴다.

검찰이 도이치모터스 주가 조작 사건 수사를 시작하자 범행의 핵심 인물과 윤석열 대통령 배우자 김건희 전 코바나컨텐츠 대표는 40차례나 연락을 주고받았다. 검찰은 도이치모터스 주가 조작 범인들과 관련자들의 주거지, 사무실 등 73곳을 압수수색했다. 수사 과정에서 '김건희 명의' 계좌가 주가 조작에 48차례나 활용된 게 드러났다. 김건희와 증권사 담당자, 주포가 마치 짠 듯이 주식거래를 해왔다는 정황이 담긴 통화 녹취록도 확보돼 있다. 2010년 10월 28일 주가 조작 주포가 "12시에 3300에 8만 개 때려달라고 해주셈"이라고 하자 7초 후에 '김건희 명의 대신증권 계좌'에서 3300원에 8만 주 매도 주문이 나왔다. 검사는 "당시 김건희 여사 명의 대신증권 계좌는 김건희 여사가 증권사 직원에게 직접 전화해서 낸 주문이었다"고 말했다. 검찰은 이런 사실들을 토대로 '주가 조작 세력과 김건희 전 대표 사이에 의사 연락이 있었다는 증거'라고 법정에서 일관되게 주장해 왔다.

하지만 검찰은 '이 모든 게 우연'이라는 피의자 김건희의 거의 모든 주장을 있는 그대로 믿어줬다. "피의자는 주식 관련 지식, 전문성, 경험 등이 부족하고, 시세조종 관련 전력이 없는 점, 상장사 대표인 권오수를 믿고 초기부터 회사 주식에 지속적으로 투자한 것인 점 등을 고려하면, 권오수가 시세조종 범행을 한다는 사실을 미필적으로도 인식 또는 예견하기 어려웠을 것으로 판단된다." 검사들은 마치 김건희의 머릿속에 들어갔다 나온 사람들처럼 굴었다.

압권은 검찰이 꾸렸다는 '레드팀'이다. 보통 레드팀은 검찰이 피의자를 기소하기에 앞서 피의자 변호인의 입장에서 검찰 수사의 문제점을 점검하는 팀이다. 그런데 이번 레드팀은 특별하다. 검찰이 '불기소' 결론을 내리고 레드팀이 '기소하자'는 의견을 내는 방식이다. 검사들이 변호사 역할을 수행한 것이다. 애초에 '도이치모터스 주가 조작 사건'만 4년 6개월 동안 다룬 수사팀이 '무혐의'를 역설하는데, 관련 수사 내용도 제대로 모르는 레드팀이 결론을 바꿀 수 있었을까? 피의자 김건희의 무혐의 입증에 유리한 자료들을 레드팀 앞에서 PPT로 돌리며 열정적으로 불기소 이유를 설명하는 수사팀 검사들의 모습은, 의뢰인의 무혐의를 입증하려는 '서울중앙로펌' 회의실의 풍경으로 바뀌었다.

피의자의 무혐의를 위해 레드팀을 운영한다는 건 과문해서인지 들어본 적이 별로 없다. 보통은 기소를 위해 변호인과 피의자의 주장을 논파하려는 목적으로 레드팀을 운영하기 때문이다. 일반 회사도 조직의 설립 목적(매출)을 위해 자원을 투입하는 과정에서 레드팀을 운영하지, 그 반대의 이유로 레드팀을 운영하지는 않는다.

윤석열 정부가 검수원복으로 문재인 정부의 검찰 개혁 성과를 갈아엎었을 때, 사람들은 살아 있는 권력에 대한 엄정 수사를 기대했을 것이다. 그런데 앞으로 살아 있는 권력에 대한 수사를 전부 이렇게 하겠다고 하면, 검찰 수사권은 차라리 없애는 게 맞았다. 현직 법무부 장관을 압수수색하면서 '검찰 수사권이란 이런 것이다'라며 몸부림치던 검사들이 특정인을 위한 로펌이 되어 상냥한 미소를 짓고 있는 걸 대체 어떤 식으로 이해해야 할지 알 수 없다. 검찰은 독점적 기소권과 그 기소권에 복무하는 수사권으로 지금 '판사'의 흉내를 내고 있다.

윤석열 대통령은 검찰총장 시절이던 2021년 3월 검수완박은 '부패 완판'이라며 "부정부패 대응은 적법 절차와 방어권 보장, 공판중심주의라는 원칙에 따라 대응해야 한다. 재판의 준비 과정인 수사와 법정에서의 재판 활동이 유기적으로 일체돼야 가능한 것"이라고 주장한 바 있다. "권오수와 김건희 사이에 의사 연락이 있었다"라고 법정에서 주장하던 검찰은 이제 와서 "미필적으로도 인식 또는 예견하기 어려웠을 것"이라고 말한다. 수사와 재판 활동이 유기적으로 일체되지도 않은 검수원복이다. 윤 대통령은 "중대범죄수사청(이하 중수청) 신설은 민주주의 퇴보이자 형사 사법 시스템을 파괴하는 졸속 입법", "부패 완판"이라고 했다. 지금 형사 사법 시스템을 파괴하는 건 누구이고, 부패 완판은 어디에서 벌어지고 있는가?

==검찰 수사권을 없애도 큰 문제가 없을 것 같다. 한 번 수사 능력을 잃어버린 검사들이 어떻게 다시 수사에 나설 수 있겠는가. '무혐의 전문 기관'이 될 거라면 기소권을 없애도 될 것 같다. 윤석열 정부가 끝난 후 다음 정권이 검찰 수사권을 없애겠다고 하면, 검사들은 또다시 벌떼처럼 들고 일어설 것이다. 하지만 그때는 아무도 검사들의 입장에 서 있지 않을 것이다.==

수사권을 줬는 데도 무림의 비급을 연마하다 스스로 '무형지독'을 섭취하고 '주화입마(走火入魔)'에 빠져버린 검사들을 편들 사람은 없다. 조선 제일검은 무림의 화를 불러온 죄를 깨닫고 쓸쓸히 퇴장할 것이며, 어느 날 '김건희'라는 이름의 고수가 마교의 비밀 교주로 활동하며 흡성대법(吸星大法)으로 검찰 문파를 없애고 중수청과 기소청을 세웠다는 전설이 전해올 것이다.

윤석열 정부가 검수원복으로 문재인 정부의 검찰 개혁 성과를 갈아엎었을 때, 사람들은 살아 있는 권력에 대한 엄정 수사를 기대했을 것이다. 그런데 앞으로 살아 있는 권력에 대한 수사를 전부 이렇게 하겠다고 하면, 검찰 수사권은 차라리 없애는 게 맞았다.

#4.

물구나무선 대한민국 역사

尹 대통령의 3·1절 기념사, '학습형 정치인'의 치명적 결함

2023.03.04.

2023년 3월 1일 윤석열은 서울특별시 중구 유관순기념관에서 열린 제104주년 3·1절 기념식에서 "일본은 과거 군국주의 침략자에서 우리와 보편적 가치를 공유하고 안보와 경제, 그리고 글로벌 어젠다에서 협력하는 파트너로 변했다"고 말했다. 강제징용이나 일본군 위안부 문제 등 과거사 문제에 대한 언급은 없었다. '파격'이라는 말이 나왔다. 문제는 식민사관이었다. 윤석열은 "그로부터 104년이 지난 오늘 우리는 세계사의 변화에 제대로 준비하지 못해 국권을 상실하고 고통받았던 우리의 과거를 되돌아봐야 한다"고 했다. 이 기념사를 듣고 많은 사람들은 제국 열강의 책임론보다 조선 사회가 정치·경제·사회구조에서 낙후돼 일본의 식민 지배를 초래했다는 '정체성론'을 떠올렸다. 고작 1039자, 5분 20초 분량에 담긴 '철학 없음'은 '역사 뒤집기'의 예고편이었다. **윤석열은 지난 정부와의 차별화를 위해 한일 관계 개선을 선택한 것처럼 보였다. 한국과 일본의 미래에 대한 고민이 아니라 전 정부 지우기를 위한 얕은 정치적 포석을 염두에 두고 역사를 어설프게 건드렸다.** 이는 윤석열의 극우화, 나아가 '망상'으로 향하는 첫 징후였던 것으로 평가될 수 있다. 그는 이 연설 이후 한일 관계 개선에 집착하며 북한에 대한 적대 정책을 심화시키고, 한국이 북한과 중국을 추종하는 '반국가 세력'에 의해 포위돼 있다는 망상을 키워나간 것 아닐까.

챗GPT(다른 사람들이 AI라고 부르는)는 네모난 화면 안에 문자를 기입할 수 있는 '뉴챗' 검색창으로 이뤄져 있다. 이 네모난 화면은 전 세계의 회선이 모이는 거대한 서버로 통하고 있으며 인간은 제각각의 할당된 창 앞에 앉아 무수히 많은 질문들을 쏟아내며 이 우주를 헤매고 있다. 챗GPT가 마치 유행처럼 돌고 있는 것 같다.

챗GPT는 대부분 그럴듯한 글을 쏟아내기도 하지만, 세상에 존재하지 않는 지식(인지 아닌지 모를 것들을 포함해)을 쏟아내기도 한다. 전문가들은 하나같이 '현실과 환상의 경계를 모호하게 하는 답변들'로 세상이 혼돈에 빠질 것처럼 말한다. 이런 평가를 읽으며 아르헨티나의 작가 호르헤 루이스 보르헤스를 떠올렸다. 그는 문학 속에서 다양한 위작을 즐겨 창조했는데, 이는 독자들을 감쪽같이 속이려 한 목적보다는 인간의 삶이 허구와 별다른 차이가 없다는 걸 보여주고자 한 것이다. 특히 각주를 달아 상상으로 만들어낸 책을 마치 읽는 것처럼 그럴듯하게 꾸며내는데, 보르헤스가 달아 놓은 각주엔 실제로 존재하는 책과 거짓으로 꾸며낸 책을 뒤섞어 놓아 독자들을 혼란에 빠뜨린다. 챗GPT는 21세기의 마술적 리얼리즘 같은 물건이다.

챗GPT는 잘못된 답변을 그럴듯하게 만들어내기도 하고, 존재하지 않는 책을 존재하는 것처럼 인용해 답변을 내놓기도 한다. 사용자가 반복된 질문을 통해 챗GPT의 거짓말을 유도했는지 몰라도, AI가 거짓말을 그럴듯하게 만들어내고 있는 이 현실이 사람들을 경악케 하고 있는 것 같다. 하지만 이런 건 인간들이 수없이 해왔던 일이다. 보르헤스와 같은 뛰어난 작가들은 이미 이런 실험을 해왔다. 20세기 모더니즘과 아방가르드, 다다이즘, 기존 형식을 파괴하려 시도한 수많은 예술적 노력들의 후예가 어쩌면 챗GPT일 수도 있다. 기계 복제 시대에, 이들은 그럴듯한 아이디어로 대중을 모욕하고 현혹했으며, 동시에 인간 사고의 지평을 열어젖혔다.

보르헤스의 단편 〈바벨의 도서관〉에는 세상의 모든 문자로 된 가능한 모든 조합으로 만들어낸 지식이 담겨 있는 도서관이 등장한다. 이 도서관의 책을 설명하는 공리 중 하나는 24글자의 알파벳으로 거의 무한대의 조합이 가능하다는 것이다. 이를테면 어떤 책은 M, C, V로만 410쪽을 채웠다. 누군가에겐 아무런 의미도 없는 알파벳 세 개의 나열에 불과하지만 그것이 의미를 갖는 것인지, 안 갖는 것인지는 판단할 수 없다. 도서관 이용자 중 누군가는 그 책을 읽고 인류와 우주의 새로운 비밀을 해제할 것이라 믿을 수도 있다. 언어는 해석하고 받아들이는 자의 몫이므로. 그 도서관에는 세상과 역사 속에 존재한 모든 방언을 포함한 언어의 책이 있고, 그 책에 대한 해설서와 그 해설서에 대한 해설서, 그리고 그 해설서에 대한 해설서에 더해, 누군가 쓰려고 했으나 쓰지 않은 책들까지도 담겨 있다. 인간은 이 도서관에서 '불완전한 사서'일 뿐이다.

　세상의 모든 질문에 대해 말할 줄 아는 기계, 그리고 '불완전한 오퍼레이터' 인간. 챗GPT와 바벨의 도서관은 닮아 있다. 사실 새로울 건 없다. 이미 지나간 20세기 예술 실험들이 21세기의 기술을 입고 대중화된 세상이 도래했을 뿐. 모두가 보르헤스고, 모두가 뒤샹이고, 모두가 앤디 워홀이 될 수 있는 그런 세상일 수 있다.

　100여 년 전 예술가들처럼 챗GPT는 우리에게 근본적인 질문을 던지고 있다. 환상과 실제, 거짓과 사실의 경계는 어디에 있는가. 진짜 맥락과 가짜 맥락의 구분은 어떻게 하는 것인가.

　사실 이 글의 주제는 윤석열 대통령에 관한 것이다. 챗GPT가 대화를 오래 나눠온 발화자의 특성과 맥락을 이해한다는 기사를 봤다. 하지만 그건 한 개인, 또는 어떤 목적을 같이하는 집단이 챗GPT와 심화된 대화를 통해 이끌어낸 맥락들이다. 그러나 사회적 동물인 인간에게는 집단적으로 맥락을 공유하는 것들이 있다. '역사'다.

챗GPT가 대화 속 맥락을 이해했다는 호들갑은 거대한 착각일 수 있다. 이를테면 3·1절에 한국의 역사를 회고하며 '세계사의 변화에 제대로 준비하지 못해 국권을 상실하고 고통받았던 우리의 과거'라고 말하는 것은 발화자와 생각, 그리고 맥락을 같이하는 그룹이 반복 학습을 통해 만들어낸 텍스트다. 그러나 이 명제에 동의하지 않는 그룹들이 보면 '저 사람은 사실이 아닌 말을 하고 있다'라고 비판할 수 있다. 80억 인류에게 열린 무한대의 '바벨의 도서관', 챗GPT는 80억 개의 맥락을 생산해낼 수 있을 뿐이다.

==챗GPT는 인간 개개인의 지엽적 맥락을 구현해내는 대신, 종종 역사의 거대한 맥락을 제거하는 데 탁월하다. 독방에서 챗GPT와 깊은 대화를 통해 그럴듯한 허구적 맥락을 창조해 놓고, 방을 나서서 이웃 사람에게 그 허구적 맥락을 강요하는 건 인간 사회에서 그리 권장되지 않는 일이다.== 인간 사고의 지평을 넓히려 개발한 AI가 편협한 사고에 빠져들고 그 편협한 사고를 더욱 강화해나가는 현상은, AI 개발 초기 시절인 1960~1970년대부터 학습형AI의 치명적 한계로 지적돼온 것임을 생각하자. 이런 생각을 하다가 윤석열 대통령의 3·1절 기념사를 읽었다.

==" 제가 이쪽을 잘 아는 지인한테 2023년도 대통령 신년사를 '챗지피티'가 한번 써보게 해서 받아봤다. 정말 훌륭하더라."==

신년사 연설에 써보게 할 정도라니, 내친김에 챗GPT에 윤석열 대통령의 3·1절 연설 속 역사 인식에 대한 평가를 물어봤다.

한국어에 대한 이해도가 떨어진다고 하길래, 오해를 최소화하기 위해 챗GPT에게 영어로 번역한 질문을 던져봤다. "일제강점기 조선의 상황에 대해 '세계사의 변화에 제대로 준비하지 못해 국권을 상실하고 고통받았던 우리의 과거'라고 설명하는 것에 대해 어떻게 생각하십니까.(What do you think about explaining the situation of Joseon during the Japanese colonial era as 'our past, when we lost our national sovereignty and suffered because we were not properly prepared for the changes in world history'?)"

다음은 챗GPT의 답변이다.

"AI 언어 모델로서 개인적인 믿음이나 의견은 없지만 질문에 대한 객관적인 답변을 드릴 수 있습니다.

당신이 제시한 진술은 일제강점기 조선의 상황을 다소 단순화한 표현입니다. 이 시기에 한국은 국권을 상실하고 일제 치하에서 많은 고통을 겪었던 것이 사실입니다. 그러나 상황은 단순히 세계사의 변화에 대비하지 않은 것보다 훨씬 더 복잡했습니다.

일본의 한국 식민 지배는 동아시아에 대한 제국주의적 팽창과 침략의 오랜 역사의 결과였습니다. 그것은 일본의 성장하는 경제와 군사력을 위해 자원과 영토를 확보하려는 열망에 의해 추진되었습니다. 일본 정부는 강제 노동, 문화 동화 정책, 정치적 탄압 등 다양한 전술을 동원하여 우리 민족을 통제하고 탄압했습니다.

여기에 더해 한국은 일본의 식민 침략을 이끌어낸 세계사 역사의 변화들에 대해 완전히 준비가 되어 있지 않았습니다. 사실, 한국은 일본 병합 이전 수십 년 동안 상당한 근대화 노력을 해왔습니다. 그러나 이러한 노력은 종종 내부의 정치적 분열과 다른 제국 세력의 외부 압력에 의해 좌절되었습니다.

전반적으로 한국이 일제강점기에 큰 고통을 겪었던 것은 사실이지만, 세계사에 대한 준비 부족으로 단순화하기보다는 이러한 상황을 초래한 복잡한 역사적 요인을 인식하는 것이 중요합니다."

　깨나 훌륭한 답변이 나온다. 그런데 윤석열 대통령의 1000자 남짓(공백 제외)한 연설문 전문을 눈을 씻고 읽어봐도 '가해자'에 대한 비판이 들어 있지 않다. 식민 지배는 '피해자'인 우리가 '준비하지 못해'서 발생한 사건이 돼 있었다. 그러나 챗GPT는 '가해자'가 원인임을 분명히 지적하고 있다. 윤석열 대통령의 연설이 '우리'의 태도에 관한 말들로 점철돼 있는 것과 달리 말이다.

　특히 연설문에는 미래를 향해 나아가기 위한 전제가 될 '과거 가해자'의 태도가 지금 어떤지에 대해서는 단 한마디의 평가도 포함시키지 않았다. 가해자가 우리를 어떻게 취급해 왔는지 단 한마디도 들어 있지 않았다. 심지어 "일본은 과거 군국주의 침략자에서 우리와 보편적 가치를 공유하고 안보와 경제, 그리고 글로벌 어젠다에서 협력하는 파트너가 되었습니다"라며 마치 '개과천선한 침략자'의 이미지로 그려져 있다. '일본은 과거 군국주의 침략자에서'라는 말과 '우리와 보편적 가치를 공유하고 안보와 경제, 그리고 글로벌 어젠다에서 협력하는 파트너가 됐다'라는 말 사이에 뭔가 핵심적인 게 빠져 있다고 느끼는 건 필자뿐일까? 모든 게 '우리'의 문제일 뿐이다. 이건 역사를 공유해온 한국 사람들이 보편적으로 인식해온 '대문자 역사'의 맥락을 거세해 버린다. 윤석열 대통령이 학습해 내놓은 이 연설문은 윤 대통령과 다른 생각을 학습한 부류들(그들은 이런 사람들을 '반일', '죽창가 부르는 사람'쯤으로 프레임화 한다)이 가진 생각의 맥락을 부순다. 그래서 많은 이들이 '3·1절의 의미'에 대한 답변을 기대하고 있는 날 나온 '챗윤석열'의 답변에 대해 당혹스러워 하는 것이다.

윤석열은 지난 정부와의 차별화를 위해 한일 관계 개선을 선택한 것처럼 보였다. 한국과 일본의 미래에 대한 고민이 아니라 전 정부 지우기를 위한 얕은 정치적 포석을 염두에 두고 역사를 어설프게 건드렸다. 이는 윤석열의 극우화, 나아가 '망상'으로 향하는 첫 징후였던 것으로 평가될 수 있다.

==윤석열 대통령의 3·1절 기념사를 보면서, 한 엘리트주의자가 역사의 거대한 맥락을 거세하고 그럴싸한 미사여구를 늘어놓은 것 같은 느낌을 받았다. 극우적 생각을 물리적 기호로 변환해 나열해 두었는데, 그 안에는 많은 사람이 동의할 수 없는 내용들로 가득 차 있는 셈이다.== 누군가에게 윤석열의 3·1절 기념사는 '챗윤석열'이 역사적·사회적 맥락을 제거하고 만든 기호의 나열일 뿐이고, 챗GPT가 쓴 것의 오류를 잡아내듯이 그 말이 거짓이거나 위험한 말이라고 지적해야 한다. 윤석열 대통령은 정치인 출신이 아니다. 정치와 역사의 맥락에서 서툰 모습들을 자주 보여왔다. 윤석열 대통령의 3·1절 기념사는 '학습형 정치인'의 치명적 결함일 수도 있다.

한국인이란 무엇인가, 우리는 그렇지 않은 한국인으로 살 수 있을까?

2023.03.11.

2023년 3월 15일 윤석열 대통령은 일본〈요미우리〉신문과 단독 인터뷰를 한다. 한일 관계 최대 쟁점인 강제 동원 피해자 배상을 일본 피고 기업이 아닌 한국 재단이 대신하는 '제3자 변제'로 추진하겠다고 밝히면서 "내가 생각한 것"이라고 말했다. 윤석열은 국내 반발을 우려하는 일본을 향해 "걱정할 필요가 없다"며 "나중에 (한국 쪽이 일본 피고 기업에) 구상권 행사를 하지 않도록 하는 방안을 검토해 이번에 강제징용 해법에 대한 결론을 내렸다"고 말했다. 그리고 일본에 더 이상의 사과를 요구하지도 않겠다고 했다. 강제 동원 피해자들은 정부안 철회를 요구하며 윤석열의 해법을 규탄했다. 하지만 박진 외교부 장관은 "물컵에 물이 절반 이상은 찼다고 생각한다"며 "앞으로 이어질 일본의 성의 있는 호응에 따라서 물컵은 더 채워질 것으로 기대한다"고 근거 없는 낙관론을 폈다. 물론 일본의 성의 있는 호응은 없었다. 2024년 7월 27일 윤석열 정부는 일본의 유네스코 사도 광산 등재에 찬성했다. 반면 일본 측은 '조선인 강제 노역 전시' 약속을 제대로 지키지 않았다. 윤석열 정부는 일본을 향해 '미래를 향해 가자'고 하면서 스스로 한국의 과거를 헐값에 팔아 넘겼다. 아이러니하게도 과거에 집착한 건 '진보 좌파 반국가 세력'이 아니라 한일 과거사를 집요하게 일본에 팔아넘긴 윤석열 그 자신이었다.

한 시민이 3·1절에 일장기를 달았다는 기사를 읽었다. 기사에서 묘사되기는 단순히 '민족 감정'을 건드린 한 시민의 일탈처럼 되어 있었지만, 이건 우리 사회에 대한 어떤 은유가 아닐까 생각했다.

이를테면 깃발의 의미. 그는 대한민국의 영토 위에서 합의된 주류 의견에 대해 반대한다는 의미로 깃발을 내걸었다. '깃발을 든다'는 행위에 대한 유구한 해석의 전통에 근거하면 이건 어떤 '자주 독립선언'과 같은 것처럼 느껴진다. 문제는 그것이 '새로운 깃발'이 아니고, 영토 밖에서 이미 존재하는 타국의 깃발을 상징으로 사용했다는 점이다. 그가 일본인인지 아닌지는 중요하지 않다. 쉽게 말해 그는 자신의 '의지'를 내비치는 데 자신이 발 딛고 있는 영토 안에서 타국의 '깃발'을 전용하고 있었던 것이다.

이 기괴한 행위 예술을 보면서 '그렇다면 일장기를 자신의 정체성 삼는 사람들(일본인)의 입장은 어떨까' 궁금했는데, 마침 한 일본인이 "그런 식으로 도발 목적으로 국기를 쓰는 것도 그 나라 국기에 대해 일체 리스펙트(존중)가 없는 행위라고 느껴진다"고 촌평한 SNS 상의 글을 보았다.

이런 행위는 3·1운동에 대해 모르는 일본인들에게도, 3·1운동을 존중하는 일본인들에게도, 그리고 이 땅에 사는 한국인들에게도 모두 대체적으로 무례한 일에 해당하는 것 같다. 나의 정체성과 관련된 상징물이 타국 사회의 맥락에서 특정 정치적 의도를 위해 이용되고 있는 것을 보는 것은 그리 기분 좋은 경험은 아닐 것이다. 하지만 그 행위자는 안타깝게도 이런 사유에까지는 이르지 못한 것 같다.

==타인의 정체성의 상징을 제멋대로 자신만의 의미의 감옥에 가둬버린 행위. 우린 그런 것을 '공감 능력의 부재'라 부른다. 일장기에 대한 존중도, 피해자에 대한 공감도 찾아볼 수 없는.==

왜 이런 행위가 발생했는지 원인을 따져 올라가면, 윤석열 대통령이 과거의 비극을 제거한 채 '미래를 향해 가자'고 했던 3·1절 연설문에 가 닿는다. 그리고 사실상 후속 조치로 '강제징용 대법원 판결 관련 해법'을 발표해 당초 '일본 기업과 한국 자유 시민의 분쟁'으로 규정돼 있던 사건을, 결과적으로 한국 자유 시민과 한국 정부의 분쟁, 나아가 한국 정치판의 내전으로 치환시켜 버린 마법과 같은 정부의 정무 능력으로 가 닿는다. 강제동원 문제를 함께 고민해 온 일본 시민사회 입장에서도 맥이 빠지게 하는 일이란 건 두말할 것 없다.

한국인이란 무엇인가, 그렇지 않은 한국인으로 살 수 있을까?

일본의 지성 오에 겐자부로가 《오키나와 노트》에서 일관되게 던지는 질문은 "일본인이란 무엇인가? 그렇지 않은 일본인으로 나 자신을 바꿀 수 있을까?"였다. 일본에 의해 강제 병합된 오키나와에서, 나가사키 어뢰 공장에 파병 갔다 피폭돼 오키나와에 돌아온 원폭 피해 노동자가 일하고 있는 바로 그 오키나와 땅 위에, 미군의 핵기지가 공존하고 있는 이 기이한 상황을 목격한 작가는, 그 모든 모순 자체보다 그 모순을 바라보는 자신(본토인)의 생래에 가까운 무의식적 기만을 떨쳐내려 몸부림친다. 그는 오키나와를 타자화 해 바라볼 수밖에 없는 '본토인'인 자신의 한계에 대해 처절하게 고민하며, 겉보기에는 작은 마음의 균열이 치명적일 수 있음을 힘겹게 인식해 나가려 하는 본인의 모습들을 기록하고 있다. 공감 능력의 한계치를 시험하며. 이런 태도는 타자의 아픔을 대하는 첫걸음이며, 인권은 그런 발자국을 내온 사람들로 인해 아주 조금씩 진전해 왔다.

한국의 대법원은 "구 일본제철의 강제 동원 피해자들(원고들)에 대한 행위는 당시 일본 정부의 한반도에 대한 불법적인 식민 지배 및 침략 전쟁의 수행과 직결된 반인도적인 불법 행위에 해당하고, 이러한 불법 행위로 인하여 강제 동원 피해자들(원고들)이 정신적 고통을 입었음은 경험칙상 명백하다"라고 판시했다. 피해자는 우리 국민임이 명백한데, 그에 따른 정부의 '해법'을 두고 상당수 피해 당사자가 반대하는 데도 누군가는 '나는 기꺼이 친일파가 되겠다'거나 '일본에 배상하라고 악을 쓰는 것은 한국뿐'이라고 되레 악을 쓴다. 그리고 이걸 '냉철한 이성적 판단'으로 포장해낸다. 대통령의 결정에 대해 찬성 의사를 표할 수 있는 방법은 많은데, 갑자기 일본인들의 상징과 같은 일장기를 끌어들여 제멋대로 사용해버리는 행위처럼. 자기 기분 내키는 대로. 아무렇지도 않게.

한국 정부는 스스로 이 해법을 발표하면서 대법원 판결 이후 일본이 수출 규제를 발표했고, 한국 정부가 한일군사정보보호협정(지소미아) 종료를 통보했으며, 이어 코로나19 발생 이후 인적 교류 단절 등으로 경색된 한일 관계가 사실상 방치되어 왔다고 그 배경을 설명했다. 한일 관계 방치가 피해자의 탓도 아닌데, 그들은 피해자들에게 공감한다고 기만하면서 노골적으로 피해자들의 심적·물질적 희생을 강요하고 있는 셈이다.

게다가 정부의 이 행위에 호응하고 나선 자들은 멋대로 일본 정부와 일본인을 전용해, 우리 안에서 내적 싸움을 부추기고 있다. 정부 간 비정한 거래에 피해자가 희생되는 걸 안타까워하는 사람들에게 '친일파가 어때서'라고 대꾸하고 '죽창가는 그만 부르라'고 윽박지르는 것을 추동하고 있는 정부 인사들의 행태를 보면 서글퍼진다.

<mark>그리고 여기에 풍경 하나가 더해졌다. 한국 정부가 베트남 전쟁</mark>

2024년 7월 27일 윤석열 정부는 일본의 유네스코 사도 광산 등재에 찬성했다. 반면 일본 측은 '조선인 강제 노역 전시' 약속을 제대로 지키지 않았다. 윤석열 정부는 일본을 향해 '미래를 향해 가자'고 하면서 스스로 한국의 과거를 헐값에 팔아 넘겼다.

==당시 한국군의 민간인 학살로 가족을 잃은 베트남인에게 손해배상을 하라는 법원 판결에 불복해 항소했다고 한다.== 1968년 2월 한국군 청룡부대 제1대대 제1중대 군인들이 베트남 꽝남성 퐁니 마을에서 비무장 상태의 민간인 74명을 학살한 사건에 대해 한국 법원은 "한국 군인들이 작전 수행 중 응우옌티탄 씨의 집으로 가 수류탄과 총으로 위협하면서 가족을 밖으로 나오게 해 차례대로 총격을 가한 사실이 인정된다"라고 판시했다. 그러나 한국 정부는 이를 인정하지 않고 있으며 이종섭 국방부 장관은 "국방부가 확인한 바에 따르면 (우리) 장병들에 의해 학살된 건 전혀 없고 이번 판결에 대해 국방부는 동의하지 않는다"고 말했다.

일본의 가해에 충분한 사과도 받지 않고 손을 내미는 정부, 그리고 한국의 가해에 대해 충분히 사과도 하지 않고 있는 정부. 피해자이자 가해자인 정부는 피해자의 심정에 대해서도, 가해자의 도리에 대해서도 공감을 못하고 있다. 어쩌면 이 두 가지 일은 일맥상통한 것인가. 피해자로서도, 가해자로서도 '공감'을 잃어버린 '일관성' 있는 궁핍한 한국 정부를 바라본다. 어쩌면 새로운 가해를 자신도 모르게 '창조'하고 있는지도 모를 일이다.

==한국인이란 무엇인가. 우리는 그렇지 않은 한국인으로 살 수 있을까.==

윤석열 대통령의 밀실 같은 아이디어에서 탄생한 '내적 강제 동원 해법'이 한국의 모든 자유 시민들에게 강요되고 있는 이 상황에서 끊임없이 드는 생각이다.

윤석열식 역사 거꾸로 세우기, '이승만 숭배'라는 우회로

2023.04.15.

윤석열은 3·1절 기념식에서 독립운동가 사진에 이승만이 빠지자 "한·미 동맹과 대한민국 자유민주주의에 초석을 닦은 분 아니냐", "왜 그런 분이 이런 평가를 받아야 하느냐"고 탄식했다. (《중앙일보》 2023년 3월 28일자) 윤석열은 "흔히 원자력발전의 시작을 1978년 4월 고리 1호기로 기억하는 분이 많지만 실제로 우리나라 원전의 기초를 다진 분은 이승만 전 대통령이었다"라는 신선한 주장을 내놓았다. 뉴라이트 세력이 추앙하는 건국의 아버지는 이렇게 원전의 아버지가 된다. 대통령의 주장대로 '세계 10대 경제국'이 된 데에 이승만의 선구안이 작용했다면, 한국이 인터넷 강국이 된 것도 몇 수 앞을 내다보고 '문맹 퇴치'를 위해 노력한 이승만의 공덕이겠다. 윤석열 정부는 이승만 기념관 추진을 공식화했다. 한국 헌정사에서 유일하게 '혁명'으로 무너진 독재 정권은 64년 동안 구천을 떠돌다 드디어 따뜻한 자리를 발견한 것 같았다. 박정희조차 찬양했던 4·19정신은 오랜 기간 한국 역사의 합의된 성역이었다. 하지만 기억이 힘을 잃어가자 국민의힘은 이명박 정부 때도, 박근혜 정부 때도 변방에서 떠돌던 이승만이란 이름을 심해에서 길어 올렸다. 윤석열의 극우화는 3년도 채 안 되는 짧은 재임 기간에 찬찬히 진행되고 있었다.

북한의 주체사상은 역설적으로 '주체 없음'을 드러낸다. 주체가 없으니 우상화에 집착한다. 우상화는 '우상 없음'을 폭로한다. 외국인들 앞에서 기이한 제례를 당당히 보여주고, 누가 봐도 허구에 가까운 김일성 신화를 자랑스레 보여주고 거기에 당황스러워 어쩔 줄 몰라 하는 사람들 앞에서 북한 사람들은 왠지 모르게 당당하다. 주체와 자존심을 거대한 국가 사상(상징) 체계로 만든 그들의 위업이다.

지금 윤석열 정부는 이승만을 띄우려 한다. 역설적으로 보수 정통성의 허약함을 보여준다. 서울 남산의 이승만 동상은 평양 만경대 김일성 동상보다 더 먼저 건립됐다. 이승만 생일 80주년을 맞아 추진한 이승만 동상은 1956년 서울 종로 탑골공원과 남산 조선 신궁 터에 세워진다. 최소한 우상화는 남한이 한발 앞서 나갔다. 그러나 이승만 동상은 1960년 4·19혁명으로, 분노한 시민들에 의해 끌어내려졌다. 지금은 머리만 남아 서울 어딘가에 쓸쓸하게 모셔져 있다.

국가보훈처는 460억 원을 들여 이승만 기념관을 짓겠다고 한다. 기념 시설로는 노무현의 네 배, 박정희의 두 배다. 이승만 기념관은 전직 대통령 예우에 관한 법에 근거해 추진하는 게 아니라 국가유공자 예우에 관한 법에 따라 추진된다. 이승만의 독재를 우회하는 방식을 찾아낸 게 '독립운동가' 신화인 셈이다. '독립운동가' 이승만 평가에 대한 반박거리가 시중에 차고 넘친다. 그러면 '한미 동맹을 이승만이 만들었다'고 다른 우회로를 뚫는다. 게으른 독립운동과 독재에 대한 비판을 우회해 신화화 한 것은 '한미 동맹의 창시자'라는 서사다. 한미 동맹 자체를 신성화, 종교화하고 이를 숭상하는 것이다.

주체사상이나 한미 동맹의 신화나, 주체 없는 주체, 자주성 없는 서사는 남북 양측이 사이좋게 공유하는 어떤 것이다.

원래 국민의힘(과 그 전신 정당들)을 주축으로 하는 보수 세력의 정치적 상징은 약 20여 년간 박정희였다. 그 박정희 신화는 박근혜 탄

==핵 사태를 거치면서 심대한 타격을 입었다. '박정희 마케팅'은 이제 특정 지역 외의 곳에서는 그다지 환영받지 못한다. 게다가 이른바 MZ세대는 박정희에 대한 빚도 없다.==

노무현 정부 시절 본격화된 박정희 신화는 조갑제 등 보수 논객을 중심으로 짜여졌다. 이명박, 박근혜 정치 권력은 그걸 적극적으로 띄웠다. 박정희의 인기가 올라갔다. 이명박은 청계천이나 4대 강에 '박정희 선글라스'를 끼고 나타나는 걸 즐겼다. 박근혜는 박정희의 딸이니 더 말할 것도 없었다. 박정희 신화가 각광을 받을 때는 이승만의 자리 같은 건 없었다. 존경할 만한 독립운동가는 많았고, 이승만은 독재를 하다 쫓겨난 인물이었다. 그 이승만 동상을 끌어내린 건 박정희였다. '혁명 군인' 박정희에게 이승만이란 '앙시앵 레짐(구체제)'은 철거 대상이어야 했다. 박정희는 '혁명 재판'으로 이승만 정권 실세들을 처단했다. 그런 연유로 박정희 신화와 이승만 신화에는 양립할 수 없는 긴장감이 서려 있다. 이승만이 이명박, 박근혜 정부에서 찬밥 신세였던 이유다.

==그리고 문재인 정부를 지나 다시 보수 정부인 윤석열 정부가 들어섰다. 박정희는 이미 만신창이가 됐다. 그러자 윤석열 정부는 갑자기 이승만을 찾기 시작한다.== 박진 외교부 장관은 이승만 탄생 148주년 기념식에서 대한민국 번영의 근간이 한미 동맹이라며 "지난 70년의 우리 역사는 이승만 대통령님의 혜안이 옳고 또 옳았음을 여실히 입증해주고 있다"고 말했다.

이승만의 '업적'이라는 한미 동맹 신화의 핵심은 '자유민주주의'다. 윤석열 대통령은 대선 출마 선언문에서 "이 (문재인) 정권은 (…) 우리 헌법의 근간인 자유민주주의에서 '자유'를 빼내려 합니다. 민주주의는 자유를 지키기 위한 것이고 자유는 정부의 권력 한계를 그어주는 것입니다. 그렇기 때문에 자유가 빠진 민주주의는 진짜 민주주의가 아니고 독재요, 전제입니다"라고 했다. 안타깝게도 윤석열 대통령이 말한 자유민주주의와 이승만(과 그 추종자들)의 자유민주주의의 의미는 같지 않다. 우리 헌법의 근간인 '자유'와 '민주주의'를 냉전 시절 '멸공'의 기치 아래 언어의 해석을 독점한 자들은 '자유민주주의'를 오염시켰다. 정치 초보인 윤 대통령은 자신이 생각하는 '자유'와 '민주주의'를 과거 독재 정권식 반공 '자유민주주의'와 뒤섞어 버린다.

자유와 민주주의라는 단어를 떼어놓고 보면 아무런 문제가 없지만, 두 글자가 결합되면 한국의 역사적·사회적 맥락에서 해석의 독점을 발생시킨다. 반공의 상징이자 북한 공산주의의 대항어로서, 북진 통일의 뉘앙스가 진하게 배어 있다. 자유민주주의를 반대하는 게 아니라 자유민주주의의 해석을 독점한 자들이 전유한 냉전 대결적 의미를 거부하는 것이다. 이승만의 자유민주주의는 냉전적 보수주의의 산물이었다.

윤석열 대통령이 내보이는 가치관에서 혼란을 느낄 때가 많은데, 주로 단어의 맥락을 제거하고 자신이 해석한 새로운 의미를 부여할 때 그렇다. 국민의힘이 주장하는 자유, 더불어민주당이 주장하는 자유와 정의당이 주장하는 자유, 우파의 자유와 좌파의 자유도 그 의미는 모두 다르다. 존 로크의 자유와 애덤 스미스의 자유, 존 스튜어트 밀의 자유, 볼테르의 자유, 밀턴 프리드먼의 자유도 모두 차이가 있다. 영국의 자유와 미국의 자유, 프랑스의 자유, 독일의 자유가 다 다르다. 지금 윤 대통령의 자유민주주의는 정부의 권력 한계 따위를 말하는 게 아니라 이승만식의 반공적 자유민주주의로 흐르고 있다.

윤석열 정부는 이승만 기념관 추진을 공식화했다. 한국 헌정사에서 유일하게 '혁명'으로 무너진 독재 정권은 64년 동안 구천을 떠돌다 드디어 따뜻한 자리를 발견한 것 같았다.

'멸콩 챌린지' 같은 유치한 이벤트는 그 징후였다. 이걸 뭉뚱그려 자유의 해석과 권위를 독점하려는 사람들은 자신에 반대하는 모든 사람들을 향해 '반자유주의자'라며 윽박지른다. 자유를 해석할 자유를, 자유를 위해 박탈하는, 그것은 자유인가.

==이승만과 자유민주주의를 이어주는 것이 '한미 동맹'이다. 지금 윤석열 대통령의 외교는 '한미 동맹' 하나다. 한미 동맹이 중요하긴 해도 이건 '가치'라고 보기에도, '철학'이라고 보기에도 어려운 국가 간의 계약일 뿐이다.== 그런데 여기에 신성을 부여하고 나면 나머지는 모두 부수적인 게 되어 버린다. 대통령 지지율 하락을 견인했던 강제 동원 해법도 한미 동맹을 위해 두세 걸음 앞서서 포석을 둔 것으로 정부 스스로 내린 해석을 교시하고 있다. 미국과의 외교를 위해 일본 외교 난맥을 뚫고, 일본 외교 난맥을 뚫기 위해 대법원의 강제 동원 판결을 무력화했다. 절규하는 강제 동원 피해자의 목소리는 먼 한미 동맹 앞에서, 가까운 외교 전쟁 앞에서 '컬래트럴 데미지(부수적 피해)'일 뿐이다. 한미 정상회담을 위해 미국의 '도청'마저 "악의가 없다"라고 포장하는 이 강력한 의지는 대체 어디로 향하고 있는 것일까.

연이은 정치적 실패 속에서 지지층마저 흔들리는 가운데 찾아낸 것이 이승만 아니었을까 추측해본다. 지금 대통령은 역사를 새로 쓰려 하고 있는 것 같다. 강제 동원 해법의 '고독한 결단'에서도 엿보인다. 이미 평가가 끝난 이승만에 한미 동맹의 신화를 덧씌워 대한민국의 뿌리를 새로 쓰려 하고 있는 것 아닐까.

==하지만 이승만 기념관 건립은 역설적으로 이 정권의 허약성을 보여주는 징후다. 역대 어느 정부도 하지 않는 걸 윤석열 정부는 하고 있다. 왜 역대 대통령들이 이승만 평가에 박했는지 한 번쯤 돌아볼 필요가 있다.== 윤 대통령도 존경한다는 김영삼 전 대통령은 '역사 바

로 세우기'를 통해 이승만의 과오를 명확히 했다. YS의 차남 김현철 씨는 2015년 '교과서 국정화' 파동 때 국정교과서 추진 세력들을 향해 "독재자 이승만, 박정희를 미화시키기 위해 기를 쓰는 현 정권과 관제 언론들, 보수의 탈을 쓴 수구 세력들"이라고 비판한 바 있다. 이승만 기념관 건립은 역사 거꾸로 세우기다.

윤석열 정부가 떠들썩하게 홍보하고 있듯이 올해는 한미 동맹 70주년이다. '미래로 가자'는 구호가 난무하지만, 동시에 올해는 한반도 분단 70주년이기도 하다. '한미 동맹의 신화화' 속에서 문득 이런 생각이 든다. 인류 역사에서 전쟁의 폐허를 만들어 왔던 것은, 아이러니하게도 잘 짜여진 질서들에 의해서였다.

똘이장군 나가신다. 홍범도는 길을 비켜라

2023.08.30.

2023년 8월 25일, 윤석열 정부는 육군사관학교(이하 육사)가 교내에 설치한 독립군 및 광복군 영웅 홍범도 장군 등의 흉상을 철거하는 절차를 추진하고 있다고 밝혔다. 대다수 사람들은 그게 육사 교정에 있는지 없는지도 몰랐던 홍범도 장군 흉상을 콕 짚어내 정치권 한복판에 던져 놓았다. 그리고 가만히 잠자고 있는 일제 괴뢰 만주국 간도특설대 출신 백선엽을 복권하겠다며 '역사 내전'을 촉발했다. 노태우, 김영삼 보수 정권에서 한중 우호 차원으로 시작한 광주광역시의 '정율성 사업'에 갑자기 제동을 걸더니, 시민들이 혁명으로 몰아낸 독재자 이승만의 기념관을 세우겠다는 계획을 내놓고 광복회 회장과 충돌했다. 공산 전체주의라는 이름으로 나라의 절반을 적으로 돌리더니, 윤석열 자신이 몸담은 보수 진영까지 가르며 나라를 '반의 반'으로 쪼갰다. 급기야 윤석열은 "국가에 제일 중요한 것은 나라를 제대로 끌고 갈 이념"이라며 "우리 모두 한 사람의 낙오자 없이 완벽한 자유인이 될 수 있도록" 국정을 운영하겠다고 말했다. 2024년 4월 총선은 윤석열이 자신의 이념을 선명히 드러내고 치른 실험적 선거라고 볼 수 있겠다. 결과는 참패였다. 앙상한 이념전에 뛰어들어 '밑천'을 드러냈다. 그럼에도 불구하고 맹렬히 달렸다. 뉴라이트로, 극우로, 그리고 '계엄'으로 내달렸다.

만화가 허영만의 〈각시탈〉은 1985년 반공 장편 만화영화로 재탄생했다. 각시탈은 원래 주인공이 자신의 부모를 살해한 일본 군국주의자들에게 각시탈을 쓰고 복수하는 내용이다. 일종의 독립투사인 셈인데, 전두환 정권 시절 만화영화로 재탄생한 〈각시탈〉은 배경이 북한으로 바뀌고, 각시탈은 공산당을 물리친다.

유명한 반공 만화영화 중엔 〈똘이장군〉도 있다. 이 애니메이션의 모티프는 해외에서 인기 있던 외화 시리즈 〈타잔〉이다. 어린이들에게 인기가 높던 타잔의 이미지를 입은 똘이장군이 공산당과 김일성을 쳐부수는 이야기다. 이 만화영화는 어린이들에게 상당한 인기를 끌었지만, 어린이들이 자발적으로 극장에 가서 봤다기보다 학교와 당국에서 반공 캠페인을 위해 어린이 단체 관람을 장려했기 때문이라고 보는 게 맞다. 〈해돌이의 대모험〉도 있었다. 외화 시리즈 〈헐크〉에서 모티프를 따온 것인데 해돌이가 북한 공산당을 보고 분노해 녹색 장사로 변신하고 공산당을 무찌른다는 서사다.

일제강점기에 활동한 각시탈이 갑자기 북한에서 공산당을 무찌르거나, 미국 작가가 쓴 정글의 타잔 캐릭터가 북한의 숲속에서 소년 장군이 되어 공산당을 무찌르거나, 마블 히어로 헐크가 갑자기 북한에서 공산당을 무찌르는 것은 일종의 조악한 '반공 번안물'인 셈이다. 인기 캐릭터를 저작권 무시하고 가져다가 '공산당을 무찌르는' 캐릭터로 변모시키는 것은 '반공이 국시'였던 시절에나 있던 일이다.

뜬금없이 반공 애니메이션 얘기를 꺼낸 것은, 지금 한국의 모습과 겹치는 부분이 묘하게 많아서다. 21세기 하고도 23년이 지난 요즈음에도 이런 번안물이 판을 친다. 주인공은 국방부다. 국방부에 홍범도 장군은 한때 일제강점기 독립운동의 영웅이었지만, 지금은 무시무시한 빨갱이 공산주의자로 변모해 있다. **일제강점기 독립군**

에서 군의 뿌리를 찾던 국방부가 갑자기 '반공 영웅 서사물'로 방향을 틀고 홍범도 장군의 흉상을 육군사관학교와 국방부 청사에서 제거하기 위해 공산당 홍범도로 매도하고 있다. 최근 '이념 전쟁'을 선포한 군 통수권자는 국군의 서사를 독립운동에서 반공 영웅으로 급변침한다.

요즘 독립운동은 '자유민주주의 건국'을 위한 운동이라고 한다. 대통령의 창조적인 식견이다. 이 이론에 따르면 홍범도 장군은 자유민주주의 건국의 과정인 독립운동에 감히 '소련 공산당'을 끌어들인 셈이다. 이 새로운 역사적 해석에서 자유민주주의 건국의 선사(先史)가 독립운동에 투영돼 완성되기 위해서는 '공산당'과 같은 불순한 사상은 제거돼야 한다. "한 사람의 낙오자 없이 완벽한 자유인이 될 수 있도록(윤석열 대통령)" 대한민국을 세탁하기 위해서는 낙오된 공산주의자를 육사 교정에서 삭제해야 한다. 앞으로 우리 교과서도 많이 바뀌어야 할 것이다.

번안물은 또 있다. 갑자기 윤석열 대통령은 구국의 지도자이자 빛나는 태양으로 변모한다. "시커먼 먹구름 위에는 언제나 빛나는 태양이 있다는 것을 우리는 알고 있다. 먹구름을 걷어내고 혼란 속에서 나라를 지켜낸 구국의 지도자, 우리 민주평통 의장이신 바로 윤석열 대통령(김관용 민주평화통일자문회의 수석부의장, 2023년 8월 29일 발언)"이라는 찬사가 대낮에 읊어진다. 우리는 '민족의 태양'을 알고 있다. 그건 한반도 이남에는 없고 이북에만 유일신으로 존재했었다. 빛나는 태양, 구국 지도자에게 바치는 뜨거운 찬양은, 이를테면 북한의 서사를 남한식으로 각색한 번안물이다.

홍범도 장군과 우크라이나는 공통점이 있다. 소련 공산당에 소속된 적이 있다는 점이다. 대통령은 2023년 7월 전쟁 중인 우크라이나

2024년 4월 총선은 윤석열이 자신의 이념을 선명히 드러내고 치른 실험적 선거라고 볼 수 있겠다. 결과는 참패였다. 앙상한 이념전에 뛰어들어 '밑천'을 드러냈다. 그럼에도 불구하고 맹렬히 달렸다. 뉴라이트로, 극우로, 그리고 '계엄'으로 내달렸다.

에 방문해 "우크라이나의 상황은 70년 전 대한민국을 떠올리게 한다"고 말했다. 대통령은 소련 소속으로 6·25 전쟁 때 북한을 도운 이력이 있는 우크라이나에서 갑자기 폐허가 된 한국을 상상하더니, 급기야 이순신 장군의 '생즉사 사즉생' 정신을 강조했다. 하지만 홍범도 장군은 소련 공산당 출신이라 안 되고, 우크라이나는 소련 공산당 출신이라도 괜찮다는 것인가? 윤석열 대통령은 우크라이나에 방문해 2023년에만 1900억 원을 지원해주기로 했다. 홍범도 장군의 흉상은 육사 교정과 국방부 청사에서 제거되고, 해군 잠수함 '홍범도함'은 개명될지도 모를 상황이다. 대체 우리는 어디까지 소련 공산당을 용서해줘야 하는가?

==1980년대 반공물은 아무 데나 '반공 서사'를 갖다 붙여 새로운 콘텐츠로 재탄생시킨 것들이다. 지금 한국의 상황이 딱 그렇다. 봉오동 전투가 있던 1920년은 김일성이 여덟 살 때 벌어졌다. 그런데 이 전투는 '한반도 공산화를 위한 빨치산 활동'으로 둔갑했고, 1948년에 창군했다는 대한민국 국군은 시간을 거슬러 올라가 1920년대 '공산당원'까지 색출하고 있다.== 이대로 가다가는 이순신 장군의 항일 투쟁이 자유민주주의 건설과 공산당 토벌 정신이라는 번안물이 나올 수도 있겠다.

1980년대 반공 판타지라면 황당해도 그러려니 하겠지만, 2023년 현실에서 그런 일이 벌어진다면 웃고 넘길 일이 아니게 된다. 홍범도 장군은 소련 공산당 활동을 했다고 육사 교정에서 쫓겨날 처지에 있다. 제1차 세계대전 승전국이던 일본은 홍범도 장군이 공산당에 가입했을 때 미국 등 서구 모든 나라들로부터 '식민 지배'를 인정받고 있었다. 독립군 홍범도가 누구와 손을 잡고 싸워야 할지 명백한 상황이었다.

홍범도 장군의 유일한 잘못을 굳이 꼽자면 돌아가신 2년 후에 북한 정권이 수립될 것을 미리 예견했어야 했는데 그러지 못했다는 점이다. '일본 제국주의'와 싸우겠다고 하기보다는, 간도특설대 같은 곳을 알아봤어야 맞았을 거다. 그랬으면 돌아가신 지 80년 후에 이런 푸대접을 받지 않아도 됐을 것이다. 우린 지금 반공과 독립운동의 조악한 크로스오버물을 강제로 시청하고 있다.

벌거벗은 윤석열 외교, 세계 정세에 맹렬히 '역주행' 중

2023.12.02.

윤석열에게 외교 안보 분야 전문성이 있다고 생각한 사람은 아무도 없었다. 윤석열은 유형의 실리보다 무형의 성과를 추구했다. 그사이 북한 군사력은 고도화되고, '북중러 공조'는 실질적 형태로 가시화되고 있다. 윤석열 정부의 외교로 우리가 얻은 것은 대체 무엇인가? 윤석열은 국내 정치하듯 국제 정치를 한다. 그러나 국내 정치엔 선거라는 공정한 심판 기준이 있고, '지지율'과 '득표'라는 보상이 있을 수 있겠으나, 국제 정치에는 그런 게 없다. 심판이 없는 무대에서는 실리가 가장 중요하다. ==윤석열이 좌지우지하는 한국 정치의 여야 관계처럼, 출구 없는 교착상태는 남과 북 사이에서도 마찬가지로 고착화됐다.== 대통령은 출구 없는 터널 속에서 '나만 옳으면 돼'라며 고집을 피우고 있었다. 세계정세라는 걸 제대로 인식하고 있는지 지켜보는 사람은 불안하지만 눈가리개를 한 경주마처럼 '좋빠가(좋아, 빠르게 가)'만 외치고 있었다. 한참 가다 뒤를 돌아보니, 아무도 없다. 윤석열은 '가치 외교'라는 환상에 젖어 '역사에 남을 대통령'이 되고 싶어 했다. 그의 바람대로 그는 이제 역사에 길이 남게 됐다. 계엄과 탄핵과 내란으로.

윤석열 정부는 과연 세계정세를 제대로 파악하고 있는가?

119 대 29, 부산 엑스포 유치전의 참담한 결과보다 더 놀라운 건 대통령이 "저희가 느꼈던 입장에 대한 예측이 많이 빗나간 것 같다"

고 고백한 점이었다. '저희'라는 표현은 이 정부 외교 안보팀을 싸잡아 말한 것 같지만, '저희'에 포함되지 않은 그룹에서는 이런 참담한 결과를 예측한 사람들도 많았다. 윤 대통령이 '잘한다'고 생각하는 사람들에게 이유를 물어보면 '외교'라고 한다. 2023년 11월 28~30일, 한국갤럽 여론조사에서 윤 대통령 긍정 평가 이유 1위는 '외교'(42%)였다. 2위는 '열심히 한다'(6%). 이 정부의 '외교'는 정상 외교가 전부라 해도 과언이 아니다. 그마저도 근본적인 의구심의 벽에 부딪혔다.

2023년 11월 15일 조 바이든 미국 대통령과 시진핑 중국 국가주석은 미국 샌프란시스코에서 열린 APEC 정상회의 기간에 만나 미중 간 군사 소통 채널을 복구하기로 했다. 대만 문제 등에 대해서는 시각차를 보였지만, 일단 두 정상이 군사 충돌 가능성을 줄였다는 점에서 전 세계는 의미를 부여했다.

팬데믹 이후 시진핑의 중국은 불안하다. 부동산 버블과 경기 침체로 우려스럽다. 경제 구조 조정의 숙제를 안고 있으며, 이 불안을 해소하려면 미국과 오래 척져서는 안 된다. 바이든 대통령도 마찬가지다. 재선을 앞두고 있는 가운데 우크라이나와 중동, 두 개의 전선 위에서 고군분투 중이다. 중국을 대하는 미국 정가의 생각은 복잡하지만, 바이든 입장에서 중국과의 갈등이라는 불확실성을 그대로 둬서는 안 된다. 의회와 유권자들에게 '관리가 가능하다'는 메시지를 줘야 한다. 양국 정상은 이런 배경 위에서 최소한의 대화 재개에 합의했다.

==사전 정세 분석에 실패한 후 미중 관계에 온기가 돌자, 비로소 한국의 대통령도 몸이 달았다. 한중 정상회담을 꽤 공들여 추진했다. 그러나 시진핑에 '패싱' 당했다.== 중국은 미국을 방문하며 한국 담당

간부들을 대동하지도 않았다. 어쩌면 시진핑 입장에서 미국과의 관계를 제대로 관리만 하면 한국은 따로 챙기지 않아도 될 '하위 변수' 정도로 생각한 것일 수 있다. 한국은 어차피 미국을 따르게 돼 있으니까. 누구라도 예측 가능한 일이다. 이게 대미·대일 외교에 '올인'한 윤석열 외교의 현주소다.

나아가 역주행이다. 미국과 중국은 신냉전의 틈바구니에 훈풍을 불어넣으려 시도하고 있는데 한국은 북한과의 관계에서 '적대 정책'을 강화하고 있다. 북한이 군사 정찰 위성을 발사한 것을 이유로 2023년 11월 22일 9·19 남북군사합의 효력을 일부 정지했다. 북한은 곧바로 GP에 병력과 중화기를 배치하기 시작했다. 우발적 군사 충돌 가능성이 높아졌다. 하물며 하마스와 이스라엘도 2023년 11월 24일 일시적으로 휴전했고, 연장을 위해 협상을 하려고 한다. 최소한 '출구'를 모색하려는 태도다. 한반도에서 군사 긴장이 고조되는 건 우크라이나 전선과 중동 전선에서 길을 잃고 헤매고 있는 미국에게는 그다지 좋은 일이 아니다. 그런데 윤석열식 외교는 '적대 정책'에서만 자율성이 불필요하게 발휘된다.

9·19 합의 파기라는 중대한 결정과 동시에 국가정보원(이하 국정원) 원장과 핵심 요직의 간부들이 날아갔다. 아무리 봐도 엉성하고 앞뒤 맞지 않는 일들이 계속해서 벌어지고 있다. 정권 출범 2년도 안 된 대통령의 권력이 시퍼렇게 살아 있는데, 국정원에서 (언론에 드러난 것만) 두 번의 인사 파동이 났고, 북한과 대결 구도를 확립하려고 전임 정부에서 만든 '평화협정'을 파기하고 있는 와중에 세 번째 인사 파동으로 국정원장을 날리는 게 이 정부 외교 안보팀의 실상이다.

윤석열 정부처럼 중국과 각을 세워온 호주의 행보와 한국의 행보를 비교하면 더욱 흥미롭다. 2020년 자유당 스콧 모리슨 전 총리가 중국에 코로나19 기원에 관한 조사를 요구하면서 중국의 무역 보복을 부르는 등 미국과 함께 반중 전선의 첨병에 섰던 호주는, 2022년 5월 노동당 정부가 집권하면서 중국과의 관계를 적극적으로 정상화하고 있다. 중국과 호주 양국에 갈등이 전혀 도움이 되지 않는다는 걸 깨달았기 때문이다. 중국은 이에 호응해 간첩 혐의로 억류한 호주 언론인을 석방했고, 수입 규제를 점차 풀며 분위기를 조성했다. 그리고 앤서니 앨버니지 호주 총리는 2023년 11월 6일 7년 만에 중국 베이징을 방문했고, 바이든보다 먼저 시진핑을 만났다. 양국 관계의 앙금은 완전히 해소되지 않았지만 최소한 경제 분야에선 양국 모두 실리를 챙기고 있다.

이런 수준의 외교력을 윤석열 정부에 기대할 수 있을까? 윤석열 정부는 미국이 중국과 관계를 개선하려는 조짐을 보이자 부랴부랴 미국의 눈치를 보기 시작했다. 그러나 행동은 없었다. 중국과 경제 분야에서 관계 개선에 나서야 한다는 목소리(유승민)가 여권에서조차 있었지만 완전히 무시했다. 실리가 아니라 '의리'를 중시하는 대통령은 본인이 '적대적'이라 분류한 인사·세력의 목소리는 완전히 배격하는 경향을 보여왔다. 그리고 국민의힘은 '반중 정서'를 국내 정치에 이용하는 악수를 둬왔다. 국민의힘 강성 지지자들은 '반중 반북'을 구호처럼 사용하고, 지도부는 이걸 즐기며 국내 정치에 이용해 왔다. '중국에서 문재인 혼밥' 따위 밈 수준의 선동을 방관했다.

시진핑에게 패싱 당한 윤 대통령은 기시다 후미오 일본 총리와 정상회담을 가졌다. 2023년에만 일곱 번째다. 현재 기시다 총리 지지율은 윤 대통령의 그것과 비슷한 수준이다. 《니혼게이자이》신문과 TV도쿄가 실시한 여론조사(2023년 11월 24~26일)에서 기시다 내각의 지지율은 30%였다. 2021년 10월 기시다 체제 출범 후 최저치다. '기시다 내각을 지지하지 않는다'는 응답률은 62%를 찍었다. 지금 당장 총선이 실시된다 해도 이상하지 않은 상황이다. 그런 총리와 한 해에만 일곱 번이나 만날 이유가 무엇인지 또렷하지도 않다. '엑스포 유치' 지지를 끌어냈다고 하는데 본투표 결과는 119 대 29, 처참했다.

실수도 잦다. 국빈 방문으로 떠들썩하게 영국을 방문한 윤석열 대통령이 만난 보수당 리시 수낵 총리도 위기의 지도자다. 여론조사에서 그의 호감도는 11% 수준(YouGov 조사)이고 비호감도는 50%를 돌파했다. 영국은 지금 노동당으로 정권 교체가 거의 기정사실화되는 분위기다. 그런데 대통령실은 2023년 11월 22일 공식 홈페이지 내 '사진 뉴스'에 "11월 22일 윤석열 대통령은 홀본 세인트판크라스 노동당 당수를 접견했습니다"라고 적었다. 이 사실은 유튜버들이 찾아냈는데, 홀본 & 세인트판크라스는 노동당 당수 키어 스타머의 지역구 이름이다. 지금은 바로잡았지만, 참으로 어처구니없는 실수였다. 나토 순방 중에는 영부인이 명품 숍에 들른 사실이 현지 언론에 보도된 걸 기억한다.

==미중 관계에 훈풍이 불고 있는데 한국은 중국으로부터 따돌림 당하고, 언제 교체될지 모르는 일본 총리와 일곱 번째 정상회담을 하고, 외교적 성과도 불분명한 '국빈 방문'의 화려한 호들갑으로 대통령실 홈페이지를 장식한다.==

지금 한국의 외교는 그 어느 때보다 '정상 외교'에 몰입하고 있는 중이다. 대통령의 의지다. 대통령실도 그렇고, 지지자들도 '대통령의 외교'를 추어올린다. 정상 외교에 어느 정도 진심이냐면, 2022년 9월 유엔총회가 열린 뉴욕에서 닷새간 47개국 양자 정상회담을 했다. 왜 정상 외교에 그렇게 집착할까. 국내 정치에서 무능한 이미지를 벗어나고자 하는 몸부림이다. 정상 외교는 화려하다. 최소한 '환

윤 대통령이 '잘한다'고 보는 국민 중 42%가 잘한다는 이유로 '외교'를 꼽았는데, 그 상황이 이런 수준이다. 세계정세에 대한 판단 능력이 떨어지는데, 그 떨어진 판단 능력으로 다시 정상외교에 나선다. '자기 객관화'가 안 되고 어느새 '의전'에 파묻힌다. 악순환이다.

대'를 깔고 간다. 영국과 프랑스를 다녀온 후 20일도 채 되지 않았는데 네덜란드로 '국빈 방문'을 위해 출국하는 이유일 것이다.

정상 외교엔 여러 장단점이 있는데, 지난 부산 엑스포 유치 실패 사례는 '장점'이 부각된 좋은 교재가 될 수 있겠다. 외교 실패의 책임 소재가 분명하다는 점이다. 부산 엑스포 유치에 실패한 후 대통령은 "저 역시도 96개국 정상과 150여 차례 만났고, 수십 개국 정상들과 직접 전화 통화도 했지만, 민관에서 접촉하며 저희가 느꼈던 입장에 대한 예측이 많이 빗나간 것 같다"며 "이 모든 것은 전부 저의 부족"이라고 말했다. 맞다. 모든 게 윤석열 대통령 탓이다. 엑스포 경쟁 상대에게 '오일 머니'와 '독재국가' 이미지를 씌우고 '결선에 가면 세계의 자유 진영(유럽)이 우리를 선택할 것'이라는 낙관적 이분법으로 표 계산을 한 걸 보라.

윤 대통령이 '잘한다'고 보는 국민 중 42%가 잘한다는 이유로 '외교'를 꼽았는데, 그 상황이 이런 수준이다. 세계정세에 대한 판단 능력이 떨어지는데, 그 떨어진 판단 능력으로 다시 정상 외교에 나선다. '자기 객관화'가 안 되고 어느새 '의전'에 파묻힌다. 악순환이다. 정상 외교를 줄이고, 일선 외교 시스템에 자율성을 부여하는 게 맞다. 내치가 안 되니 외치에 몰두하는 것 같은데, 틀렸다. 내치(지지율)가 뒷받침되지 않으면 외교도 안 된다. 정상 외교의 화려함에 도취되고 이념 편향 참모에게 휘둘리면서 자기 객관화에 실패하고 있다. 외교 안보 정책에서 홀로 역주행 중인 윤석열호를 우린 어떻게 봐야 하는가.

과연 한국 외교에 희망이 있는가?

군인 김오랑, 그리고 박정훈… 정부는 국민에게 '모욕감'을 줘서는 안 된다

2024.05.18.

윤석열과 쿠데타는 이제 동의어가 됐다. 〈서울의 봄〉이라는 영화가 개봉해 흥행 돌풍을 일으키고 있을 때 많은 사람들은 '왜 21세기에 갑자기 전두환인가'라고 의아해 했다. '전두환이 정치를 잘했다'(후보 시절의 윤석열)고 말한 인물을 대통령으로 선출해 놓고도 우리는 그것이 불러올 파국을 예상치 못하고 있었다. 하긴 누군들 예상했겠는가. 12·3 비상계엄 선포에 따른 '내란 사태'를 목도하며 과거 전두환 정권 시절을 떠올릴 줄 누가 상상이나 했겠는가.

==12·3 계엄 당시에도 상관의 명령을 소극적으로 거부한 이들이 있었다. 그들은 '총을 쏴서라도 문 부수고 국회의원들 끄집어내라'는 명령에 '태업'으로 응대했다.== 중앙선거관리위원회(이하 선관위)로 간 계엄군은 편의점에서 라면을 사 먹으며 시간을 때웠다. '제복 입은 시민들'의 존재가 윤석열의 무도한 내란을 막아낸 주요 요인 중의 하나였다. 그리고 과거에도 '제복 입은 시민들'은 있었다. 하지만 그 제복 입은 시민들에 대한 우리 사회의 평가는 여전히 박절하다.

"성공한 쿠데타는 처벌할 수 없다."

1995년 검찰이 내놓은 논리다. 당시 이 논리를 내세웠던 검찰에 따르면 내란 미수는 처벌할 수 있지만 내란이 기수(행위 완료)되면 처벌할 수 없다는 것이다. 장윤석 검사(후에 한나라당 국회의원)은 이 법리를 설명하며 이성계가 쿠데타로 이씨 조선을 세웠는데, 조선이 이

성계의 쿠데타를 처벌할 수 있겠느냐고 했다. 검사들은 그런 족속들이다. 이 발언이 국민적 공분을 불러일으키고 5.18 민주화운동 등에 관한 특별법이 국회에서 통과되자 검사들은 새로운 논리인 '사정변경의 원칙'을 내걸고 수사에 돌입한다. 법률 행위의 기초가 된 사정이 '예견치 못한' 중대한 변경을 받게 되어 '성공한 쿠데타를 처벌할 수 없다'는 논리를 뒤집게 됐다는 말이다. '예견치 못한' 중대한 변경이란 김영삼 정권의 등장이 되겠다.

==모욕감'에 대해 얘기해보려 한다. '성공한 쿠데타는 처벌할 수 없다'는 말에 온 국민은 집단적 모욕감을 느꼈다.== 그렇게 검찰은 '전두환 신군부'를 위한 '완벽한 형법 논리'를 내세웠지만, 정작 국가가 국민이 모여 이뤄진 것이라는 사실은 망각했다. '성공한 쿠데타'라는 집단 기억을 유지하려 안간힘을 쓴 검찰 집단이 간과한 건 국민들이 겪을 모욕감이었다. '성공한 쿠데타'를 처벌할 수 있었던 결정적 이유는 김오랑 소령이나 정선엽 병장 같은, 신군부의 군사 반란에 저항한 '제복 입은 영웅들'이 있어서였다. 그들은 죽음을 통해 반란의 '증거'를 남겼고, 역사는 일부나마 바로 세워질 수 있었다.

5·18 민주화운동 44주기를 맞아 서울 마포구 웨스트브릿지 라이브홀에서 음악인, 연극인, 역사가들의 자발적 참여로 열린 〈오픈 콘서트―기억록〉을 5월 16일 저녁에 찾았다. '사랑 많은 세상'이라는 단체가 주관해 '기억'을 주제로 한 이 콘서트는 우리가 기억해야 할 키워드로 1979년 12·12 군사 반란 당시 전두환의 하나회에 맞서다 전사한 고(故) 김오랑 소령(후에 중령으로 추서)을 선정했다. 작곡가 윤일상이 음악감독으로 참여했고 가수 박학기·김장훈·이정렬·손병휘, 배우 이기영·이원종 등이 참여해 제각각의 재능을 녹여 김오랑을 기렸다.

최근 영화 〈서울의 봄〉에서 많은 이들이 배우 정해인이 연기한 김오랑(극중 이름은 오진호)의 마지막 모습에 깊은 인상을 받았다. 잊혀져 가던 김오랑을 불러낸 건 '1000만 영화'였지만, 매해 5월이 되면 제각각의 기억을 더듬어온 사람들은 늘 있어왔다. 개울이 모여 강을 이루듯, 기억은 개인적이지만 또한 집단적인 것이다. 콘서트장을 꽉 메운 사람들과 함께 앉아 하나의 기억을 위해 집단 경험을 공유하는 것은 특별한 일이었다. 기억의 원동력은 저마다 다를 터다. 내가 김오랑을 떠올리며 내내 떨치지 못한 감정은 '모욕감'이었다. 정부는 국민에게 모욕감을 줘선 안 된다.

==김오랑은 같은 관사에 사는 '절친' 박종규 중령에 의해 교전 중 전사했다. 전두환, 노태우 일당은 김오랑을 특전사령부 뒷산에 마치 '죽은 강아지(김오랑의 조카 김영진의 말)'처럼 묻어 버렸다. 국가를 지키려 한 군인을 암매장해 버린 것은 말할 수 없는 '모욕감'을 남겼고, 아직도 그 모욕감은 해소되지 않고 있다.== 김오랑의 모친은 화병으로 세상을 뜨고 그의 부인은 눈이 먼 채 남편의 억울함을 풀기 위해 백방으로 뛰어다니다 실족사했다. 온 가족이 멸문의 화를 당했는데, 대한민국 군은 육사 교정에 김오랑 동상 하나 세우지 못하고 있다. 좋다. 이 모욕감은 기억의 집단화를 자극한다.

군사 반란은 전두환이 주도했지만, 그걸 완료해 '성공한 쿠데타'로 만든 사람은 노태우다. 노태우는 전두환이 위기에 빠지자 국가 안보의 대의를 땅바닥에 팽개치고 전방을 지키던 9사단을 출동시켜 서울 광화문을 점령했다. 김오랑과 같은 군인들의 죽음을 기어이 '개죽음'으로 만들어 모욕감을 줬다. 노태우는 2021년 죽었는데 그가 속죄했는지 안 했는지도 불분명한 상황에서 나라는 그를 국가장으로 예우했다. 내란죄로 처벌받은 사람도 국가장을 치를 수 있다. 문재인 정부 시절 얘기다. 노태우에 대한 예우는 국민들에게 모욕감을 줬다. 윤석열 정부라고 다를 게 없다. 대통령실 황상무 시민사회 수석비서관이 노태우 정권 시절 언론인 회칼 테러를 기자들 앞에서 농담이랍시고 내뱉어 또 다른 모욕감을 주고 떠났다.

그 노태우의 딸 노소영 씨 측은 최근 이혼 소송 과정에서 재산 분할을 요구하면서 "아버지 노태우 전 대통령이 1991년경 비자금 300억 원을 사돈인 최종현 선대회장에게 건넨 뒤 어음을 담보로 받았다"고 했다. 자신이 기여해 일궈낸 '부'가 '노태우 비자금'에 근거하고 있다고 당당히 주장하는 그 모습에 국민들은 모욕감을 느끼지 않을 도리가 없다. 어쩌면 순수한 '탐욕'은 얼굴이 없는 것인지도 모르겠다. 군사 반란의 후손들이 군인 김오랑을 모욕하고 있고, 그 모욕감은 1979년 12월과 1980년 5월을 기억하는 사람들에게 공유되어 단단하게 벼려지고 있다.

총선에 패배한 집권 세력은 '방향은 옳았지만, 국민이 체감하기에 부족했다'고 강변한다. 윤석열 대통령은 취임 2주년 기자회견 모두 발언을 통해 지난 2년의 국정 추진 상황을 보고한다면서 "경제를 안정적으로 만들고, 양질의 일자리를 만들기 위해 노력했으며 대한민국의 외교 지평을 넓혔다"고 주장했다. '나는 이렇게 잘하고 있다. 국민들은 왜 몰라주고 있나'라는 식이다. 국가를 잘 운영한다고 (실제 잘 운영했는지에 대해선 이견이 많다) 해서 선거를 이길 수는 없다. 정치란 국가를 이루는 '유권자'들의 복합적인 감성을 이해해야 하는 일이다. 사람은 빵만으로 살지 않는다. '자존감'을 건드리는 순간 모욕을 느낀다.

그런 모욕감들이 모여 이번 총선에서 윤석열 대통령을 심판했다. 이를테면 홍범도 장군은 일본군에 맞서 대한민국의 독립을 위해 싸웠지만 머나먼 이국 땅에서 쓸쓸히 죽은 지 80년 만에, 그의 흉상이

'모욕 주지 않는 사회'는 우리가 품격 있는 사회를 유지하기 위한 최소한의 윤리적 합의다. 거듭 말하지만 정부는 국민에게 모욕감을 줘선 안 된다. 박정훈 대령에게 국가가 행하고 있는 일들이 그걸 지켜보는 국민에게 '모욕감'을 주는 행위라는 걸 깨닫지 못하는 한 윤석열 정부에는 희망이 없다.

육사 교정에서 철거당할 위기에 처했다. 집단 기억에 공감하지 못하는 이런 인식들이 국민들에게 모욕감을 줬다. 스스로 '우월적 지위에 있다'고 착각한 자들은 타인에게 '모욕감'을 주면서도 그것이 '모욕'인지 모른다. 해병대 채 상병 사건 외압 의혹이 특히 그렇다. 채 상병 사망 진상 규명을 위해 초동 조사를 맡은 해병대 박정훈 대령이 조사 결과를 보고한 후에 갑자기 '항명수괴죄(후에 항명죄)'로 입건됐다. 그가 조사해 국방부 장관 결재를 거친 서류에 적혀 있던 채 상병 사망의 책임자 리스트는 '윗선'의 개입으로 갑자기 쪼그라들었고, 채 상병 죽음에 책임을 느껴야 할 '별'들은 부하들에게 책임을 떠넘기느라 급급하다.

부당한 지시에 항의했다가 졸지에 '국가의 적'으로 낙인 찍혀 재판을 받고 있는 군인 박정훈의 모습을 보고 있는 국민들이 느끼는 감정이란 게 대체 뭐겠나? 군인 김오랑을 야산에 묻어 버리고, '성공한 쿠데타'를 위해 '불의'에 저항한 그의 행동을 역사에서 지우려 한 것과 같은 모욕감을 주는 일들은 여전히 우리를 괴롭히면서 '집단 기억'을 단단하게 만들어주고 있다.

'모욕 주지 않는 사회'는 우리가 품격 있는 사회를 유지하기 위한 최소한의 윤리적 합의다. 거듭 말하지만 정부는 국민에게 모욕감을 줘선 안 된다. 박정훈 대령에게 국가가 행하고 있는 일들이 그걸 지켜보는 국민에게 '모욕감'을 주는 행위라는 걸 깨닫지 못하는 한 윤석열 정부에는 희망이 없다.

아직도 명예 회복이 요원한 김오랑 소령을 5월에 떠올리며 든 생각이다. 그는 군의 본보기 같은 인물이지만, 우리 사회는 아직 김오랑의 명예를 제대로 회복시키지 못하고 있다. 그리하여 이 '모욕감'은 여전히 우리 안에 남아 있다.

아직도 명예 회복이 요원한 김오랑 소령을 5월에 떠올리며 든 생각이다. 그는 군의 본보기 같은 인물이지만, 우리 사회는 아직 김오랑의 명예를 제대로 회복시키지 못하고 있다. 그리하여 이 '모욕감'은 여전히 우리 안에 남아 있다.

… # #5.

극우
전성시대

'공산 전체주의'에 맞선 '용산 전체주의 세력'에 관한 고찰

2023.08.26.

2023년 8월 15일 윤석열은 광복절 경축사에서 "공산 전체주의 세력이 민주주의 운동가, 인권 운동가, 진보주의 행동가로 위장하고 허위 선동과 야비하고 패륜적인 공작을 일삼아왔다"고 주장했다. "공산 전체주의를 맹종하며 조작 선동으로 여론을 왜곡하고 사회를 교란하는 반국가 세력들"이 "자유 사회가 보장하는 법적 권리를 충분히 활용하여 자유 사회를 교란시키고 공격해왔다"는 것이다. ==공산주의라는 말은 민주화 이후, 즉 1980년대 후반 현실 사회주의국가들이 무너지면서 사실상 사어가 된 말이다. 빈약한 정치철학을 보여온 윤석열의 세계관이 1980년대에 머물러 있는 게 아닌가 하는 의구심이 드는 일이었다.==

12·3 계엄 사태를 목도하고 있는 지금 돌이켜보면, 윤석열은 전체주의에 맞선 전체주의를 꿈꿔온 게 아니었을까. 적을 미워할수록 적과 닮아가는 법이다. 윤석열의 계엄 포고령 1호는 전체주의 국가 체제의 교과서와도 같다. 정치 활동을 금지하고 언론 자유를 제한하겠다는 발상은 전체주의자의 그것이다. 전체주의에 맞서 스스로 전체주의를 받아들인 윤석열의 '극우화' 징후들은 이미 많았다. 윤석열은 임기 동안 안보주의자로 위장한 극우주의자들의 언어를 체화해 왔다.

'공산 전체주의'라는 말은 '공산주의'와 '전체주의'의 합성어일 것이다. 이 말을 쓴 윤석열 대통령이 개념 정립을 해주지 않았기 때문에 나름의 추론을 할 수밖에 없다. 말이 나온 김에 전체주의에 대해 생각해보자. 언어는 생물이다. 사회의 변화에 따라 언어의 쓰임새도 변화해 왔다. 과거 전체주의는 히틀러의 나치즘, 무솔리니의 파시즘, 스탈린주의 체제의 주요 특성으로 연구됐다. 이후 정치학에서는 민주주의 체제나 권위주의 체제 등 체제 특성을 구별 짓는 방법으로 발전했다. 하지만 요즈음에는 (특히 민주주의가 어느 정도 발달한 체제에서는) 전체주의란 '전체주의적 행태'를 보이는 세력에 대한 비유적 의미로 많이 쓰인다.

즉, 공산 전체주의는 진짜 스탈린주의자와 같은 공산당 당원이면서 전체주의자가 현존하고 이를 제거해야 한다는 의미로 쓰인 말은 아닐 것이다. 그럼에도 "공산 전체주의를 맹종하며 조작 선동으로 여론을 왜곡하고 사회를 교란하는 반국가 세력들이 여전히 활개치고 있다"라는 말은 너무 섬뜩하고, "공산 전체주의 세력은 늘 민주주의 운동가, 인권 운동가, 진보주의 행동가로 위장하고 허위 선동 및 야비하고 패륜적인 공작을 일삼아 왔다"는 말은 해괴한 '음모론'처럼 들린다. 반국가 세력, 즉 국가 전복 세력이 위장 침투해 대한민국을 뒤엎으려는 모종의 '진지전'을 수행하고 있다는 걸로 읽힌다.

전체주의라는 말을 '자유'롭게 해석해 활용하는 건 '표현의 자유' 영역이겠지만, 너무나 자유분방한 해석은 어떤 임계점을 건드린다.

반대파를 전체주의자로 몰고 숙청하던 이야기는 70여 년 전 냉전 시대로 거슬러 올라간다. 1950년대 매카시즘의 광풍이 불 때 반공주의자들은 반공 이외의 모든 것을 전체주의로 규정하며 전체주의라는 말을 남용했는데, 역사학자 월터 라쿼르는 "공산주의 및 국민의 복리 증진을 요구하고 달성하려는 사상을 유럽에서 발생한 '야만의 정치' 파시즘(전체주의)과 억지로 엮어 이 두 사상을 등치하려는 우익 권위주의자들의 고질적인 선동 방식"이라고 했다. 적대 세력을 전체주의자라고 규정하는 역사는 꽤 오래됐다.

==공산 전체주의에서 '공산'은 북한을 가리키는 것으로 보이는데, 북한 김정은을 '공산 전체주의 지도자'라고 평하는 건 자연스러울 수 있지만 남한에 있는 '민주주의 운동가'나 '인권 운동가', '진보주의 행동가' 등을 싸잡아 '공산 전체주의자'로 규정하는 것은 매카시즘 광풍을 닮았다.== 한국전쟁은 공산 전체주의 세력에 맞선 전쟁일 수 있지만, 1970년 후 세계 10위 안팎의 경제 대국에서 공산 전체주의 세력이 위장 암약하며 국가를 전복시키려 한다는 건 '음모론' 수준에서 더 나갈 수 없다. 이를테면 박정희 같은 전체주의자가 운동권 학생들을 '전체주의자'라고 규정하거나 조선총독부가 독립운동가를 '전체주의자'라고 규정하는 것도 난센스에 가깝다. 하긴 독립운동이 '자유민주주의 건국'을 위한 운동이었다는 주장도 나오는 판국에 이런 '상식'을 논하는 게 다 무슨 의미랴.

공산 전체주의라는 신조어가 '표현의 자유'와 '해석의 자유'를 업고 등장하니까 내친 김에 '용산 전체주의'에 대해서도 자유로운 해석을 가미해 고찰해볼 필요가 있겠다는 생각이 들었다. 비유의 의미로 전체주의를 강조했다고 하면, 용산 전체주의도 비유의 의미라는 걸 전제해 둔다.

==하나의 유령이 한국을 떠돌고 있다. 용산 전체주의(Yongsan totalitarianism, 龍山全體主義)라는 유령. 용산 전체주의의 핵심은 '자유'다. 다만 '자유'를 부정하는 자는 '자유'를 가질 수 없다. 즉, 여기에서 말하는 자유는 어떤 '가치'가 아니라 특수한 이념이 된다.== 물론 공산 전체주의자들도 그들만의 의미를 부여한 자유를 자신들의 핵심으로 여긴다. 용산 전체주의자들 역시 마찬가지다. 둘 다 자유의 해석을 소유하고자 한다. 내가 규정한 자유 이외에는 자유를 위장한

'체제 전복 이념 무기'가 돼 버리는 것이다. 그리하여 이 자유는 아이러니하게도 사상의 자유를 제한한다. 허락된 자유만 자유가 된다.

용산 전체주의 세력은 종종 자유주의 운동가로 위장한다. '공산주의 세력이 대한민국 체제를 전복하려 한다'라고 일관되게 주장하는 한 목사와 같은 경우는 집권 여당의 공천권을 대놓고 차지하려 한다. 황교안 전 자유한국당(국민의힘 전신)은 "(목사가 요구한 공천권이) 십 수개보다 훨씬 많다. 말도 안 되는 요구에 같이할 수 없었다"라고 폭로한 바 있다. 이 목사는 "윤석열 대통령을 대통령 만들어서 정권 교체를 이룩한 것이 그동안 우리가 해온 모든 일 가운데 가장 큰 일"이라며 정권 수립의 지분이 있다고 주장하는가 하면 국민의힘 당원 가입 운동을 통해 공천권을 폐지하자는 주장까지 했다. '자유주의 운동가'로 위장한 용산 전체주의 세력이 집권 여당의 공천과 정책 수립에 집요하게 관여하려 해온 것이다.

용산 전체주의 세력도 '가짜 뉴스'를 양산하고 패륜적인 공작을 시도한다. '교육자'로 알려진 한 유튜버는 윤석열 정부의 국가공무원인재개발원 원장이 됐는데, 그는 자신의 유튜브 채널에서 "코로나19가 극성이던 2021년 8월 4일 청와대 전군 주요 지휘관 회의에서 (문 전 대통령이) 군인들의 마스크를 벗게 하라는 지시를 내렸다"며 "군 통수권자가 군인을 생체 실험의 대상으로 사용하라는 지시를 내린 셈"이라고 주장한 바 있다. 또 그는 "노무현의 죽음은 공작의 의혹이 있으며 좌파 세력이 그의 죽음을 '교사'했다"는 괴담을 퍼트리기도 했다. 이 유튜버 기용과 관련해 용산 대통령실은 '소통에 능한 분'이라고 인선 배경을 설명했다.

기무사령부 참모장을 지낸 누군가는 최근 윤석열 대통령이 단행한 사면의 수혜를 입었다. 그는 군인 신분임에도 세월호 유가족을 사찰했다는 혐의로 재판에 넘겨져 징역 1년을 선고받은 인물이다.

12·3 계엄 사태를 목도하고 있는 지금 돌이켜보면, 윤석열은 전체주의에 맞선 전체주의를 꿈꿔온 게 아니었을까. 적을 미워할수록 적과 닮아가는 법이다. 윤석열의 계엄 포고령 1호는 전체주의 국가 체제의 교과서와도 같다. 정치 활동을 금지하고 언론 자유를 제한하겠다는 발상은 전체주의자의 그것이다.

민간인 사찰은 자유의 무수한 반대말 중 하나다. 그는 박근혜 탄핵 정국에서 기무사의 계엄령 검토 사실을 숨기기 위해 허위 공문서를 작성했다는 혐의로 벌금형을 받았다. 윤석열 대통령이 언급한 "사회를 교란하는 반국가 세력"이라는 공산 전체주의 세력처럼, 마찬가지로 민간인을 사찰하고 계엄령을 검토한 자를 사면해준 용산 전체주의 세력에도 같은 말이 돌아갈 수 있겠다.

용산 전체주의 세력의 가장 중요한 특징은 방송 장악을 방송 정상화로 위장한다는 것이다. 이들은 '공산당 기관지 같은 언론'이 존재한다고 믿으면서 "합리적이고 일반적인, 상식적인 사람이 (방송통신위원회 위원장으로) 가면 오히려 어렵다(이용호 국민의힘 의원)"는 논리로 누군가를 방통위 위원장에 내정했다. 그리고 KBS 이사들과 MBC의 대주주인 방송문화진흥위원회(이하 방문진) 이사장을 해임하고 있다. 언론을 탄압하는 것은 공산 전체주의 세력뿐 아니라 용산 전체주의 세력도 마찬가지다.

==국민통합위원회 2기 출범식에서 "자유, 평화, 번영 그리고 인권과 법치를 지향하는 사회로서 한 사람의 낙오자 없이 완벽한 자유인이 될 수 있도록 함께 애쓰고 고민하는 위원회가 되기를 바라겠다"는 윤석열 대통령의 말은 거꾸로 '완벽한 자유인'이 될 수 없는 사람은 제거해야 한다는 전체주의적 자유론으로 읽힌다. 섬뜩한 말이다.== 그는 "시대착오적인 투쟁과 혁명과 그런 사기적 이념에 우리가 굴복하거나 거기에 휩쓸리는 것은 결코 진보가 아니고 우리 한쪽의 날개가 될 수 없다"라고 했다. 그런 날개는 떼어 버려야 한다는 것이다.

국익(국가 전체의 이익)을 저해하는 자들은 전체의 이익에 반하기 때문에 제거 대상이다. 용산 전체주의 세력은 늘 '자유주의 운동가',

'우파 운동가', '보수주의 행동가'로 위장한 채 허위 선동 및 야비하고 패륜적인 공작을 일삼아 왔다. 용산 전체주의를 맹종하며 조작 선동으로 여론을 왜곡하고 사회를 교란하는 반국가 세력들이 여전히 활개치고 있다. 용산 전체주의 세력이 실제로 있느냐고? 글쎄, 그건 국민들이 판단할 것이고, 본인들이 잘 알 것이다.

'극우 유튜버'들과 함께 총선 170석? 대통령의 무운을 빈다

2023.07.01.

구독자 수십만 명의 한 극우 유튜버가 지난 2022년 대선 과정에서 "윤석열 후보가 내 채널을 본다"고 주장했다. 윤석열이 후보 시절 자신의 반려견인 토리의 인스타그램을 통해 고양이와 누워서 휴대전화를 보고 있는 사진을 올렸는데, 당시 윤석열이 자신의 방송을 보고 있었다면서 "(윤석열 후보가) 자면서도 내 방송을 본다"고 말한 것이다. 이 극우 유튜버는 오래전부터 '부정 선거론'을 주장해온 인물이다. 이들의 주요 주장을 요약하면, 나라를 전복하려는 '좌파 세력'이 사회 곳곳에 참호를 파고 진지를 구축해 자유 이념의 확산을 막고 보수의 숭고한 의지를 꺾고 있는 곳이 바로 대한민국이다. 북한 개입설은 이제 고전에 속한다. 최근엔 중국이 개입하고 있다는 음모론이 결합했다. 그러면 보다 현실적인 '대한민국 체제 위협론'이 완성된다. 눈앞에 보이는 적에서 '눈에 보이지 않는 적'으로 전선은 확장된다. 세상에 존재하는 모든 것엔 '독'이 들어 있다는 세계관. 요컨대 윤석열은 보이지 않는 적과 싸우고 있는 셈이다. 그가 극우 유튜브에 빠져 있다는 지적은 오래된 일이다. 결국 윤석열은 그들의 말을 믿고 계엄을 선포하고 내란을 일으키게 된다.

희한하게도 한국 보수 정치인들에게 더 많이 인용되는 안토니오 그람시의 '진지전' 이론은 그들이 말하는 '한국 좌파 운동권'의 주류였던 적이 단 한 번도 없고, 지금 윤석열 대통령을 비판하는 사람들도 그람시의 이론을 교시로 삼지도 않는다. 최근 국정원이 원훈석 글씨를 '신영복체(어깨동무체)'로 사용한 걸 빌미로 원훈석을 갈아치운 이유도 짐작가는 바가 없지 않다. 신영복 교수가 생전에 '진지전'을 중시했다는 건 잘 알려진 이야기인데, 지금 윤석열 대통령을 비판하는 '사회 곳곳'의 사람들에게 "당신은 신영복의 교시를 받고 하는 것이오"라고 묻는다면 정신 나간 사람 취급을 받기 십상이다.

어떤 사회 현상 속에 강력한 의지가 존재한다고 상정하고 가상의 '적'을 구체화해 인격을 부여하는 건 음모론자들의 일이다. 도널드 트럼프와 같은 보수 정치인들이 그들이 비판하는 음모론적 좌파들 이상으로 음모론에 열광하는 건 이상한 일이 아니다. 그런데 지금은 이런 '허수아비 때리기'가 보수 진영 소수파의 신경질적 반응이 아니라, 집권 여당의 단골 레퍼토리 수준으로 격상된 것을 우린 목도하고 있다. 극우 유튜버들의 슬로건은 이제 국정을 논하는 여당 최고위원회의 테이블이나 국가 고위 인사들의 공식 발언에도 섞여 올라온다.

"문재인이가 간첩이라는 걸 빼놓고는 설명할 수 없을 것 같다", "70% 이상의 국민이 문재인이 간첩이라는 것을 모르고 있다."(박인환 경찰제도발전위원회 위원장)

개인의 일탈일 줄 알았으나, 곧 생각을 고쳐먹었다. 최근 서울 장충체육관에서 열린 한국자유총연맹 창립 69주년 기념식에 참석한 윤 대통령의 연설을 보면서다.

"현재 우리는 많은 도전과 위기에 직면해 있다. 조직적이고 지속적으로 허위 선동과 조작, 가짜 뉴스와 괴담으로 자유 대한민국을 흔들고 위협하며 국가 정체성을 부정하는 세력들이 너무나 많이 있다", "자유 대한민국을 무너뜨리려고 하거나 자유 대한민국의 발전을 가로

==막으려는 세력들이 나라 도처에 조직과 세력을 구축하고 있다."==

사회 곳곳에 위장한 혁명 세력이 대한민국 체제 전복을 위해 활동하고 있다는 이론은 더 이상 생소한 것은 아니다. 전광훈류 극우 인사들의 주장이다. 이런 논리는 '민주화운동 기념일'에도 등장한다. 내친김에 올 들어 주요 민주주의 기념일을 대하는 윤석열 대통령의 행보를 살펴보면 독특한 기류를 발견할 수 있다.

윤 대통령은 지난 5·18 민주화운동 기념식에 참석해 "우리가 오월의 정신을 잊지 않고 계승한다면 자유와 민주주의를 위협하는 모든 세력과 도전에 당당히 맞서 싸워야 한다"며 '자유와 민주주의를 위협하는 세력'에 대해 말한 바 있다. 한 달 전인 4·19혁명 기념식에도 참석해 "거짓 선동과 날조로 민주주의를 위협하는 세력들은 전체주의를 지지하면서도 겉으로는 민주주의 운동가, 인권 운동가 행세를 하는 경우가 대부분이다. 이러한 거짓과 위장에 절대 속아서는 안 된다"며 "4·19혁명 열사가 피로써 지켜낸 자유와 민주주의가 사기꾼에 농락당해서는 안 된다"라고 말했다.

==4·19, 5·18 기념식에 참석해 '자유민주주의를 위협하는 세력'과 '가짜 민주주의 운동가'를 비난한 윤 대통령은 4·3추모식, 6·10항쟁 기념식엔 불참했다. 우연이라기에는 묘한 시사점이 있다.== '4·3은 공산 폭동'이라고 주장하는 자들이 윤 대통령 주변에 여전히 존재하고 있다. 6·10은 그야말로 '586 운동권 세력'의 상징과도 같은 민주화 운동 아닌가. 윤 대통령이 생각하는 '합의된 민주화 운동 기념일'은 헌법에 담겨 있어 이견이 존재하지 않는 4·19나, 대통령 공약으로 '헌법 정신 수록'을 언급한 바 있는 5·18 정도인 것 같다. 우연이라 치부하기엔 공교롭다. 민주화 운동 기념일도 본인이 가진 모종의 잣대로 '격'을 나누고 있는 것 아닐까. 더불어민주당 박광온 원내대표는 만날 수 있지만 더불어민주당 이재명 대표는 만날 수 없는 것처

럼. 과거 박근혜 전 대통령이 '조화'를 보낼 사람과 안 보낼 사람을 골라냈다는 것처럼.

민주화 운동 기념일 연설들을 포함해, 최근 윤석열 대통령의 메시지는 대체적으로 일관성을 갖고 있다. 그는 2023년 4월 27일 미국 상·하원 합동 의회 연설에서 "전체주의 세력은 자유와 민주주의를 위협하고 부정하면서도 마치 자신들이 민주주의 운동가, 인권 운동가인 양 정체를 숨기고 위장하는 경우가 대부분"이라고 주장했다. 이튿날 미국 하버드대학교 케네디스쿨에서 한 연설에서도 "자유와 민주주의를 위협하는 이들은 민주 세력 인권 운동가 등으로 위장하고 있다"고 주장했다.

이런 발언은 "전광훈 목사가 우파 진영을 천하 통일했다"는 국민의힘 김재원 최고위원의 인식과 맥이 닿아 있다. 2023년 3월 25일 미국 애틀랜타에서 열린 북미주자유수호연합대회 주최 강연회에서 김 최고위원은 "곳곳에서 이른바 자신들의 정권이 바뀌어도 나는 다음 정권이 등장할 때까지 그대로 남아 내 역할을 충실히 하겠다는 진지전을 계속 하고 있다"며 "공산주의 이론가 중에 그람시의 진지전 이론이 있는데, 그 진지전 이론이 가장 정확하게 적용되는 게 오늘날 한국의 현실이 아닌가"라고 주장했다.

전광훈 목사는 "현 국내 정세는 6·25전쟁 직전의 상황과 같다"며 "절체절명의 위기 앞에 자유 우파는 대결집해야 한다"라고 주장하는 사람이다. 그람시의 진지전 이론을 받아들인 '좌파'들이 공산 혁명을 위해 사회 곳곳에서 대한민국을 호시탐탐 노리고 있다는 말이다.

다시 윤석열 대통령의 발언을 보자.

"자유 대한민국을 무너뜨리려고 하거나 자유 대한민국의 발전을

==가로막으려는 세력들이 나라 도처에 조직과 세력을 구축하고 있다."==

 이 정도 수준이라면 만약에 휴전선 너머 존재하는 북한이 사라진다고 쳐도, '대한민국 체제 위협'은 거의 항구적이다. 대통령의 인식 속 대한민국은 사실상 내전 상태다. 표면적으로는 전광훈과 결별했다지만 '전광훈 정신'은 용산에 살아 있다.

 '문재인은 간첩'이라는 (발언으로 물의를 빚은 경찰제도발전위원회) 박인환 위원장은 전광훈 목사의 변호사 출신이다. 그는 전광훈이 추천한 당원을 내보내야 한다는 논란이 일자 "황교안 전 대표나 홍준표 시장은 한때는 표를 얻으려고 전광훈 목사에 스스로 접근했던 사람 아닌가? 지금 와서 자기 생각에 안 맞다고 몰아내자고 하는 것은 비겁한 일이다"라며 전 목사를 옹호했다. 그는 전 목사가 '문재인 하야 집회'를 하는 도중에 보수 정당을 찍으라고 말했다가 선거법 위반으로 구속되자 전광훈 목사 변호인단에 이름을 올렸던 인물이다. 여기엔 석동현 변호사도 이름이 올라와 있다. 석 변호사는 윤석열 대통령의 절친으로 잘 알려져 있고, 지금 민주평화통일자문회의 사무처장 임명장을 받았다.

 =='문재인은 간첩'이라는 박인환 위원장이나 '양민 학살' 진상 규명을 비판한 김광동 진실·화해를 위한 과거사 정리 위원장 등을 정부 요직에 기용하는 것은 우연이 아니다.== 대통령 취임식에 극우 유튜버 안정권 씨가 초청된 것도, 안정권 씨 누나인 극우 유튜버가 대통령실에 채용된 것도, 뉴라이트 김성회 씨가 대통령실 종교다문화비서관에 기용된 것도, 극우 정당 자유의새벽당 출신 강기훈 씨가 대통령실에 근무한 것도, '북한 체제 파괴'를 주장한 김영호 씨를 통일부 장관에 내정한 것도 모두 설명이 된다. '문재인이 군인들을 대상으로 생체 실험을 지시했다'고 주장한 극우 유튜버가 공무원 교육을 담당하는 국가공무원인재개발원 원장에 내정된 것도 이상한 일이

요컨대 윤석열 정부는 가장 지독한 이념 정권이라고 규정해도 무리가 없어 보인다. 박근혜도 못한 것을 윤 대통령이 이룬 것이다. 언제부터 그가 '전광훈류'의 음모론에 경도됐는지 알 수는 없지만, 앞으로 우리는 더 많은 '태극기 부대'나 '극우 유튜버'들이 사회 곳곳에, 고위 공직 곳곳에 '진지'를 파고 들어앉아 있는 모습을 보게 될 것 같다.

아니다. 진지전 이론대로 자유 대한민국을 무너뜨리려 하는 세력들이 나라 도처에 조직과 세력을 구축하는 걸 막기 위해 '극우 유튜버'들을 대동한 '진지전'을 펴려는 것인가.

==요컨대 윤석열 정부는 가장 지독한 이념 정권이라고 규정해도 무리가 없어 보인다. 박근혜도 못한 것을 윤 대통령이 이룬 것이다. 언제부터 그가 '전광훈류'의 음모론에 경도됐는지 알 수는 없지만, 앞으로 우리는 더 많은 '태극기 부대'나 '극우 유튜버'들이 사회 곳곳에, 고위 공직 곳곳에 '진지'를 파고들어앉아 있는 모습을 보게 될 것 같다.== 《시사저널》 보도에 따르면 윤 대통령은 내년 총선 목표를 170석으로 잡았다고 한다. 극우 유튜버들을 적극 기용해 중도로 뚜벅뚜벅 나아가며 170석을 달성할 수 있길 바란다. 대통령의 무운을 빈다.

권력 누수 틈탄 극우 세력, 윤석열 정부를 '하이재킹' 하다

2024.08.03.

어느 틈에 윤석열 정부 곳곳엔 '뉴라이트' 계열 인사들이 대거 포진해 있었다. 이명박, 박근혜 정부 시절 '교과서 파동'을 일으켰다가 좌절된 이들의 꿈이 윤석열 정부에서 꿈틀거리고 있었다. 대통령 소속 국가교육위원회(이하 국교위) 이배용 위원장은 역사 교과서 국정화를 추진한 주요 인사였다. 강혜련 국교위 비상임위원은 뉴라이트 전국연합 공동대표 출신이다. 대북 강경파인 김영호 통일부 장관은 뉴라이트 학자들의 싱크탱크인 '뉴라이트 싱크넷' 운영위원장을 지냈다. 김광동 진실·화해를위한과거사정리위원회 위원장, 김태효 국가안보실 제1차장, 한오섭 대통령 비서실 국정상황실장, 김종석 규제개혁위원회 민간위원장 등도 모두 뉴라이트 성향의 단체에서 일을 한 전력이 있다. 신지호 국무총리실 산하 청년정책조정위원회 부위원장은 뉴라이트 전국연합 사무총장 출신이다. 윤석열의 '한일 관계 개선 프로젝트'였던 강제징용 해법부터, 육군사관학교 홍범도 흉상 이전 논란까지, 그들은 '문화 전쟁'을 수행하는 극우의 첨병이 돼 윤석열 정부에 스며들었다. **윤석열이 뉴라이트에 포획된 것인지, 뉴라이트가 윤석열에 이용당한 것인지, 이젠 별 문제가 안 된다. 극우 세력과 손을 잡은 윤석열은 이미 '확신범'이 되어 있다.**

프랑스와 이탈리아, 그리고 미국의 대선에서 '극우(Far-right) 세력'이 돌풍을 일으키고 있다. 비단 유럽과 미국만의 문제는 아니다. 나라별로 사정들이 조금씩 다르지만, 이 현상을 꿰뚫는 질문을 만들기 위해 많은 지식인들이 노력 중이다. 특히 한국인으로서 한국 땅에 사는 우리도 한국의 극우 세력에 대해 고찰이 필요한 시점이다.

유럽의 경우, 프랑스에서는 결선 투표에서 좌파중도 연합이 1차 투표 선두였던 극우 국민연합(RN)의 1당 시나리오를 저지했지만, 극우 집권 가능성을 이젠 누구도 부인하지 못하게 됐다. 별명이 '무솔리니'인 멜로니 총리의 '이탈리아 형제들'은 유럽의회 선거에서 1당을 차지하며 '극우 세력'이 EU에서 영향력을 확대하는 발판을 다졌다. 미국에서는 집권했다가 실패한 경험이 있는 트럼프가 다시 지지세를 끌어올리는 현상이 주목받고 있다(현상을 넘어 2025년 1월 20일 트럼프가 2기 집권에 성공했다). 러시아나 중국과 같은 권위주의 체제 국가들에서는 전체주의 성향이 더 강화되고 있다. 총선에서 노동당이 승리한 영국의 경우가 조금 특이한데, 일찍이 2016년 극우파와 손잡은 보수당이 추진한 브렉시트를 경험한 시민들이 극우 세력에 대한 거부감을 표출한 것으로 해석하는 게 자연스럽다.

세계 곳곳에서 극우 세력이 굴기하고 있다. 일본의 지식인 우치다 타츠루는 이런 현상을 두고 극우 세력이 '총력 결집'하고 있는 게 아니고, 17세기 베스트팔렌 체제 이후 형성된 '국민국가' 체제가 21세기 들어 '액상화'되는 과정에서 나오는 일종의 '비명' 내지 '삐걱거림'이라고 설명한다. '액상화'라는 비유가 절묘하다. 지금은 더 이상 국가 단위의 통치가 디폴트(기본값)인 시대가 아니다. '자본의 글로벌화'를 통해 국경이, 국민국가가 무너지는 과정에서 '프랑스를 프랑스인 손에', '미국을 다시 위대하게' 같은 구호가 각광을 받고 있다. 이건 '국민국가' 프랑스와 '국민국가' 미국이 해체되는 과정에서 발생하는 '백래시(반발)' 같은 것이다.

서구가 주도한 전쟁과 신자유주의는 전쟁 난민과 노동 난민을 양

산했으면서도, 오른손으로 이민자에 손짓하면서 왼손으로 이민자를 배격한다. 이를테면 극우는 야누스의 다른 한쪽 얼굴이다.

극우 세력은 '배외주의(排外主義)'를 특징으로 한다. 간혹 극우 세력의 '전쟁 반대' 구호는 마치 1970년대 히피들의 구호처럼 들리기도 한다. 유럽의 극우 지도자들은 푸틴의 러시아가 승리하든 말든 우크라이나 전쟁 자체를 반대하고, '우리'의 자원이 '그들'의 전쟁에 동원되는 걸 싫어한다. 이민자들이 서구의 가치를 붕괴시키는 것을 우려한다. '식민 가해자'로 지목 당한 과거는 극복 대상이고 그간 '특혜'를 누려온 이민자, 유색인종과 '동격'을 회복하겠다는 것을 당당하게 '평등'이라 외친다.

전통적으로 좌파와 자유주의자들이 사용해온 언어를 역으로 차용해 무장한 그들은 '우리는 극우가 아니다'라고 강변하지만, 그 자체가 '21세기 극우'의 특징을 이룬다. 왜냐하면 서구의 극우 세력은 '선거'를 통해 인정받으려 하는 전략을 채택하고 있기 때문이다. 극우를 당당히 전면에 내거는 건 어느 나라에서나 인기가 없다. 그래서 그들은 극우라 불리는 걸 싫어한다.

한국의 이야기를 할 차례다. 한국에서도 마찬가지로 '아스팔트 우파'로 상징되는 '극우 세력'의 이념들은 인기가 없다. 1987년 민주화 운동 이후에 극우 세력은 선거에서 제대로 된 승리를 맛본 적도 없다. 집권 경험이 있는 한국의 보수 정당은 최소한 선거철엔 중도층에 적극 구애하며 '빨갱이 때려잡자'는 레드 콤플렉스 극우와 확실하게 선을 그어왔다. 유럽이든 한국이든 선거에서 '극우'를 내거는 건 인기 없는 행동이기 때문이다.

한국이 다른 서구 민주주의 국가와 다른 건 북한의 존재 때문이다. 민주주의가 일정 궤도에 올라선 한국 사회의 극우는 북한이라는 특수한 존재를 떼어놓고 설명할 수 없다. 과거 반공 체제의 자장 속에서 안온함을 느꼈던 그들은 휴전선으로 그어진 '대한민국'의 경계가 액상화되는 것을 극도로 경계하면서, 중국이나 러시아의 권위주의 체제를 북한과 거의 동일시하는 것으로 자신들이 가진 사상의 보편성을 인정받으려 애쓴다. 즉, '우리는 북한만 싫어하는 게 아니고 모든 권위주의를 싫어한다'라고 주장한다. 그러나 한국의 극우 세력이 중국과 북한을 서구 인종주의와 유사한 시각으로 대하는 현상을 목격하는 건 아주 흔한 일이다. 이런 특질에 비춰 보면 극우 세력이 특히 문재인 정부의 대북 정책에 극한 알레르기 반응을 보였던 이유가 설명된다.

한국도 '표층 한국'과 '심층 한국'으로 나뉠 수 있다. 이를테면 미국을 봤을 때 '표층 미국'은 할리우드나 실리콘밸리, 월가의 자유주의 세력이지만, '심층 미국'은 영화 《힐빌리의 노래》로 상징되는 러스트 벨트 노동자, 남부의 레드넥 등이다. 여기에 빗대 보면 표층 한국은 K-팝과 K-무비의 '문화 자본'을 향유하며 수도권에 살고 있는 화이트칼라, 리버럴리스트(자유주의자)들이지만, 심층 한국은 전쟁 세대와 기독교 반공 세력(태극기 세력), 과거 권위주의 시대를 살아온 은퇴한 부유층(혹은 저소득층)이다.

==이들은 자신들이 신념이라고 믿었던 것들이 소멸되는 것을 두려워하며, 과거에 비춰 현재를 '역보정'하고 화려했던(혹은 화려했다고 믿는) 권위주의 경제성장 시절의 과거를 그리워한다. 그리고 지금 근본 없는 '운동권 세력' 출신들이 주도한 자유주의 정책들은 우리 공동체를 와해하는 공산주의자들의 음모라고 생각하는 것이다.== MBC가 좌파 노조에 먹혀 북한 체제를 찬양하고 있다던지, 민주노총이 북한과 내통하고 나라를 헌납하려 한다던지 하는 황당한 음모론을 진지하게 받아들인다. 한 표가 아쉬운 보수 정당은 선거철마다 이들

에게 손을 내밀어 왔다. 극우 세력이 보수 정당의 한 귀퉁이를 끈질기게 점령할 수 있는 이유다.

서구의 민주주의 체제하에서 극우 세력이 성장한 것은 유럽이나 미국이 '이민자의 나라'였기 때문이다. 이는 과거 야만적 식민지 경영이라는 원죄에서 발로한다. 지금 서구 세계의 극우 정치인들은 '우린 값을 충분히 치렀고, 이제 이민자들은 자신들의 나라로 돌아가야 해'라는 극단의 논리를 내세운다. 한국의 극우 세력은 다르다. '유사 인종주의' 성향이 엿보이긴 하나, 이 사회가 비교적 단단한 '민족 정체성'을 가지고 있는데다, 다수 시민들은 유일한 '적대국'인 북한에 대해서도 양가적 감정을 동시에 갖고 있다. 전광훈류의 선명한 극우 세력과 뉴라이트와 같은 극우 이데올로그(공론가)들이 선거와 공론장에서 판판이 실패한 데에는 이런 한국만의 내재적 이슈를 완전히 무시하고 '운동권 숙주 문제인 모가지를 따자'거나 '빨갱이는 총살해도 된다'라는 식의 과격한 구호로 일관하기 때문이다. 허약한 정통성을 강화하기 위해 이승만을 '자유 대한민국'의 상징으로 내세우지만 그들의 '상상계'는 보편성을 획득하기엔 너무 낡고 후졌다.

그리하여 극우 세력은 보수 정권의 곁가지에서 자신들의 이념을 조금씩 국가 정책에 반영하는 방식으로 생존해 왔다. 이명박, 박근혜 정부에서 몇몇 직을 받고, '문화계 블랙리스트' 같은 걸 가동해 자신들이 믿고 있는 '음모론'에 실체적 권력을 부여하려 노력한 게 전부였다. 그런데 윤석열 정부 2년 차에 들어서면서 그들의 상상계가 권력의 귀퉁이가 아니라 요직으로 스며들고 있는 현상이 관찰된다.

==윤석열 대통령은 애초에 정치 철학도, 정치적 신념도 없었다.== 그는 애초 문재인 정권에서 가장 잘나갔던 검사다. 적폐 청산으로 보

수 진영 인사들을 잡아넣던 그는 조국 수사를 계기로 갑자기 '반문재인'의 기수가 된다. 보수 정당은 정권 교체를 위해 이 '문재인 정부의 반항아'를 영입해 0.73%포인트 아슬아슬한 표차로 대통령에 당선시켰다. 애당초 철학과 비전이 없었던 터라 국정은 즉흥적으로 운영했고, 손대는 일마다 혼란을 불러일으켰다. 캐릭터도 영 대통령직에 어울리지 않았다. 여기에 영부인의 국정 개입 의혹이 불거지면서 총선에 대패하고 집권 기간 절반도 안 돼 레임덕을 자초했다.

윤석열을 지지하던 중도 세력과 합리적 보수 세력은 사실상 이 정권에서 손을 뗀 것 같다. 그러자 권력자는 존재하되 권력의 작동이 멈춘 '권력의 공동화' 현상이 발생했고, 극우 세력이 그 허약함을 타고 권력 중심부로 들어오기 시작했다. 정권 초반 검사들이나 측근들을 기용하던 대통령의 인사 스타일은 이제 완전히 '이념형' 인사로 넘어갔다. 대통령실이 사실상 뉴라이트에 점령된 것 같다는 평이 나온 건 꽤 오래된 일이다.

몇 가지 예를 들어보자. 한국학중앙연구원 원장에 《반일종족주의》를 펴낸 낙성대연구소 소장 출신 김낙년 교수가 임명되고, 주일대사에 일본 극우 정치인 나카소네 야스히로 이름을 딴 나카소네 상 수상자 박철희 교수가 임명됐다. 뉴라이트 출신 통일부 장관과 군사 쿠데타를 옹호한 국방부 장관에 이어 "문재인은 총살감"이라 주장한 김문수 노동부 장관(후보자)과 《기생충》을 좌파 영화로 부르는 이진숙 방송통신위원회 위원장이 등장했다.

극우 세력의 숙원은 '종북 좌파 방송 MBC 타파'다. 이진숙은 임명되자마자 출근해 MBC 대주주 방송문화진흥회 이사진을 교체했다. MBC 사장을 교체하려는 포석이다. 이진숙이 교체한 공영방송 이사진의 면면을 보라. 차마 눈 뜨고 볼 수가 없다. 이미 총선에서 심판을 받았는데 방송사 사장을 교체하고, 노동조합을 손본다고 중도 윤석열을 지지하던 중도 세력과 합리적 보수 세력은 사실상 이 정권에서 손을 뗀 것 같다. 그러자 권력자는 존재하되 권력의 작동이 멈춘 '권력의 공동화' 현상이 발생했고, 극우 세력이 그 허약함을 타고 권력 중심부로 들어오기 시작했다. 정권 초반 검사들이나 측근들을 기용하던 대통령의 인사 스타일은 이제 완전히 '이념형' 인사로 넘어갔다.

층이 안 하던 정부 지지를 한다는 건 아무도 믿지 않을 가설이다. 정상적인 보수 인사들이 이런 걸 기획했을 리가 없다. 김문수나 이진숙 본인은 '극우'가 아니라고 부인할지라도, 그들이 지금 하고 있는 일들은 공교롭게도 '극우 세력'의 숙원들이다. 극우 세력이 문재인을 '운동권의 숙주'라 부르던데, 그대로 돌려주면 지금 윤석열 정부는 '극우 세력의 숙주'가 되어가고 있다. 현 정부의 모습은 마치 조종수 없는 비행기가 '하이재킹' 당한 모습처럼 보인다.

'중도층에 소구력 있는 인사들이나 합리적 보수주의자들이 이 정부의 요직을 꺼리고 있다'는 분석이 꽤 그럴듯하게 다가온다. 단적인 예로 이미 사의를 표명한 총리조차 교체할 수 없는 수준으로 인재풀이 말라 버렸다. 이 정부가 조성한 '방송 장악', '노조 카르텔 해체'의 최전선에 누가 나가고 싶어 하겠는가.

폐가에는 사람이 가지 않는 법이다. 정권에 대한 기대가 꺾이자 사람들은 더 이상 모이지 않는다. 중도층에 버림받고 인재풀이 공동화된 틈을 타 극우 인사들이 돌진해 들어왔다. 유럽이나 미국과 달리, ==선거에서 이길 자신이 없는 한국의 극우 세력은 윤석열 대통령을 이용해 아스팔트에서 부르짖던 논리들을 정부 정책에 직접 관철시키려 하고 있는 것이다. 그렇지 않고서는 최근 김문수, 이진숙과 같은 인사를 단행한 배경을 설명하기 어렵다.== 위기가 폭주를 부르고, 폭주가 위기를 가중시키는 악순환의 국정 운영이다. 지금 한국에선 미국이나 서구 유럽과 다른 독특한 방식의 극우화 현상이 나타나고 있는 중이다.

숙주가 된 윤석열, 뉴라이트의 타깃은 '합리적 보수 붕괴'

2024.08.17.

경제적 자유주의 정권인 이명박 정부가 지나가고, 이념 성향이 짙은 박근혜 정권이 붕괴됐을 때, 최소한 뉴라이트가 국정에 개입하는 일은 사라질 것으로 봤다. 하지만 틀렸다. 앞서 이명박 정부에서 뉴라이트는 주로 밀턴 프리드먼류의 극단적 신자유주의에 경도돼 있었다. 그들은 전경련 등 재벌 단체들과 연합해 '시장주의 설파'를 최우선 목표로 해왔다. 박근혜 정권 시절엔 방향을 바꿔 '국정화 교과서 논란'과 같은 '문화(역사) 전쟁'을 벌였다. 박정희의 부활을 꿈꿨던 박근혜는 그들을 이용했고, 그들 역시 박근혜를 이용했다. 박근혜의 측근인 김재원은 박근혜가 대통령이 되고자 하는 이유가 '아버지의 명예 회복' 때문이라고 기자들과의 술자리에서 떠벌였다가 캠프 요직에서 해임됐다. 어쩌면 그는 말실수를 한 게 아니라, 절대 밝히지 말아야 할 비밀을 발설한 죄를 저지른 것일 수 있겠다. 뉴라이트 계열의 극우 인사들은 계속 목표를 바꾸면서 보수 정권에 파고들었다. 그리고 전광훈류의 태극기 부대와 손잡고 윤석열을 극우적 망상으로 이끌었다.

사실 뉴라이트들에게 역사는 부차적인 것이었다. 뉴라이트의 대부 안병직은 경제학자였다. 안병직은 일제 강점기 시절을 연구해 이른바 '식민지 근대화론'의 기틀을 만들었다. 침략과 저항의 역사에 초점을 둔 기존 민족 사학에 반해, 경제 시스템을 역사 해석의 근거로 둔 안병직의 연구는 1980년대 한국을 일제와 미제의 식민지로 본

NL 운동권에 영향을 미치기도 했다. 아이러니하다고 볼 수도 있겠지만, 골수 NL 운동권이 1980년대 후반 서구 현실 사회주의 붕괴를 목격한 뒤 '뉴라이트 운동'에 투신한 것도 우연은 아닐 것이다. 지독한 '유물론자'들이 뉴라이트식 '유물론'에 빠진 것도 어찌 보면 자연스러운 일이다.

2000년대 중반부터 '역사 재해석'을 무기로 들고 '정치 세력화'하기 시작한 뉴라이트 관련 논쟁은 2008년에 정점을 찍었다. 그 무렵 《뉴라이트 비판》을 쓴 역사학자 김기협은 뉴라이트에 대해 이렇게 정의를 내렸다.

"뉴라이트는 수구 집단의 가치관을 집약해서 보여준다. 한마디로, 모든 가치를 재물에 종속시키는 가치관이다. 예컨대 그들이 떠받드는 '자유'가 어떤 것인가? 그들은 자유를 내면화하지 않고 소유의 대상으로 객체화하며, 따라서 내 것을 주장하되 남의 것을 존중하지 않는다. 그들에게는 자유가 실천의 과정 속에 살아 움직이는 사회적 관계가 아니라 힘으로 빼앗고 돈으로 사는 물건이다. 이용의 대상이지, 사랑의 대상이 아닌 것이다.(2008.10.21. 〈프레시안〉)"

김기협의 분석에 따르면 뉴라이트는 '역사관'이라고 볼 수 없다. 무릇 역사관이라 이름 붙이려면 상고시대부터 현재까지를 관통하는 어떤 '체계'가 있어야 하는데, 뉴라이트는 유구한 인류 역사에서 최근 200년 정도 기간 성행한 '자본주의'를 통해 모든 역사를 설명하려고 하는 치명적 오류를 안고 있다. 요컨대 한국의 '뉴라이트'는 현실 사회주의 동구권의 몰락으로 갈 곳 잃은 옛 극좌파들과 독재 시대를 '화양연화'로 여기는 옛 극우파들이 새로운 깃발 아래 '정치 집단'으로 모인 뭉텅이를 말한다. '김대중·노무현' 정권의 자유주의 개혁에 치를 떨었던 이들은 냉전 체제를 고수하고자 이승만을 발견하고 건국 이론을 발명했으며, 재벌 체제 구축을 현대사의 성과로 치장했다. 친일 논란은 친미, 냉전, 반공, 재벌을 기반으로 한 '대한민국 성공 신화'의 논리적 완결성을 위해 반드시 필요한 토대 같은 것이었다. 그렇게 해서 그들은 '이명박 정부'를 탄생시킨다.

==2008년 출범한 이명박 정권은 뉴라이트 정권이라고 봐도 무방하다. 2000년대 중반 깃발을 든 퇴역 이념가들은 '선진화 담론'의 외피를 빌려 입고 정치 세력화에 성공, '지긋지긋한 김대중·노무현' 정권을 끝내고 '경제적 실용주의' 정권을 탄생시켰다.== 전경련 등 재벌 소속 연구 기관의 자본력을 뒷배 삼아 세를 불려나간 뉴라이트는 교과서 수정을 시도하고, 친일파 복권에 열을 올렸다. 친미, 반공의 전선 구축을 위해 이승만이라는 인물을 아주 유용한 상징 도구로 재발견했다.

뉴라이트에 따르면 일본이 점령해 '자본주의'를 이식하기 이전의 한국은 문명사회라 볼 수 없다. 일본의 도움으로 근대화를 이룬 다음 이승만이 1948년 자유민주주의 대한민국을 건국한다는 신화를 만든다. 이승만의 영도력으로 공산주의를 밀어내고 미국과 동맹을 맺은 대한민국은 박정희라는 위대한 지도자를 만나 자본주의 번영의 길을 닦는다. 한국과 미국과 이승만의 성 삼위일체와 일본의 수태고지를 믿는 광신도들은 좌파 운동권들의 '자학 사관'이 자유 대한민국의 자본주의적 번영을 망친다고 본다.

하지만 뉴라이트가 추종한 자본주의 만능론과 신자유주의는 어느 순간 경제 관료 집단의 전문성에 밀려나게 된다. 심화되는 양극화 문제에 유권자들도 경제 민주화의 당위성에 폭넓게 공감하기 시작했고, 보수 진영(국민의힘 계열)과 자유주의 진영(더불어민주당 계열)은 번갈아 김종인을 영입해 신자유주의 경제 체제 수정을 시도했다. 박근혜조차 복지 국가와 경제 민주화를 내걸고 집권했다. 뉴라이트 경제 이론이 자연스레 힘을 잃자 그 자리를 '이념 투사'들이 비집고 들어왔다. 지금 뉴라이트 이론이나 운동은 식민 사관 옹호, 건국절 추진, 북한 혐오, 이승만 숭배 등을 내거는 '아스팔트 우파' 수준으로 쪼그라들었다. '자본주의 만능론'의 원조 뉴라이트의 물신숭배에 비하면 지금 뉴라이트 '잔당'들은 귀여운 수준이다.

그런 뉴라이트 후예들이 자신들의 커뮤니티에서 건국 신화를 이리저리 조립하고 자화자찬 품평회를 여는 건 크게 문제될 게 없었다. 하지만 컬트적 신앙을 공적인 자리로 끌고 오면 보통의 상식(common sense)을 가진 사람들에겐 해괴한 일로 받아들여지게 된다. 작금의 '뉴라이트 논쟁'은 그런 꼴이다.

김형석 독립기념관 관장으로 촉발되긴 했지만, 윤석열 정부에서 뉴라이트 잔당 세력의 약진은 새삼스러운 일이 아니었다. 그들이 현실 세계에서 권력을 획득한 보수 정당의 한 귀퉁이를 차지하고 국정원 영내에서 신영복 교수의 필체로 쓰인 돌덩이를 없앤다거나, 홍범도 장군의 흉상을 육사 교정에서 치우려 하는 '반달리즘(문화적 훼손 행위)'을 실천하는 것은 황당하고 불길한 일일지언정, 큰 의미를 부여할 만한 행위는 아니었다. 자신들은 이런 반달리즘을 정의의 실현이라고 믿겠지만, 보통의 유권자들에게는 불쾌감으로 다가왔다. 그에 동조하거나 끌려다니는 보수 정당의 무능을 유권자들은 선거로 심판했다.

==그러나 선거 패배를 감당하는 건 국민의힘의 몫일 뿐, 뉴라이트는 아랑곳하지 않는다. 이념의 '이'자도 모르는 윤석열 대통령을 숙주 삼아 동북아역사재단, 국사편찬위원회, 한국학중앙연구원 등 정부 산하 이른바 '국내 3대 역사 기관'에 따리를 틀었다. 대한민국의 정체성을 연구하는 자리에 이런 인사들이 침투했다는 건 간단하게==

뉴라이트는 수구 집단의 가치관을 집약해서 보여준다. 한마디로, 모든 가치를 재물에 종속시키는 가치관이다. 예컨대 그들이 떠받드는 '자유'가 어떤 것인가? 그들은 자유를 내면화하지 않고 소유의 대상으로 객체화하며, 따라서 내 것을 주장하되 남의 것을 존중하지 않는다.

==볼 일이 아니다.== 그리고 8·15 광복절을 코앞에 두고 독립기념관 관장에 김형석 교수를 임명한 데서 정점을 찍는다. 이들은 온갖 수정주의 역사 가설로 기존의 역사관을 흐트러뜨리기 위해 대체적으로 합의된 역사적 해석을 야금야금 공격해, 결과적으로 그 신뢰성을 저하시키는 게 목표인 것처럼 보인다. 이종찬 광복회 회장의 '연탄가스론'처럼 잘 들어맞는 비유도 없다.

이런 토양을 만든 건 두말할 나위 없이 윤석열 대통령이다. 윤석열은 2021년 6월 29일 '매헌 윤봉길 의사 기념관'에서 정치 도전을 선언했고, 같은 해 11월 5일 '백범 김구 기념관'에서 국민의힘 대선 후보로 선출됐다. 2022년 3월 1일 윤석열 국민의힘 대선 후보가 3·1절 103주년을 맞아 현충원을 방문했을 때 누가 함께했는지 그 명단을 나열해보자. 백범 김구 선생의 장손 김진 씨와 증손인 김영 씨, 매헌 윤봉길 선생의 장손녀 윤주경 전 의원, 김좌진 장군의 손녀 김을동 전 의원, 최병규 선생의 손자 최재형 전 감사원장, 그리고 독립운동가 이회영의 손자 이종찬 전 국정원장. 윤석열 후보는 임시정부 선열 다섯 분의 동상에 헌화·분향하고 임시정부 2대 대통령을 지낸 백암 박은식 선생의 묘를 참배하고 묵념했다. 유족이 없는 선열을 모신 무후선열제단과 대한독립군 무명용사 위령탑도 참배했다.

이랬던 윤 대통령의 지금 행동은 대한민국의 토대를 만든 이 모든 사람들을 욕보이고 있는 일이다. 하지만 멈추지 않는다. 아마도 조만간 대통령의 '멘토'이자 아버지의 죽마고우인 이종찬 광복회장도 쫓겨날 것이다. 이미 이종찬 물러나라는 소리가 국민의힘 담장 밖을 넘어서고 있다.

==지금 뉴라이트를 둘러싼 갑론을박은 죄다 본질을 벗어나고 있다. 특히 《조선일보》류의 보수 언론이 뉴라이트를 두고 벌어지는 논쟁==

==을 '진보-보수 진영 논쟁' 프레임으로 포장하는 건 본질을 벗어나도 한참 벗어난 일이다.== 진보-보수 싸움이 아니라 보수의 정신분열로 접근해야 많은 게 설명된다. '나는 뉴라이트가 아니다'라고 강변하는 뉴라이트 인사들의 자기 부인은 우스꽝스럽지만, 이 역시 논쟁의 본질을 흐리는 일종의 기만 전술이다. 뉴라이트 논란의 가장 큰 문제는 보수 전체를 병들게 하고 있다는 점이다. 즉, 뉴라이트 문제는 보수를 망치는 문제이면서 보수가 해결해야 할 문제다.

역사학자 김기협은 이들 뉴라이트 잔당 세력의 목적은 '합리적 보수'의 태동을 봉쇄하는 것이라고 했다.

"뉴라이트의 목적은 진보 진영에 대한 도전이 아니라 합리적 보수의 봉쇄다. 그람시가 말한 '문화 헤게모니(cultural hegemony)'를 보수 진영 내에서 장악한 것이라 할 수 있다. 문화 헤게모니의 구축을 위해서는 '상식' 체계의 확립이 필요하다. 진보와 경쟁해 국민을 설득하려는 것이라면 진보와 공유할 수 있는 상식을 확보하려는 노력이 있어야 한다. 그런데 뉴라이트가 실제로 문화 헤게모니를 획득한 것은 보수 진영의 기존 조직인 한나라당 내에서일 뿐이다."
(2008.10.17. 〈프레시안〉)

보라. 뉴라이트가 지금 집중 공격하는 건 이종찬 광복회장이다. 합리적 보수가 "일본 극우의 기조(신지호 국민의힘 전략기획부총장)"로 매도당한다. 제도권 보수가 재집권에 성공하려면 '내부 투쟁'이 선행돼야 한다. 이승만을 숭배하고 피식민 경험을 축복으로 포장하는 건 그들이 가진 사상의 자유겠지만, 보수 정당이 그들에게 공적 영역을 허락하는 건 보수의 자생력을 갉아먹고 수구의 이미지를 덮어쓰는 일이다. 문제는 한동훈 대표다. 뉴라이트 출신들에 둘러싸여 '김형석 독립기념관장 파동'에 사실상 입을 다물고 있다. 그가 보수의 '새로운 깃발'을 들고 정권 재창출의 토양을 만들어내길 바란다면, 이 낡고 우스꽝스러운 세력들로부터 '독립'해야 한다. 다시 말하지만 이건 진보-보수의 문제가 아니다. 합리적 보수 세력은 당장 뉴라이트를 공적 영역에서 몰아내야 한다. 그래야 보수 정당에 희망이 생긴다. 한동훈은 운동권과 싸우기에 앞서 뉴라이트를 먼저 물리쳐야 한다.

윤석열·김건희의 '가장무도회', 인질로 잡은 보수 정당 놓아주길

2024.07.13.

보수 정당엔 한때 '소장파'라 불렸던 사람들이 있었다. 노무현 정부 시절 한나라당엔 '남원정(남경필, 원희룡, 정병국)'이 존재해 당이 지나치게 오른쪽으로 치우칠 때마다 합리적 보수의 시각을 대변하며 완충지대 역할을 했다. 이명박 정부에선 김성식 등을 필두로 한 '민본21'이 초선 집단을 꾸려 비슷한 활약을 했다. 박근혜 정부에서도 유승민과 같은 합리적 보수 세력이 당내 균형을 유지하려 애를 썼다. 하지만 윤석열 정부에선 그런 목소리를 찾아보기 어렵다. 어느 순간부터 보수 정당은 권력 그 자체를 위해 움직이는 '이권 집단'이 되어가고 있다. 합리적 목소리가 사라진 보수 정당은 '대선 지지율 1위 윤석열'에 포획됐다. 정권 교체를 위해서라면, 이명박·박근혜 앞에서 칼춤을 췄던 검사 출신이라도 부여잡아야 했다. 그리고 가까스로 정권 교체에 성공했다. **하지만 철학 없는 보수 정당의 말로는 좋지 않았다. 윤석열은 결국 보수를 배신했다. 그럼에도 여전히 보수 정당의 주류는 반성할 줄 모르는 '이익 집단'에 의해 운영되고 있는 중이다.**

보수 정당에 오래 몸담은 사람들이 하는 얘기가 있다. 보수 정당의 특징은 일사불란이다. 당 내 위계 질서가 또렷하다. 불만이 있더라도 일단 '보스'의 뜻을 따른다. 민주화 이후 김영삼과 이회창의 보수 정당은 이런 통념에 잘 부합했다. 변화를 싫어하고 대세를 추종하는 특질이다. 자유주의 계열 정당은 조금 달랐다. '제왕적 총재' 김대중

시대를 지나 노무현 대통령이 탄생하면서 대중과 호흡하는 역동적인 당의 기풍이 체화됐다. 하지만 보수 정당 특유의 '보스 정치'는 이명박, 박근혜 정부까지 유지됐다.

변곡점은 박근혜 탄핵이었다. 리더십을 만들어내지 못하고 우왕좌왕하는 가운데 변화의 조짐이 보이기 시작했다. 2021년 당 대표에 30대 이준석을 선출했을 때, 보수 정당과 아무런 상관도 없던 윤석열을 대선 후보로 선출했을 때, '승리에 목마른 보수'의 선택에 주목하는 사람들이 있었다. 보수 정당이 대중과 호흡하고, 전략적 사고를 하기 시작했다는 평도 나왔다. 자유주의 정당(민주당 계열)이 2002년 노무현 당선 때 받아들인 방식을, '탄핵의 폐허' 위에 뚝 떨어진 보수 정당이 뒤늦게 체화하기 시작한 것일까?

그렇게 맞이한 윤석열 시대 3년 차. 이제 평가를 할 시간이다. 변화하는 듯 보였던 국민의힘은 아이러니하게도 지금 가장 구태적인 '보스 정치'에 인질로 붙잡혀 신음하고 있는 중이다.

정당의 '정'자도 모르던 윤석열은 어떻게 정치 입문 9개월 만에 보수 정당을 입맛대로 요리했는가. 어떻게 보수 정당을 타고 올랐고, 어떻게 집어삼켰으며, 어떻게 작금의 분열 위기로 몰아넣었는가. 지금 한국 보수 정당이 진지하게 던져야 할 핵심 질문이다. 국민의힘은 여기에 대한 답을 준비해야 한다.

==국민의힘은 대통령을 키워내지 못하고, 대통령이 될 만한 사람을 외부에서 영입했다. 대통령은 자신이 절망에 빠진 보수 정당의 구원자로 등판해 전국에서 '표'를 끌어왔고 결국 보수 정당을 '집권당'으로 만들었다는 영웅 신화에 스스로 취했다. 당과 자신(대통령)을 동일시했다. 대통령이 되자, 당의 '보스'처럼 굴었다.== 그 힘의 원천은 한국 대통령제가 보장하고 있는 막강한 권력, '자리 배분(관직)'과 '예산권(돈)'이었다. 대통령은 이회창 때나, 이명박·박근혜 때나 가능한

정치를 보수 정당에 요구하기 시작했다. 그리고 자신의 밑에 '작은 보스(친윤계)'들을 두고 정당을 직할 체제로 운영하려 했다.

'보스 정치'는 막스 베버가 근대 미국 정치를 분석하면서 쓴 말이다. 영국이나 독일과 달리 대통령제를 채택한 미국은 의회로부터 독립적인 직무를 수행하는 권력인 대통령이 막강한 힘을 가졌다. 그 힘의 원천은 미국식 '엽관제'다. 대통령 선거 승리의 보상은 관직에 따른 봉록의 형태를 띠었다. 베버가 활동하던 시대에 미국 대통령은 30만 명에서 40만 명에 달하는 관료 지명권을 손에 쥐고 있었다고 한다. 베버는 미국의 정당 체제를 두고 아예 "정당은 순전히, 오로지 관직 사냥꾼을 위한 조직"이라고 규정한다. "선거 시에는 득표 가능성에 따라 정책 프로그램을 바꾸고, 정당이 일관된 신념이나 원칙을 전혀 갖지 않는다"라고 평가했다.

막스 베버가 보기에 미국 정치는 어중이떠중이들이 이념도 신념도 없이 '권력 그 자체'를 추구하며 벌이는 무규칙 경기였다. 왕정과 공화정, 혁명을 두루 경험한 유럽인의 눈에 신대륙의 새하얀 백지 위에 그려진 대통령제 민주주의의 모습은 그러했다. 이건 민주주의를 뒤늦게 이식받은 한국이나 일본식 '계파 정치'의 원형이기도 하다. 대통령이 되고자 하는 사람들은 정당 조직을 '표를 끌어올 수 있는' 수많은 보스들에게 맡긴다. 그 보스들은 '대통령'이라는 최종 보스의 당선을 위해 뛰고, 그 추종의 대가로 '관직'을 내려받고 논공행상을 한다.

'표가 될 만한 것은 뭐든지 한다'라는 한국식 사생결단적 정치 문화는 원초적이다. 이런 특질은 독재에 억눌렸다 해방된 한국 민주주의의 역동성과 빠른 성숙을 상징하는 장점으로 설명되기도 했지만, 지금은 극단적 팬덤 정치(더불어민주당) 부작용이나 엉뚱한 포퓰리스트(윤석열)의 탄생을 가능케 하는 토양으로 비판적 사유의 대상이 된다.

　윤석열 대통령은 당원 투표와 국민 여론을 50 대 50으로 반영한 룰로 대통령 후보가 됐다. 여론조사에서는 밀렸지만 당원 투표에서 홍준표 후보를 크게 앞섰다. '본선에서 무난히 질 홍준표'보다 '잠재력을 지닌 정치 신인'을 택한 당원들의 '전략적 선택'(혹은 도박)의 혜택을 받은 셈이다. 대통령은 이때 '당심'과 자신을 동일시했는지 모른다.

　대체 어디에서 학습했는지, '용병' 출신 대통령은 아주 오래전부터 당과 호흡해온 것처럼 행동했다. 맞지 않는 옷을 입은 것처럼 보였지만 주변에 '직언'을 할 만한 사람이 없었다. 이회창도 하지 못한 '5년 만의 정권 탈환', 이 업적에 짓눌린 당은 대통령의 말 한 마디, 한 마디에 납작 엎드렸다. 대통령은 '내부 총질' 당 대표를 총력을 동원해 쫓아내더니 '친윤'이 아닌 당 대표 후보들을 하나하나 폭력적으로 주저앉혔다. 당의 우려를 무시하고 2023년 10월 서울 강서구 보궐선거에서 범죄자를 사면하고 후보로 만들었다가 참패했지만, 또다시 당 대표를 쫓아냈다. 그리고 자신의 측근을 비상대책위원장에 세운 지 한 달도 안 돼 '사퇴하라'고 겁박하는 이해 못할 일들을 서슴없이 행했다.

　<mark>윤석열은 애초에 보수 정당에 대한 비전도 없고 애정도 없었다. 윤석열은 2021년 6월 29일 매헌 윤봉길 의사 기념관에서 정치 도전을 선언했고, 같은 해 11월 5일 백범 김구 기념관에서 국민의힘 대선 후보에 선출됐다. 그러나 이후 독립 운동가 홍범도 장군의 흉상을 육사에서 제거하려 했고, 백범 김구 선생을 폄훼하는 이승만 추종 세력에 포획됐다. 독립운동가 윤봉길과 김구를 정치 입문을 위한 상징으</mark>

애초에 윤석열은 보수 정당의 '객(客)'이었을 뿐이다. 친윤 그룹은 보수의 변방에서 대통령을 타고 중심으로 들어온 비주류였다. 윤석열이 보수 정당에 무슨 뿌리가 있는가. '윤석열 정치'라는 것이 있기는 한가? 그는 어쩌다 대통령이 된 뜨내기였다. 이 사실을 윤석열과 김건희만 모르고 있거나 애써 외면하고 있다. 그리고도 마치 정당의 주인인 양 행세했다.

로 소모한 그는 대통령이 돼 이념의 중요성을 강조하며 '새가 날아가려면 좌우의 날개 방향이 같아야 한다'며 대한민국을 반으로 갈라치기 했다. 그의 경제 철학은 밀턴 프리드먼의 자유주의인가 싶었는데, 막상 하는 행동은 은행을 '이자 장사꾼'으로 공격하거나, 재벌 총수들을 병풍처럼 대동하고 다니는 일들이었다. 노조, 과학기술계, 교육계를 막론하고 실체도 불분명한 카르텔을 무차별적으로 공격했다. 안보는 어떠한가? 도심에서 벌어진 참사에 음모론을 개입시킨다. 대한민국 하늘은 북한의 정체 모를 비행체에 번번히 뚫린다.

지난 2024년 4월 총선 패배의 원인은 대통령의 무능, 그리고 그 무능을 인정하지 않는 뻔뻔함 때문이었다. 그런데 지금 집권 여당은 '김건희가 사과했으면 총선 결과가 달라졌을 것'이라는 가설을 두고 총력을 다해 상대를 죽이려 들고 있다. 진단이 엉뚱하면 처방은 산으로 간다. 그러자 윤석열 체제 아래 있던 당원들이 직접 나서는 모양새다. 배를 뒤집어야겠다고 생각하기 시작했다.

이른바 친윤 진영이 '절륜', '패륜' 소리를 듣고 있는 한동훈을 때리면 때릴수록 한동훈 지지세는 더 강고해지는 현상이 벌어지고 있다. YTN-엠브레인퍼블릭 여론조사를 보면 (2024년 7월 7~8일, 유권자 2003명 전화 면접, 응답률 11.5%, 표본오차 95%, 신뢰 수준 ±3.0%p. 중앙선거여론조사심의위원회 홈페이지 참조) 국민의힘 지지층 사이에서 한동훈의 당 대표 적합도는 61%였다. 원희룡(14%), 나경원(9%), 윤상현(1%)을 다 합해도 한 후보의 절반에 미치지 못한다. '배신자'에게 61%의 지지를 몰아주는 걸 어떻게 설명하냐고? 여권 지지층이 한동훈을 배신자라 여기지 않는다고 보는 게 더 정확하다. 즉, 이건 윤석열-김건희 부부에 대한 당원들의 강력한 비토(거부) 여론이다.

보스처럼 굴던 윤석열 대통령은 궁지에 몰렸다. 당원들은 그를 보스로 인정하지 않기 시작했다. 이제 여권 권력투쟁의 장에서 '반

'윤 투사'가 된 '한동훈 당 대표'를 전제하지 않은 어떤 전망도 무의미해진 것 같다. 설사 만에 하나 그가 당 대표가 되지 못한다고 하더라도, 이번 전당대회를 거치면서 다진 그의 지지도는 (그의 실력과 별개로) 향후 여권 권력투쟁에서 불변의 상수로 자리 잡을 것이다. 사사건건 대통령의 발목을 잡을 것이다. 단적인 예로 한동훈에게는 '매직 에이트', 8표의 캐스팅보트가 있다.

물론 문제는 한동훈에게도 여전히 '보수 정당의 비전'이라는 게 안 보인다는 점이다. 권력투쟁에만 능숙한 '정치 초짜'가 당 대표가 되는 것 역시 또 다른 '걱정거리'지만, 지금 보수 정당 당원들은 '윤석열 비토'에 더 방점을 찍은 것 같다.

애초에 윤석열은 보수 정당의 '객(客)'이었을 뿐이다. 친윤 그룹은 보수의 변방에서 대통령을 타고 중심으로 들어온 비주류였다. 윤석열이 보수 정당에 무슨 뿌리가 있는가. '윤석열 정치'라는 것이 있기는 한가? 그는 어쩌다 대통령이 된 뜨내기였다. 이 사실을 윤석열과 김건희만 모르고 있거나 애써 외면하고 있다. 그러고도 마치 정당의 주인인 양 행세했다. 무슨 '당원 동지' 의식이 있겠는가. 많은 관전자들이 이번 국민의힘 전당대회에서 그걸 느끼고 있다.

윤석열과 김건희는 '가장무도회'를 그만두고 이제 보수 정당을 인질에서 놓아주시라.

#6.

결국 계엄 선포, 용서받지 못할 자

新권위주의 윤석열 정부, '스핀 독재' 시대

2023.05.27.

==윤석열을 '독재자'라 부를 수 있을까. 이 고민을 해소해준 것이 윤석열의 '12·3 계엄 사태'다. 무엇보다 계엄 포고령 1호는 윤석열이 독재자라는 걸 분명히 보여준 징표다.== 포고령을 보자.

1. 국회와 지방의회, 정당의 활동과 정치적 결사, 집회, 시위 등 일체의 정치 활동을 금한다.
2. 자유민주주의 체제를 부정하거나 전복을 기도하는 일체의 행위를 금하고, 가짜 뉴스, 여론 조작, 허위 선동을 금한다.
3. 모든 언론과 출판은 계엄사의 통제를 받는다.
4. 사회 혼란을 조장하는 파업, 태업, 집회 행위를 금한다.
5. 전공의를 비롯하여 파업 중이거나 의료 현장을 이탈한 모든 의료인은 48시간 내 본업에 복귀하여 충실히 근무하고 위반 시는 계엄법에 의해 처단한다.
6. 반국가 세력 등 체제 전복 세력을 제외한 선량한 일반 국민들은 일상생활에 불편을 최소화할 수 있도록 조치한다.

이상의 포고령 위반자에 대해서는 대한민국 계엄법 제9조(계엄사령관 특별조치권)에 의하여 영장 없이 체포, 구금, 압수수색을 할 수 있으며, 계엄법 제14조(벌칙)에 의하여 처단한다.

윤석열은 독재자를 꿈꿨다. 그 조짐은 이미 나타나고 있었다. 지금 우리는 '법 기술자'들의 정부에서는 '민주주의 제도' 안에서 가능한 가장 지독한 일들이 벌어질 수 있다는 걸 체험하고 있다.

지난 2024년 3월 8일부터 재편되기 시작한 여당은 윤석열 정부 '시즌 2'를 예고하며 전열을 가다듬기 시작했고, 4월 원내 지도부가 출범하면서 새로운 진용을 완성시켰다. '친윤 강경파'로 평가되는 여당 지도부가 제일 먼저 착수한 것은 언론 길들이기와 집회 시위 봉쇄다. '정권 반대파'의 말과 행동을 통제할 필요가 있다는 걸 가장 시급하게 느낀 것이라 해석할 수 있다.

경찰은 2023년 5월 25일부터 다음달 12일까지 집회 강제 해산과 검거 훈련에 돌입한다. 민주노총이 정부를 상대로 '1월 총파업'을 결의하고 있는 시점에서 이 훈련이 목표하는 건 자명해 보인다. 경찰청은 훈련 계획을 공지하며 "모든 기동대원의 정신 재무장이 필요하다"고 했다. 흡사 전쟁을 앞둔 모양새다. 윤석열 대통령이 "과거 정부가 불법 시위에 대해서도 법 집행 발동을 사실상 포기했다"고 일갈한 것과 맥락이 같다.

나아가 정부 여당은 2023년 5월 24일 '불법 시위 전력이 있는 단체', '공공 안녕 위협이 명백한 경우' 등에는 집회·시위를 제한하는 방안을 추진키로 했다. 불법 시위 전력이 있는 단체의 경우는 집회 신고를 받지 않을 수 있게 하겠다는 것이다. 남은 것은 '불법 시위 전력'이 있는 단체를 분류하고 집회 시위 면허증을 박탈하는 일이다. 역시 민주노총은 시험 적용의 모범적 대상이 될 수 있을 것이다. 야간 문화제를 빙자한 편법 집회를 규제한다고도 했다. 박대출 정책위 의장은 "밤 12시부터 오전 6시까지 집회·시위를 금지하는 입법을 추진하겠다"고 밝혔다. 이 구상을 소급해 적용하면 박근혜 정부 시절 '정부가 법 집행 발동을 포기한' 촛불 집회는 죄다 불법이 된다.

윤 대통령의 충실한 심복인 한동훈 법무부 장관은 "집회와 시위

==의 자유라는 것이 다른 동료 시민들의 자유를 심각하게 침해하는 경우에까지 보장돼야 하는 절대적인 권리는 아니지 않느냐"는 말까지 했다.==

집회 시위 봉쇄와 함께, 언론 길들이기에도 나섰다. 박대출 정책위 의장과 박성중 의원이 총대를 맸다. 그들은 포털에 '윤석열'을 검색한 걸 근거로 포털 언론 환경이 온통 윤석열 대통령에 대한 '비판 기사'에 점령당했다고 진단했다. 언론이 편파적이니 윤 대통령에 대한 '제대로 된 평가'가 불가능하다는 것이다. 여당의 압박에 네이버는 포털제휴평가위원회(이하 제평위)를 사실상 공중 분해했다. 빠른 압박, 빠른 반응이다. 여기에서 나아가 방송통신위원회 위원장은 수사를 받고 있다. 방송통신위원회를 물갈이해 KBS와 MBC 사장 인사에 정권이 관여하려 한다는 시나리오는 여의도에서 더 이상 비밀이 아니다. 방통위원장에 검사 출신이 들어올 수 있다는 말도 들린다. 정부 여당은 이 모든 것은 '엄정한 법 집행'에 따른 것이며, 한 치의 불법도 없다고 주장하고 있다.

우리가 하는 흔한 착각은 '지금은 권위주의 정권 시절도 아닌데'라는 말이다. 물론 윤석열 정부와 이승만·박정희·전두환 독재 정부를 단순 비교하는 건 무의미한 일이지만, 유사성을 찾아내는 건 무의미하지 않은 일이다. 민주주의를 제약하는 건 30년 전 독재 시절에만 나타나는 일이 아니다. 오늘날의 권위주의 정치는 복합적인 방식으로 진화했다. 주로 포퓰리즘과 결합된 형태로 법과 국민의 이름을 빌려서 자주 나타난다.

2022년 《포린 폴리시》에 소개된 책 《스핀 독재자들(Spin dictators)》은 '공포 독재'와 구분되는 '스핀 독재' 개념을 제시한다. '스핀 닥터(정치 홍보 전문가를 일컫는 말)'에서 따온 말인 '스핀 독재'는 과거 무력을 주로 사용하는 권위주의와 달리 정교한 홍보 전략이나 메시지 등을 통해 사람들을 따르게 만들거나 산만하게 만들고, 법적 수단을 동원해 반대파를 위축시키는 걸 특징으로 한다. 이 책에는 새로운 형태의 이런 권위주의의 선구자로 1959년부터 1990년까지 싱가포르의 총리를 지낸 리콴유를 꼽는다. 그는 선거를 통해 민주주의의 외피를 유지했지만 야당 인사들을 체포하는 대신 명예훼손으로 소송을 제기하고, 이런 방식으로 '전과'를 달게 된 반대파들이 공직에 나설 수 있는 길을 차단해 왔다. 이를테면 특정 집단의 집회 시위를 불법으로 규정하면 그 집단은 불법 집단이 되고, 불법 집단이 되면 다양한 방식의 '권리 박탈'이 이어진다. '권위주의'의 고도화다.

한국은 아직 이런 '싱가포르 모델'에서 벗어나지 못한 나라인 것 같다. 상징적인 사례가 있다. 박근혜 전 대통령은 2015년 타계한 싱가포르 리콴유 전 총리의 장례식 참석을 위해 무리하게 일정을 조정한 것이 주목받았다. 반면 불과 6개월 전 타계한 전 세계 민주주의의 상징 넬슨 만델라 전 대통령의 장례식에 그는 참석하지 않았다. 박권일의 말처럼 한국은 여전히 '싱가포르 판타지'에 사로잡힌 나라일 수 있다.

《스핀 독재자들》에서 내세우는 개념은 주로 푸틴, 시진핑 등을 비판하는데 사용되긴 하지만, 리콴유의 싱가포르 모델과 같은 행태가 교묘히 은폐된 '권위주의 독재 체제'라는 점을 폭로하기도 한다. 대통령 당선을 눈앞에 둔 에르도안 튀르키예 대통령도 전형적인 '스핀 독재자'의 유형으로 꼽을 수 있다. 그는 7만 명이 넘는 사망자가 발생한 지난 2023년 2월 튀르키예 대지진에서 드러난 정부의 무능과 건축물 부실 규제 문제 등 온갖 악재에도 불구하고 또다시 대통령이 되려 하고 있다. 저자들에 따르면 '공포 독재' 유형은 1970년대 전체 독재 지도자 집단의 60%를 차지했다가 2000년 이후 10% 미만으

국민을 대표할 독점권이 있다는 주장. 윤석열 정부와 여당에서도 이런 위험한 모습이 보인다. '진짜 국민'이 아닌 사람들은 국가를 해하려는 자들이고 국익을 저해하는 자들이며, '진짜 국민'의 안위를 방해하려는 세력이다. 갈라치기다.

로 감소했으나, 그 반면 '스핀 독재'의 비율은 13%에서 53%로 증가했다고 분석한다.

한국과 같이 민주주의가 일정 수준을 달성한 나라에서 에르도안이나 푸틴, 시진핑을 윤석열 대통령과 비교하는 것은 무리라고? 그럴 수도 있다. 하지만 중요한 것은 이들의 수법이 놀랄 만큼 유사하다는 점이다. 영국의 보리스 존슨 전 총리나 미국의 트럼프 전 대통령 역시 스핀 독재자의 특성들을 지니고 있다고 지적받고 있다. 그들은 '음모론'을 들이밀고 '대안적 사실'이란 말을 만들어 지지자들을 추동하고, 법적 권한 내에서 할 수 있는 가장 권위주의적 방식의 정책을 편다. 트럼프는 법적 테두리를 벗어난 지지자들의 의회 폭동을 부추겨놓고 자신은 아무런 불법적 행위를 하지 않았다고 주장한다. '스핀 독재'는 날로 교묘해지고 있다.

안타깝지만 윤석열 대통령도 이 흐름에서 벗어나 있다고 장담할 수 없다. 권위주의 역시 디지털 시대의 외피를 입고, 민주주의 제도의 틀을 해치지 않는 수준에서 '재량'을 극대화하는 방식을 택한다. '법 기술자' 출신답게 윤 대통령은 여당의 주장처럼 헌법과 현행법을 단 한 글자도 고치지 않고 야간 집회를 '심리적'으로 '사실상' 금지할 수 있는 방안을 반드시 고안해낼 것이다. 그들이 가장 잘하는 게 바로 그런 일이니까.

얀 베르너 밀러 프린스턴 대학교 정치학 교수는《포린 폴리시》기고글을 통해 포퓰리스트의 특성을 짚었다.

"포퓰리스트는 자신들만이 '진짜 국민'을 대표한다고 주장하기도 한다. 포퓰리스트들이 끊임없이 암시하듯이, 다른 모든 정치인은 근본적으로 부패하기 때문에 다른 모든 권력의 경쟁자들은 국민을 대표하지 않는다는 것이다. (…) 포퓰리스트는 단순히 권력자를 비판하는 것이 아니라 항상 특정 타자를 배제하려고 한다. 2014년 (대통령 선거에 나선 튀르키예의) 에르도안은 당 대회에서 자신과 자신의 당을 향해 '우리가 국민이다'라고 주장한 후 비평가들을 향해 이렇게 물었다. '당신들은 누구인가?'"

국민을 대표할 독점권이 있다는 주장. 윤석열 정부와 여당에서도 이런 위험한 모습이 보인다. '진짜 국민'이 아닌 사람들은 국가를 해하려는 자들이고 국익을 저해하는 자들이며, '진짜 국민'의 안위를 방해하려는 세력이다. 갈라치기다. 윤 대통령은 기업인들을 만난 자리에서 중소기업인 77%가 현 정부의 정책에 만족한다는 여론조사를 접하고 "그게 진짜 지지율"이라고 했고, 동시에 국민 다수가 반대하는 강제 동원 해법을 밀어붙이며 "지지율 1%가 나와도 상관없다"고 했다. 이 두 발언 사이 어디쯤에 윤석열 대통령 인식의 좌표가 표류하고 있는 셈이다. 현실과 인식의 간극은 크다. 99%의 반대파를 상정하고 정책을 밀어붙이면서 77%의 지지파가 있다는 말에 힘을 얻는다. 혼란스럽다. 누가 '선수는 전광판을 보지 않는다'고 했던가.

==낮은 지지율에 허덕이던 정부 여당은 강압적 통치 기제를 작동시키고 '스핀 독재'와 포퓰리스트 전략을 배합해 차용한 것처럼 보인다. 이 모든 것은 민주주의 제도 안에서 벌어질 수 있는 가장 지독한 형태가 될 것이다.== 법 기술자들의 정부가 할 수 있는 최선의 '해법'이 도출될 것이고, 그러는 와중에 '윤석열의 국민'이 아닌 국민들은 스스로의 '자유'를 수호하기 위해 힘든 여정에 나서게 될 것이다. 권위주의는 사라지지 않는다. 단지 진화할 뿐이다. 윤석열 정부가 그걸 잘 보여주고 있다.

기이한 '승자의 대선 불복', 속셈은 언론 '뽀개 버리기'?

2023.09.16.

윤석열의 멘토로 알려졌던 이종찬 광복회장은 12·3 비상계엄 선포를 보면서 윤석열의 친한 친구를 불렀다. 이종찬이 "야, 왜 이렇게 되냐"고 물었다. 윤석열의 친구가 답했다. "아버지, 걔는 지금 아버지와 저같이 비참하게 생각 안 합니다", 이종찬이 다시 물었다. "걔가 돌았냐?" 윤석열 친구가 답했다. "아니에요. 이번에 부정 선거 증거를 찾기만 하면, 세상이 뒤집힌다는 확신범입니다." 확신범. 윤석열은 부정 선거 음모론에 포획됐다. 그를 사로잡은 부정 선거론은 두 갈래다. 첫째, 2022년 대선에서 윤석열은 48.56%를 득표해 '역대 최소' 표 차이인 0.73%포인트 차이로 이재명에 승리했다. 더 많은 표 차가 발생해야 마땅한데, 언론 공작 등으로 표 차이가 적게 났다는 게 불만이었다. '승자의 대선 불복'이다. 기이하다. 둘째, 2024년 총선에서 국민의힘이 108석으로 참패했다. 이 과정에서 선관위와 야당, 그리고 북한과 중국 세력이 연계된 '반체제' 연합의 광범위한 부정 선거가 있다고 보고 있다. 선관위와 법원이 수차례 반박했음에도 아랑곳하지 않는다. 국정원과 검찰 등 수사기관을 장악한 세력이 야당과 중국과 북한에 당했다? 그의 망상은 대체 어디에서부터 시작된 것일까.

윤석열 대통령은 0.73%포인트 차이로 대통령에 당선됐다. 2위와의 표 차이는 24만 7077표다. 국회의원 지역구 하나 수준으로 역대 최저 표 차다. 많은 이들이 "0.73%포인트의 의미를 생각해보며 정치

==하라"고 대통령에게 진심이 담긴 조언을 했다. 그런데 대통령은 많은 시민들이 바란 것과는 '다른 의미'의 0.73%포인트에 대해 고심을 한 것 같다.==

대통령실 고위 관계자 성명(이 또한 처음 들어본다)을 보면, 〈뉴스타파〉의 '신학림–김만배 녹취 보도' 문제는 "희대의 대선 정치 공작 사건"이라고 한다. 도어스테핑에서 '성명 불상' 입장문으로, 1년 사이 대국민 소통 방식의 극적인 변화다.

2021년 9월 김만배가 언론계 선배인 신학림을 만나 나눈 대화 녹취 보도는 이렇다. 2011년 부산저축은행 사건에서 대장동 사업 대출 브로커인 조우형을 수사하는 과정에서 윤석열 당시 대검 중수2과장이 수사 무마 의혹에 연루돼 있을 가능성이 있다는 게 핵심이다. 반면 윤석열 대통령과 검찰은 2011년 조우형의 부산저축은행 대장동 대출과 관련된 사건을 수사한 적이 없다는 입장이다. 2011년에 검찰 수사에서 '무사 통과'한 조우형은 2015년에 부산저축은행 대출 불법 알선 수재 건으로 기소된다. 당시 조우형의 변호사는 윤 대통령의 상관을 지낸 적 있는 '50억 클럽' 박영수 전 특검이었다. 당시 대검 중수부가 조우형의 부산저축은행 불법 대출 건을 수사하지 않았다고 한다면 '무능함'을 자인한 것인데, 검찰이 스스로 '무능했다'며 열정적으로 강변=하는 꼴이다. 하지만 검찰의 무능함 주변을 배회하고 있던 게 특수통 출신 거물급 전관 변호사라는 건 여전히 개운치 않은 뒷맛을 내내 남겨 놓는다.

대통령실에 따르면 이 사건은 "대장동 사건 몸통을 이재명에서 윤석열로 뒤바꾸려 한 정치 공작"이며 "김대업 정치 공작, 기양건설 로비 가짜 뉴스 폭로의 계보를 잇는 2022년 대선 최대 정치 공작 사건"이다. 김기현 국민의힘 대표는 "사형에 처해야 할 만큼의 국가 반역죄"라며 "국민 주권 찬탈 시도이자 민주공화국을 파괴하는 쿠데타 시도"라고 규정했다. 그리고 검찰은 떠들썩하게 〈뉴스타파〉와 JTBC를 압수수색하고 여권은 MBC 기자들을 비롯해 방송사 유명 진행자들을 무더기로 고소했다.

과연 이번 사안이 김대업 정치 공작이나 이회창 부인 뇌물설(기양건설 로비) 수준의 스캔들인가? 이 사안의 핵심은 〈뉴스타파〉의 '김만배와 신학림 대화' 녹취 보도다. 김만배는 대장동 사건의 핵심 인물이다. 애초 대장동 수사라는 게 김만배와 김만배를 둘러싼 이른바 '대장동 일당'들의 녹취록에 기반해서 시작한 것 아닌가. 검찰발(發)로 살라미처럼 흘러나오는 대장동 일당의 '주장'만 의미 있고, 언론이 수집한 김만배의 '주장'은 의미가 없다는 건 어불성설이다. 김만배의 새로운 주장은 충분히 보도 대상이 된다. 오히려 이런 녹취록을 확보했는데 보도하지 않았다면 그게 문제다. 김만배의 자기과시적 동기가 있든, 목적 있는 거짓말이든 그건 검찰이 밝혀내야 할 부분이다.

들춰보면 앙상하다. 김만배의 자기과시, 그리고 당사자 주장이 엇갈리는 보도 내용이 스토리의 전부다. 일개 언론 보도 분쟁인 셈이다. 결은 다르지만 채널A 기자의 강요 미수 사건이 무죄를 받은 과정을 상기해볼 필요가 있다. 해당 기자는 피의자에게 '플리 바게닝(사전 형량 조정)'을 주선하겠다며 검찰 고위층과의 친분과 자신의 '수사 개입' 능력을 과장했으나, 법원은 이것이 죄가 될 수 없다고 판단했다. 박근혜의 세월호 당일 행적과 관련한 칼럼을 썼다가 명예훼손 혐의로 기소된 가토 다츠야《산케이신문》전 서울지국장 사건도 비슷하다. 법원은 "기사를 작성하면서 사실관계를 파악하지 않았다"면서도 언론의 자유를 이유로 다츠야 전 지국장에 대해 무죄를 선고했다.

설사 김만배가 '거물급 검사'의 커피 한 잔 사건을 무마 스토리로 허구로 나열했다고 하더라도, 그 시시비비는 법정에서 가리면 될 일이다. '고의성', 즉 '허위임을 알고 상대에 해를 입히려는 목적으로' 보도했거나, 현저한 '악의성', 즉 터무니없는 일을 꾸며내 보도한 게 아니라면 우리 법원은 언론의 자유를 넉넉히 인정해준다. 민주공화국 헌법의 장점이다. 물론 '언론 보도 윤리'는 남는다. 신학림과 김만배의 돈 거래는 신뢰에 관한 문제가 될 수 있겠지만, 거기까지다. 신학림과 김만배의 돈 거래 배경에 대해서는 검찰이 수사를 하고 있으니 곧 밝혀지게 될 것이다. 오히려 〈뉴스타파〉의 사과, 방송사의 사과 모두 언론의 자정 능력에 기대를 갖게 한다.

또 다른 쟁점은 대통령실이 언급한 '정치 공작' 의혹인데, 이건 이른바 '더불어민주당 배후설'이다. 하나 그 근거라는 게 어설프다. 보도가 나온 직후 더불어민주당과 이재명 캠프가 '마치 짜고 친 듯이' 적극적으로 전파했다는 건데, 24시간 돌아가는 대선 캠프가 상대 후보와 관련된 언론 보도를 기를 쓰고 전파하기 위해 노력하는 건 어느 후보의 경우나 마찬가지 일이다. 사전에 더불어민주당이 이 인터뷰에 개입되어 있다는 증거도 제시되지 않고 있다.

굳이 죄명을 지어보자면 '대통령 선거에서 떨어뜨리게 할 뻔하도록 한 죄'쯤일까? 모기를 보고 뽑아든 검은 '내란죄'와 '사형'의 집행 검이 되어 태산을 명동케 하고 있으나(태산명동), 정작 MBC 기자들을 고발한 내용을 보면 내란죄도, 반공법도 아닌, 허위사실 유포에 의한 윤석열 대통령의 명예훼손 혐의다(서일필). 태산이 흔들리도록 요란을 떨었지만 나온 건 쥐 한 마리뿐이더라는 고사성어가 이렇게 딱 맞아떨어질 일인가. 그렇다면 모기를 보고 칼을 뽑은 다른 목적이 있을 것이다.

윤석열 대통령은 당선됐다. 0.73%포인트 차이 득표율의 의미를

새기고 정치를 하라고 주문했더니, 0.73%포인트 차이로 당선된 것을 '억울함'으로 치환했다. 기이한 '승자의 대선 불복' 풍경이다. 사건의 진행 과정을 보면 몇 가지 의문이 든다. '승자의 대선 불복'은 대선이 1년 6개월 이상 지난 시점에서 어떻게 불쑥 제기됐을까. 타임라인을 따라가 보면 이 사건은 대장동 핵심 인물 김만배의 구속 기간 만료(2023년 9월 7일 0시)를 일주일가량 앞두고 전격적으로 불거졌다. 많은 사람들이 놓친 장면이 있다.

2023년 9월 1일 검찰이 김만배와 돈 거래를 한 신학림 씨를 압수수색했다. '대선 공작 수사'의 신호탄이었다. 그리고 대통령실 '고위 관계자 성명'은 5일에 나왔다. 검찰은 6일 오전에 김만배의 자택을 압수수색했다. 오후에 검찰은 구속 만기를 앞둔 김만배에 대한 구속영장 심사 과정에서 "김만배가 (2021년 9월) 스스로 허위 인터뷰를 하고, 이 내용이 〈뉴스타파〉에 보도되게 했다"며 "김만배가 자신과 배후 사범들의 범행을 은폐하고자 새로운 범죄를 저지르는 것도 마다하지 않았던 정황이 확인된다"고 새로 발굴한 '사유'를 들어 구속 필요성을 역설했다. 그런데 법원은 구속영장을 기각했다. 김만배는 7일 0시를 기해 석방됐다. 한 검찰 관계자는 "대통령실이 직접 '가이드라인'을 내리고 검찰이 김만배를 묶어놓으려 총력을 기울였는데 법원이 구속영장을 기각한 걸 보고 깜짝 놀랐다"고 했다.

검찰은 대장동 수사로 1년 6개월간 김만배를 구속해 놓고도 이른바 '몸통'에 대해선 기소조차 못하고 있는 게 현실이다. 2년째 이어진 수사는 여전히 진행 중이고, 갈수록 곁가지 수사들이 튀어나오고 있으며 그때마다 수사팀이 새로 꾸려지길 반복한다. 검찰 수사는 무한 확장의 우주론적 스케일로 진화 중이다. 이번 건도 대장동 수사에서 파생된 수많은 수사 중 하나인데, 김만배 구속에 실패한 검찰은 이제 윤석열 대통령에 대한 명예훼손 혐의를 수사하기 위해 검사 윤 대통령이 처한 상황을 헤아려보면 목표가 보인다. 윤석열 대통령은 여소야대 상황에 처해 있다. 그런데 협치는 싫다. 국회를 우회하고 싶다. 믿을 건 검찰과 언론인데, '공산당 기관지' 같은 언론은 걸림돌이다. 언론을 '평평하게' 만들어야 한다. 그리하여 검찰이 대통령 명예훼손을 처벌하기 위해 언론사를 압수수색하는 나라. 검찰 공화국 최종판이다.

10명을 꾸려 '대선 개입 여론 조작 사건' 특별수사팀을 또 발족했다. 이쯤 되면 수사의 목표는 '수사 확장' 그 자체가 된다.

언론에 대한 대대적 수사는 최근에 벌어지고 있는 일련의 '방송 장악' 논란과 만나 시너지를 낸다. MBC 방문진 이사장을 쫓아내는 건 시간문제고, 김의철 KBS 사장은 벼락처럼 해임됐다. 방송통신심의위원회(이하 방심위)는 방송 보도를 상대로 무더기 법정 제재를 쏟아내고 있으며, 연예인 발언을 집권 여당 대표가 때리고, 정부가 언론 보도를 팩트 체크하겠다고 나선다. 이동관 방심위 위원장이 임명되고 MB정부 문화계 블랙리스트 의혹이 있는 유인촌은 다시 장관직으로 컴백할 채비를 마쳤다. 그동안 자유민주주의를 위협하는 세력이 암약하고 있었다는 그 세력 중 한 축이 알고 보니 언론이었다는 얘기일까?

==윤 대통령이 처한 상황을 헤아려보면 목표가 보인다. 윤석열 대통령은 여소야대 상황에 처해 있다. 그런데 협치는 싫다. 국회를 우회하고 싶다. 믿을 건 검찰과 언론인데, '공산당 기관지' 같은 언론은 걸림돌이다. 언론을 '평평하게' 만들어야 한다. 그리하여 검찰이 대통령 명예훼손을 처벌하기 위해 언론사를 압수수색하는 나라. 검찰 공화국 최종판이다.==

그런데 문제가 있다. "여소야대 아무리 얘기해도 (윤석열 대통령은) 불쌍해 보이지 않는다. 하고 싶은 거 다하고 다니는 것 같아 보인다 (여권 관계자)"는 점이다.

언론을 '뽀개' 버리기 위해 검찰이 나선 것도, 최근 반국가 세력에 대한 선전포고도, '윤석열식 역사 바로 세우기'도 대통령을 '국정에 발목 잡힌 0.73% 대통령'으로 만들지 못한다. 총선을 대비해 중도층을 끌어모아야 하는 대통령은 지금, '0.73%포인트'에 매달려 승리한 대선에 불복을 선언하고 있다. 30% 초반대의 지지율을 가지고 과거와 싸우고 있는 '강한 대통령', 하고 싶은 것 다하는 '강한 대통령'을 보는 여권은 불안하다. '견제론'이 각종 여론조사에서 우위를 점하는 이유다. '승자의 대선 불복'은 영 어색하다. 아직 윤석열 정부의 시계는 대선에 머물러 있다.

이상한 대통령의 세계관, '전시 지도자'를 상상하나?

2024.08.24.

12·3 비상 계엄을 선포하기 전 윤석열의 언어는 이전과 조금 달랐다. 군부대를 찾는 횟수는 부쩍 늘었다. 공교롭게도 북한은 2024년 한 해 동안 평소에 비해 미사일 등 재래식 무기 도발 횟수를 줄이고, 대신 '오물 풍선'이라는 심리전 성격의 방식을 고안해냈다. 군사상 직접적 위협이 되지는 않지만 적은 비용으로 휴전선 이남의 지도자와 시민들을 긴장시킬 수 있는 방식이었다. 북한이 오물 풍선을 처음 날려 보낸 건 2023년 5월 28일이었다. 극우 단체들이 5월 10일 대북 전단을 보낸 데 대해 맞불을 놓은 것이다. 오물 풍선은 '전시 지도자'를 꿈꾼 윤석열에게 미묘한 존재였다. 도발인 듯, 도발 아닌, 도발 같은 상황. 북한은 왜 그랬을까. 핵실험과 같은 중대한 도발을 항시 예고하면서도 왜 '오물 풍선'만을 띄웠을까? 윤석열의 언어가 전쟁 불사의 수위로 올라가는 걸 보면서 수위 조절을 한 것일까? 그가 '전시 사변'을 원한다는 걸 감지했던 것일까?

==대통령의 '세계관'이 궁금해진다. 대통령의 연설을 보면 가끔 자신을 '전시 지도자'의 위치에 놓고 있는 것이 아닌가 하는 생각이 든다. 혹은 그는 스스로를 '혁명 지도자'로 여기는 것 같기도 하다.==

윤석열 대통령이 존경하는 인물은 윈스턴 처칠이다. 지난 2022년 1월 윤 대통령은 국민의힘 대선 후보 시절 SBS 방송에 출연해 처칠을 존경한다면서 이런 말을 했다.

"세계가 어려웠을 때, 그야말로 그 당시에 나치와 타협하자는 정치권의 요구가 많았거든요. 그런데 국민들을 설득하고, 자기의 확고한 어떤 비전을 가지고 국민들과 함께 어려움을 돌파해나가서, 자유민주라고 하는 무너질 뻔한 질서를 다시 회복시킨 그런 측면에서, 저는 영국을 떠나서 정말 세계적으로 많은 분들이 좀 사표(師表)로서 배워야 하는 분이 아닌가."

대통령은 역사를 일종의 '영웅 신화'로 이해하고 있다. 정치인이 어떤 인물을 '롤모델'로 선택할 때는 크게 두 가지 면을 고려한다. 첫째, 역경 극복 스토리인데, 쉽게 말해 '성공 스토리'다. 이런 건 주로 영웅 신화의 구조를 충실히 따른다. 어느 날 소명을 받고 모험에 뛰어들어 시련을 겪고 고뇌와 성찰을 거쳐 영웅의 상태에 이르는 것이다. 유복한 집안에서 태어나 삼수 끝에 샌드허스트 육군사관학교에 진학한 후 제1차 세계대전의 시련을 거치고, 정치인으로 변신해 '나치와 타협하자'는 유혹을 뿌리치고 국가 최고 지도자가 돼 전쟁을 승리로 이끈다. 윤 대통령은 처칠이라는 정치인에 매력을 느낀 것 같다. 처칠이란 영웅적 인물은 윤 대통령에게 개인적 동인으로 작동한다.

둘째, 역사적 맥락 속에서 정치인의 업적과 비전에 주목하는 경우다. 이를테면 처칠의 성과는 역사적 맥락에 따라 다각적으로 다뤄진다. 처칠은 보편적 정치인 유형은 아니다. 인류 역사상 유례없는 '특수 상황(제2차 세계대전)'에서 부각된 전시 지도자였다. 그가 유능한 전시 지도자였을지언정, 유능한 정치가였는지는 평가가 엇갈린다. 실제 처칠은 종전 직후 보수당을 이끌고 총선에 뛰어들었으나 패배했다. 그는 식민지 탄압에 앞장선 보수적 제국주의자이기도 했다. 영국이 세계 곳곳에서 저지른 식민 범죄는 히틀러를 패퇴시킨 업적으로 가려질 수 있는 게 아니다.

어떤 정치인은 '위인전'에 감명받아 영웅적 인물의 생을 자신의 '사표'로 삼기도 하지만, 어떤 정치인들은 '독일 통일의 초석을 둔 빌리 브란트'식으로 '업적'에 초점을 맞추기도 한다.

==윤 대통령은 처칠의 '영웅적 스토리'에 선택적으로 심취한 것 같다. 요컨대 대통령의 세계관 속에서 '나치(북한)와 타협하자'는 세력은 문재인 정권과 그의 잔당들이고, 자신은 위대한 전시 지도자로서 내부의 '반국가 세력'을 색출하고 전쟁에서 승리하는 영웅의 자리에 위치시키는 것은 아닐까.== '갈라치기', '정무적 실책'이란 비판에도 아랑곳하지 않고 3년째 '반국가 세력 색출'을 일관되게 외치는 그의 심리를 이해하기 위해서는 보통의 이론으로 불가능할 것 같아서다.

윤 대통령은 전시 지도자의 언어를 자주 구사한다. 2023년 9월 15일 인천상륙작전 전승 기념식에서 "반국가 세력들은 허위 조작과 선전 선동으로 우리의 자유민주주의를 위협하고 있다"고 말했고, 2024년 3월 26일 국무회의에서는 "반국가 세력들이 국가 안보를 흔들고 있다"고 주장했다. 지난 광복절 경축사에서도 "조작 선동으로 여론을 왜곡하고 사회를 교란하는 반국가 세력들이 여전히 활개치고 있다"며 '검은 선동 세력', '반자유 세력', '반통일 세력'의 존재를 '폭로(?)'했다. 그런가 하면 2024년 8월 19일 을지 및 제36회 국무회의에서는 "전쟁은 언제든 일어날 수 있다"며 "북한은 개전 초기부터 이들을 동원해 폭력과 여론 몰이, 선전, 선동으로 국민적 혼란을 가중하고 국론 분열을 꾀할 것"이라고 말했다.

==특히 "혼란과 분열을 차단하고 전 국민의 항전 의지를 높일 방안을 적극적으로 강구해야 한다"라고 말한 부분에서는 모종의 섬뜩함마저 느껴진다. 이런 언어들은 일반적 정치 지도자의 언어가 아니다. 전시 지도자의 언어다.==

제2차 세계대전 당시 미국의 프랭클린 루즈벨트 대통령도 윤 대통령이 간혹 인용하는 인물이다. 윤 대통령은 루즈벨트의 '자유는 주어지는 것이 아니라 쟁취하는 것'이라는 말을 좋아한다. 루즈벨트도 '전시 지도자'다. 그는 1941년 미국의 고립주의 탈피를 선언하며 전쟁에 개입하기로 결심한 후 연설을 통해 "미국은 (적국의) 비밀 공작원과 그들에게 속은 사람들에 의해 점령될 것이다. 그들의 다수가 이미 미국이나 라틴아메리카에서 활동하고 있다"고 주장했다. 어디에서 많이 들어본 얘기다.

루즈벨트가 말했던 것처럼 '한국에서 활동하는 적국의 비밀 공작원이 한국을 점령할 수 있다'라는 인식을 갖고 있는 것처럼 보이는 우리 대통령은 지금 자의인지 타의인지 알 수는 없지만, 어찌됐든 '한미일 군사 동맹'으로 나아가는 길을 무모할 정도로 착실하게 닦고 있다. "중요한 것은 일본의 마음" 운운하며 일본이 원하는 것들을 퍼주는 이유도 그런 배경에서 이해할 수 있을 것이다. 이런 판단은 '평시'에서는 할 수 없는 일이다. 정말로 '전쟁이 임박했다'는 생각에 사로잡혀 있을 수 있다는 말이다.

==아니면 혹시 대통령의 세계관 속에서 지금은 '전시 상황'이어야 하는 것은 아닐까. 대통령은 자신을 처칠이나 루즈벨트와 동일시하면서 지금 '전시 대한민국'을 이끌어가고 있다고, 스스로 '숭고한 짐'을 어깨에 짊어지고 있다고 상상하고 있는 것은 아닐까.== 채 상병 사망 사건과 관련해 임성근 전 해병대 1사단장의 혐의를 경찰에 이첩한다는 사실을 보고받은 후 "이런 일로 사단장을 처벌하면 누가 사단장을 할 수 있겠느냐"며 격노(박정훈 전 해병대 수사단장이 주장한 대통령의 이 발언을 대통령은 한 번도 부인한 적이 없다)한 것도, 이첩 보류 명령을 어긴 박정훈 전 수사단장에게 전시에서나 볼 법한 항명수괴죄(전시일 경우 사형이다)를 적용한 것도 '전시 상황'이라는 상상계 속

에서 벌어진 일이 아닐까.

사실 유사 이래 정치인들의 수사들을 보면 대한민국은 위기가 아닌 적이 없다. 그럼에도 불구하고 대통령이 정체도 불분명한 '내부의 적'들을 향해 내놓는 발언들은 도가 지나친 것 같다. 아무리 한반도가 '휴전 상태'이고 머리 위에 북한을 얹고 살고 있지만, 지금을 '전쟁 상태'로 인식하는 사람은 거의 없다. 있다면 대체로 아스팔트 태극기 시위대 정도이거나 극단적 종교 세력들뿐이다. 무엇보다 처칠은 실제 전쟁이 난 후 집권한 인물이고, 윤 대통령의 경우는 그렇지 않다. 문재인 정부가 북한에 정권을 헌납하려 했다는 일부 극우 유튜버들의 주장이 대통령의 인식을 지배하고 있다면 모를까.

==국가 지도자의 현실 판단과 유권자의 현실 판단이 어긋나면 국정은 산으로 가고 정치는 신뢰를 잃는다. 지금 대통령의 상상계 속 대한민국은 전쟁 국가다. 그리고 그는 전시 지도자다. 그렇지 않고서는 그의 연설문을 온전히 이해할 수 없다.== 대통령은 소영웅주의에 빠져 있는 것처럼 보인다. 전쟁 대비 훈련 상황임을 감안해도 대통령의 '항전' 발언은 전쟁 상황에 지나치게 몰입해 있는 것처럼 느껴져 걱정스럽다. 대통령은 세상을 향해 '지금 대한민국은 전시다', 아니 '전시여야 한다'는 걸 강조하고 있는 것처럼 보인다.

대통령은 끊임없이 '우리 안의 반국가 세력'을 색출하자고 말하고 있지만, 그가 존경한다는 처칠의 연설문을 보면 절망적 상황에서도 항상 '단결'과 '희망'의 언어를 놓지 않고 있는 걸 볼 수 있다. 처칠은 전시 내각 총리를 받아들이면서 "내가 드릴 수 있는 것은 피, 수고, 눈물, 그리고 땀뿐입니다(I have nothing to offer but blood, toil, tears, and sweat)"라고 역설했다. 그리고 현실의 비참함보다 승리 후 거머쥘 미래의 비전을 국민들에게 말했다. 처칠이 영국인의 신뢰를 국가 지도자의 현실 판단과 유권자의 현실 판단이 어긋나면 국정은 산으로 가고 정치는 신뢰를 잃는다. 지금 대통령의 상상계 속 대한민국은 전쟁 국가다. 그리고 그는 전시 지도자다. 그렇지 않고서는 그의 연설문을 온전히 이해할 수 없다.

얻을 수 있었던 결정적 비결이다.

　윤 대통령은 당선된 후 2022년 5월 16일 국회 시정연설에서 "지금 대한민국에는, 각자 지향하는 정치적 가치는 다르지만 공동의 위기를 극복하기 위해 기꺼이 손을 잡았던 처칠과 애틀리의 파트너십이 그 어느 때보다 필요하다"라고 역설한 적이 있다. 그러나 지금 상황은 어떤가. 처칠은 자신을 '전쟁광'으로 비난해 왔던 정치적 앙숙 애틀리 노동당 당수를 부총리로 임명하며 '전시 내각'을 꾸렸다. 지금 윤석열 대통령과 닮은 구석이 보이는가? 특히 형체도 불분명한 '내부의 적' 운운하는 것은 처칠이 강조한 '단결'과 '협치'에 반하는 언어다. 처칠은 전쟁을 앞두고 야당과 손잡았다. 지금이 전쟁 위기라면서, 북한과 싸우겠다면서, 가장 중요한 국정 파트너인 야당을 '반국가 세력'의 숙주쯤으로 바라보는 방식은 처칠의 방식이 아니다. 대통령은 처칠을 따라가는 게 아니라, '처칠 놀이'에 심취해 있다.

　'전쟁 대비'는 보수·진보 막론하지 않고 정권이 모두 해온 일이다. 대통령의 역할은 전쟁 준비를 하며 국민을 안심시키는 것이지 국민에게 항전 의지를 가지라며 호전성을 부추기는 게 아니다. 처칠은 호전적인 연설을 했지만, 당시는 실제 전쟁을 수행하는 시기였다. 오히려 처칠은 전쟁 끝에 존재할 희망과 평화에 대해 말했다. 지금 '가장 어두운 시기(Darkest Hour)'를 벗어나게 되면 '가장 찬란했던 시기(Finest Hour)'로 기억할 것이라며 호소하는 처칠의 연설은 유명하다.

　윤 대통령은 새삼스레 위기를 강조하는데, 보통의 시민들은 지금 대통령이 가장 위기라고 본다. 대통령이 돈키호테가 되어가고 있는 것은 아닌지 걱정스럽다.

'군미필' 대통령의 '전투식량 타령'

2024.09.21

윤석열이 비상계엄을 선포하기 약 두 달 전인 2024년 10월11일 금요일 오후 9시경, 북한이 대한민국 소속 무인기가 평양 조선노동당 중앙위원회 본부 청사 일대 상공에서 대북 전단을 살포했다는 의혹을 제기했다. 10월15일 북한은 동해선과 경의선 도로를 폭파하며 긴장을 끌어올렸다. 우리 정부가 군사분계선 이남 지역에서 대응 사격을 하며 긴장은 더욱 고조됐다. 2024년 남한에서 북한으로 보낸 대북 전단이 확인된 것만 73차례, 북한에서 내려온 오물 풍선은 33차례다. 올해 윤석열의 행동은 특히 이상했다. 그는 2024년 8월 여름휴가 기간에 경남 진해 한산대 체력단련장을 찾아 골프 라운딩을 했고, 이어 충남 계룡시 구룡대 골프장을 찾아 골프를 즐겼다. 대통령실은 "육·해·공군 장병들을 격려하고 안보 태세를 점검하는 안보 휴가였다"고 설명했다. 당시 일정을 조율한 대통령 경호실장은 김용현 전 국방부 장관이다. 구룡대에선 육군특수전사령부 707특수임무단 소속 부사관들과 함께 골프를 쳤다. 계엄 선포 후 국회에 투입된 계엄군 주력 부대였다. 남북 간 긴장이 고조되는 가운데, 그의 계획은 무엇이었을까.

《조선일보》의 2024년 9월 16일자 "尹 대통령, 세계 각국 전투식량 직구해 사 먹는다는데…"라는 기사를 보고 실소했다. 윤석열 대통령이 최근 미국과 프랑스, 독일, 일본 등 세계 각국의 전투식량을 직접 인터넷에서 구매해 맛을 본 것으로 알려졌다는 내용인데, 대통령실 관계자는 "젊은 장병들을 잘 먹여야 한다는 평소 생각이 반영된 것으로 보인다"고 말했다고 한다.

'전투식량'에 대한 윤 대통령의 진심은 추석인 2024년 9월 17일 오후 강원도 최전방 부대인 육군 제15사단을 방문해 "잘 먹어야 훈련도 잘하고, 전투력도 생기는 법"이라며 "격오지에 있는 부대들에 대해서는 통조림이나 전투식량 등을 충분히 보급하라"고 지시한 데에서도 느껴졌다. 대통령은 '전투식량'을 아마 일반 병사들이 실생활에서 먹는 걸로 착각한 모양이다. 통조림이라는 말은 또 어떤가. 얼마나 고색창연한가.

미국이나 프랑스에서 영감을 얻은 전투식량을 보급해봐야 병사들은 평소에 먹지 않는다. 군대에 다녀온 사람들은 다 아는 사실이다. 1~2주 야외 생활을 하는 훈련 때도 '식사 추진'이란 이름으로 밥차를 동원해 '일반식'을 식판에 담아 먹는다. 반합도 잘 이용하지 않는다. 물론 훈련 프로그램 속에 '전투식량' 먹는 날을 하루 정도 따로 정해두긴 한다. 대부분 유통기한이 가까워온 보급품 제고를 처분하기 위한 목적이다.

대통령의 인식대로 군인이 전장에서 전투식량을 먹을 정도의 상황이라고 한다면, 제대로 된 식사 보급 자체가 어려운 극한 전투 상황일 것이다. 대통령이 최근 '전쟁 위기'를 부쩍 강조하고 있는데, 대통령의 인식 속에서 우리나라는 우크라이나 원정 지상군 수준의 전쟁을 치르게 될 상황이거나 과거 베트남전과 같은 상황, 혹은 6·25와 같은 전쟁 상황에 놓일 수 있는 나라인 건가 싶기도 하다. 그런데 정작 대통령은 전쟁을 겪어본 적이 없고 심지어 군대에 다녀온 적도 없다.

대통령은 '부동시'로 군 면제를 받았다. 대통령이 전 세계 각국의 '전투식량'을 맛보는 것이 '장병 사랑'과 무슨 관계가 있는지 알 수

==는 없다. 단순하게 대통령이 요리를 좋아한다니, '전투식량'의 종류와 선택지를 다양하게 만들면 장병들에게 큰 도움이 될 것이라고 보는 것일 수 있겠다고 애써 이해해보려 한다.==

그런데 최근 대통령실이나 국가보훈부, 국방부를 통해 부쩍 강조되고 있는 대통령의 '장병 사랑' 미담 속에서 간혹 이물감 드는 일들이 생기는 데 대해서는 꼭 한마디를 하고 싶다.

윤석열 정부 들어서 빈번하게 사용되는 말이 '제복 영웅'이라는 다소 낯선 용어다. 이 말은 과거 이준석 전 국민의힘 대표가 '천안함 용사들'을 언급할 때나 간혹 쓰던 말이었다. 군대에 다녀오지 않은 이 전 대표가(산업기능요원으로 합법적인 병역 대체 의무는 마쳤다) '제복 입은 영웅'이란 낯선 단어를 사용할 때 뭔가 어색함이 느껴졌다. 이를 두고 순전히 개인적으로 추정하건대, 군대에 다녀오지 않은 이 전 대표가 '군복'이나 '경찰복' 같은 근대적 상징물에 모종의 판타지를 느끼고 있는 것 아닌가 하는 생각을 했을 뿐이다. 제복 안 입은 영웅들(일반 공무원들)도 국가를 위해 자신의 자리에서 헌신하는 건 마찬가지인데, 꼭 '제복 영웅'을 짚어서 얘기할 필요가 있나 싶은 생각도 들었다. 그냥 군인이나 경찰을 지칭하는 자신만의 '수사'라 생각했다.

그런데 윤석열 정부 들어서 '제복 영웅'이란 생경한 말이 공식 자료에 등장하는 일이 빈번해졌다. 윤석열 정부가 출범하고 처음 6·25전쟁 기념일을 맞았을 때 국가보훈처(현 국가보훈부)는 6·25 참전용사 단체복을 패션 디자이너와 함께 특별 제작해 지급하면서 '제복의 영웅들'이라는 말을 띄우기 시작했다. 민간에 '영예로운 제복상'과 같은 행사들이 있긴 했지만, '제복 영웅'이라는 말이 공적인 영역으로 들어오면서 이상하다는 생각을 한 것은, 국가가 '제복' 입은 공직자들에게 조금 다른 대우를 하는 것처럼 보이려 노력하는 데에서 정치적 목적이 있는 것 아닌가 하는 생각이 들었기 때문이다. 혹은 대통령 개인의 콤플렉스가 발현된 것일까.

제복은 군인이나 경찰, 소방관만의 전유물이 아니다. 민간 영역에서도 항공사 직원들이나 선사 직원들, 은행원이나 (요즘은 잘 없지만) 택시기사 등이 제복을 입고 근무하기도 했다. 학생들이 입는 '교복'도 '제복'의 한 종류다. 제복(制服), 말 그대로 절제된 복장을 말하는데, 단어 자체나 유래와 관련해 다소 뜻이 다르지만, 영어로는 '유니폼'(uniform)이란 말이 우리가 흔히 쓰는 '제복'이란 말과 가장 의미가 통하는 단어다. 국어사전에서는 '학교나 관청, 회사 따위에서 정하여진 규정에 따라 입도록 한 옷'이라고 규정돼 있다.

==제복의 여러 의미 중에 특정 직업군만을 가리켜 '제복 영웅'이라는 말을 만들어 붙여 의미를 부여하는 건 분명 의도가 있을 것이다.== 특히 이 정부에서 사용하는 제복 영웅은 주로 사람의 생명과 관련된 '물리적인 일'을 하는 사람들을 지칭하는 것 같다. 대부분 군인, 경찰, 소방관이다. 하지만 복지 담당 공무원들이나 교사들을 포함한 대부분의 공무원들이 국가와 사회를 위해 하는 일들은 모두 사람의 생명과 관련된 일들이다. 그들로부터 제복 영웅을 분리해 특별히 기리겠다고 하는 게 어색해 보이는 건 사실이다.

제복은 권위이기도 하지만, 통제이기도 하다. 이 정부가 말하는 제복 영웅의 핵심을 잘 짚어낸 발언을 소개한다. 임성근 전 해병대 1사단장이 탄원서를 제출하며 "군인은 국가가 필요할 때 군말 없이 죽어주도록 훈련되는 존재"라고 말한 것을 보면서 윤석열 대통령이 "이런 일로 사단장까지 처벌하게 되면 대한민국에서 누가 사단장을 할 수 있겠냐"라고 했다는 말이 떠올랐다(대통령은 이런 발언을 한 걸 현재까지 공식적으로 부인하지 않고 있다). 여기에서 '이런 일'이라는 건 구

대통령은 '부동시'로 군 면제를 받았다. 대통령이 전 세계 각국의 '전투식량'을 맛보는 것이 '장병 사랑'과 무슨 관계가 있는지 알 수는 없다. 단순하게 대통령이 요리를 좋아한다니, '전투식량'의 종류와 선택지를 다양하게 만들면 장병들에게 큰 도움이 될 것이라고 보는 것일 수 있겠다고 애써 이해해보려 한다.

명조끼도 없이 실종자 수중 수색 작업에 투입됐다 거센 물살에 휩쓸려가 목숨을 잃은 채 상병 사건을 말한다.

==군말 없이 죽어주도록 훈련된 존재가 죽었을 뿐인데 그 존재를 지휘하는 사단장이 그런 '작은 희생'에 물러나는 게 맞느냐는 것이다. 대체 대통령은 어디서 배운 군인 정신인지 모를 말을 하고 있는 건가. 그렇게 희생된 사람을 '제복 영웅'으로 극진히 기려주면 그만이라는 것인가.== 이 정부가 제복 영웅이라는 이름으로 요란하게 마케팅을 펼치면서 정작 지우고 있는 것은 제복 안에 들어 있는 사람이다. 군인은 제복 입은 영웅이기 이전에 제복 입은 시민이다. 이를테면 해병대 사망 사건 수사 외압을 폭로한 박정훈 대령은 제복 입은 시민으로서 자신의 본분을 다하고 있는 중이다. 하지만 이 정부는 제복 입은 사람은 '시민'이 될 수 없고 희생하는 '영웅'이 되라고만 강요하고 있는 것이다.

하나 더 예를 들면 홍범도 장군은 제복 영웅이 아니다. 그는 '일본 국적'을 가진 시민들이 살고 있는 '조선땅'의 제국주의에 저항하기 위해 국가 없는 군인이 되었다. 하지만 제복 영웅은 정규군만을 지칭한다. 정규군이 아닌 사람은 제복 영웅이 될 수 없다. 잃어버린 나라를 되찾기 위해 총칼을 들었든, 숭고한 희생으로 독립의 꿈을 안겨줬든, 소련식 군복을 입고 감히 사진을 찍은 홍범도 장군은 육사 교정에 '제복 영웅'으로 존재할 자격이 없다는 게 이 정부의 논리다. 쉽게 말해 대통령의 인식에서 제복 영웅은 딱 6·25 때까지다. 대한민국이 '건국'된 후에야 비로소 제복 영웅이 탄생하는 것이고, 그 이전의 영웅들은 제복 영웅이 될 자격마저 박탈당하는 것이다. 어디에서 많이 본 논리다. 뉴라이트의 인식이 딱 그런 꼴이다. 제복 영웅 칭송 프로젝트에서 공산 전체주의 같은 급조된 신조어의 냄새가 나는 이유가 있는 것이다.

윤석열 대통령이 군부대 시찰을 갈 때마다 제복 영웅을 운운할 때 드는 이질감의 정체를 정리해보고자 이 글을 쓴다. 군대에 다녀오지 않은 대통령이 군부대를 방문해 '제복 영웅' 같은 특별한 수사를 동원해 사기를 올리겠다고 하는 의지는 잘 알겠다. 하지만 한때 제복 영웅으로 2년 넘게 군에서 복무하며 시민의 의무를 다한 사람으로서, 제복 입은 영웅보다 제복 입은 시민에 대해 더 생각해줬으면 하는 바람이다. 군 미필자의 콤플렉스를 이런 식으로 해소하지 않았으면 한다.

대한민국 시민의 의무인 군대도 다녀오지 않고서, 억울한 병사 사망 사건을 은폐하기 위해 우려먹고 있는 대통령의 제복 영웅론을 보며 든 단상이다.

'왕의 길' 위에 선 대통령, 기획한 자들이 있다

2024.10.05.

2024년은 윤석열이 유난히 군에 대한 애정을 드러낸 해였다. 그리고 2024년 10월 1일, 국군의날 행사에 선글라스를 끼고 직접 등장해 '어도(御道)', 즉 왕의 길을 걸었다. 윤석열은 확실히 뭔가에 취해 있었다. 계엄 이후 내란을 수사하던 수사 당국은 무속인을 자처한 전 정보사령관 노상원의 수첩에서 'NLL(북방한계선)에서 북한의 공격을 유도'라는 메모를 발견했다. 뒤늦게 밝혀진 얘기지만 김용현은 계엄 닷새 전인 11월 28일 북한의 오물 풍선 원점 타격을 지시했다. 합참은 이 명령을 거부했다. 전시에 준하는 상황이라고 보기에 오물 풍선은 그 명분이 약했기 때문이다. 전시 사변에 준하는 사태가 발생하지도 않았는데 조급했던 윤석열은 위헌적인 계엄 선포를 감행하고, 자신이 격려했던 부대원들을 국회에 난입시켰다. 내란의 증거는 차고도 넘친다. 그리고 밝혀야 한다. 왜 김용현은 북한 선제 타격을 지시했는지, 전시 사변의 상황이 됐을 때 윤석열은 무엇을 하려고 했는지.

2024년 국군의날에 광화문에서 벌어진 이 괴상한 퍼포먼스의 본질에 대해 반드시 짚고 넘어가야만 하겠다.

서울의 핵심부에 있는 광화문광장이 갖는 상징성은 복합적이다. 1865년 흥선대원군이 경복궁 중건으로 복원한 광화문은 일제강점기에 조선총독부 청사가 들어서면서 경복궁 동쪽 건춘문으로 이전하는 굴욕을 겪었다. 그래서 해방 후 박정희는 일제 극복의 상징으로 광화문 앞길에 이순신 동상을 세웠다. 1960년 이승만 독재 정권을 끝낸 4·19 혁명과 군사독재를 끝낸 1987년 민주화 운동, 그리고 2016년 박근혜 탄핵 등, 한국전쟁 이후 광화문광장은 대체적으로 대한민국 민주화를 상징하는 곳으로서 집단 경험을 공유한 공간으로 자리했다.

==그 광화문광장을 윤석열 대통령이 '전유(專有)'해 버렸다. 다중의 소유물인 광장의 상징을 제멋대로 가져다가 의미를 독점함으로써 다중을 농락하고 있는 셈이다. 2024년 국군의날 행사에서 윤석열 대통령은 그 광화문광장을 74년 전 6·25전쟁터의 특설 무대로 만든 후 스스로 배우가 되어 단상에 난입했다. 국군의날 행사를 여러 차례 봐왔고 또 직접 취재도 해본 적이 있지만, 이런 기괴한 심성을 불러일으킨 행사는 처음 보는 일이다.==

민주주의국가에서 군사 퍼레이드는 희귀한 일이다. 최소한 민주화된 국가에서는 군사 퍼레이드를 하더라도 정부 수반은 군인들과 최신형 무기를 사열하는 수준에서 정제된 행동과 말투로 안민보국을 말하는 수준에서 벗어나지 않는다. 권위주의 독재 시절에는 모르겠으나, 한국도 민주화 이후에는 국군의날 행사를 축소해 왔고 남북관계 상황 등을 정무적으로 판단해 대통령의 행보와 발언의 수위를 적절히 조율해 왔던 게 사실이다.

'21세기에 웬 군사 퍼레이드냐'는 말이 나올 때마다 윤석열 정부가 단골로 예를 드는 프랑스의 경우를 보자. 프랑스는 혁명기념일인 7월 14일 대규모 열병식을 진행하긴 하나, 행사의 의미는 1789년 프랑스 혁명 중 시민들이 바스티유 감옥을 습격한 날을 기념하는 것이다. 혁명을 통해 왕의 군대를 없애고 '공화국 군대'를 창설해낸 프랑스의 군사 퍼레이드는 시민군(국민군)이 권력자(왕)를 끌어내린 역사적 상징성을 갖는다. 윤석열 정부가 세수가 부족한 상황에서 수십

억 원씩 들여 벌이고 있는 군사 퍼레이드와는 완전히 다른 의미다.

윤석열 정부는 왜 이런 화려한 군사 퍼레이드를 기획했을까. 근육질 무기를 과시하던 그날을 전후로 휴대전화가 쉴 새 없이 울렸다. 북한의 '쓰레기 풍선'을 경고하는 긴급 문자들이다. 북쪽 하늘에서 날아오는 '쓰레기 풍선'조차 제대로 막지 못하는 와중에 벌이는 대규모 군사 퍼레이드에 사람들은 무슨 생각을 했을까.

그래서 이번 국군의날 행사에서는 총선 참패와 지지율 붕괴로 정치적 궁지에 몰린 대통령의 콤플렉스가 어른거린다. 정치적 궁지에 몰린 대통령이 국군의날을 계기로 뜬금없는 호전성을 드러낸 건 과거 박근혜 전 대통령 시절에도 있었다.

박근혜는 2016년 10월 1일 국군의날 기념식에서 "(북한 군인·주민) 여러분들이 희망과 삶을 찾도록 길을 열어놓을 것"이라며 "언제든 대한민국의 자유로운 터전으로 오시기를 바란다"고 말해 논란을 일으켰다. 그해 4월 총선에서 여당이 참패하며 정치적으로 궁지에 몰리자 박 전 대통령이 국군의날을 정치적으로 전유했다는 비판이 나왔다. 그래도 최소한 박근혜는 연병장에 뛰어들어 스스로 군인 행세를 하지는 않았다.

대통령이 전면에 나선 2024년 10월 1일의 국군의날 행사는 '박근혜 시절'을 귀여운 수준으로 만들었다. 1987년 민주화 이후 처음으로 2년 연속 국군의 날 서울 도심 시가행진이 열렸다. 이날 하루 쓴 돈만 79억 원이다. 3000명 이상의 장병이 동원됐다. 압권은 윤석열 대통령이 행사 한복판에 갑자기 뛰어든 모습이었다. 용산이라는 밀실에서 나와 광화문이라는 광장으로 나선 대통령은 항공 선글라스를 끼고 충암고 후배인 국방부 장관을 옆에 대동한 채 조선시대 궁궐 앞에 설치된 '월대'를 향해 경복궁 방향으로 걸어갔다.

2024년은 윤석열이 유난히 군에 대한 애정을 드러낸 해였다. 그리고 2024년 10월 1일, 국군의날 행사에 선글라스를 끼고 직접 등장해 '어도(御道)', 즉 왕의 길을 걸었다. 윤석열은 확실히 뭔가에 취해 있었다.

몇 가지 문제를 지적하지 않을 수 없다. 광화문 월대의 한가운데에는 어도(御道), 즉 왕의 길이 있다. 조선시대 왕이 백성과 소통했던 시설물을 최근에 복원한 것이다. 윤 대통령이 '왕의 길'에 도착하자 공군 특수 비행팀 '블랙이글스'가 하늘을 갈랐고, 대형 태극기가 풍선에 매달려 솟아올랐다. 윤 대통령의 이 같은 퍼포먼스가 1950년 서울 수복 때 해병대가 게양한 태극기의 의미를 담았다는 설명을 들었을 땐 '뜨악'하다는 생각이 들었다.

서울 수복은 1950년 9월 28일에 있었다. 원래 서울시와 해병대는 매년 서울 수복일인 9월 28일을 기념하는 행사를 서울광장에서 열어왔다. 국군의날 행사 사흘 전인 2024년 9월 28일에도 해병대 사령부와 서울시가 함께 74주년 서울 수복 기념행사를 개최하고 시청 건물에 대형 태극기를 거는 장면을 재현했다. 김계환 해병대 사령관, 김상한 서울시 행정1부시장이 참석한 조촐한 행사였다. 해병대원 사망 사건 수사 외압 의혹의 핵심 키맨인 김계환 사령관은 자신의 부대원이 억울하게 세상을 떠났는데, 여전히 별일 없이 직을 수행하고 있었다.

그런데 굳이 국군의날 행사에 서울 수복 기념 행사를 또 끼워넣은 것은 대체 왜일까. 원래 국군의날은 38선을 돌파한 날(10월 1일)을 기념한다. 굳이 며칠 전 했던 '서울 수복 행사'를 사흘이나 지난 후 대통령을 주연으로 내세워 또 벌여야 할 만한 이유를 찾을 수 없다. 군미필 대통령을 '전쟁 영웅'으로 보이게 만들고 싶었던 것인가?

==국군의날에 직접 배우가 되어 무대에 선 대통령은 민주화 운동의 피땀이 서린 광화문광장이 가진 다양한 의미를 하나로 수렴해 버렸다. 국군들이 주인공이 돼야 할 국군의날의 주인공은 대통령이었고, 대통령은 '왕의 길'을 걸어 광화문광장의 의미를 북한군을 몰아낸==

1950년 '서울 수복'의 시대로 돌려놓았다.

　해병대 대원들이 광화문 자리의 중앙청사(옛 조선총독부 건물) 앞 계양대에 태극기를 올리는 모습은 1954년 재현 사진으로 남아 있다. 그 자리를 윤 대통령이 꿰찬 것이다. 해병대 업적인 서울 수복 행사를 해병대 대원 사망 사건 수사 외압 의혹을 받고 있는 윤석열 대통령이 주관했다는 점도 아이러니하다.

　군사력을 과시하고 국군 장병의 사기를 높이기 위한 목적으로 군사 퍼레이드를 하는 것까지는 이해하겠지만, 그 장소가 대한민국의 다양한 역사가 어우러져 있는 광화문광장이라는 건 납득하기 어렵다. 조선시대부터 이어져온 전통을 아우르며, 전쟁과 평화, 민주주의의 의미를 복합적으로 담아낸 광화문광장에서 윤석열 대통령이 선보인 섬뜩하고 기괴하면서, 어쩌면 우스꽝스러운 이 퍼포먼스는 광장의 의미를 '전쟁터'로 축소시켰다. 또한 그곳에서 '왕의 길'을 걸어 서울 수복 퍼포먼스를 벌인 군미필 대통령은 광장의 의미를 제멋대로 전유해버렸다.

　국군의날에 '왕의 길' 위에 선 대통령을 연출한 게 누구인지 모르겠으나, 대통령을 권력에 취하게 하고 있다. 그는 아마도 현재 윤석열 정부에서 가장 위험한 인간일 것이다. 대통령은 그를 멀리하길 바란다.

윤석열이 '보수'를 향해 저지른 용서받지 못할 죄악

2025.01.04.

12·3 계엄으로 친위 쿠데타를 꾸몄던 윤석열의 꿈은 좌절됐다. 민주화 이후 박근혜에 이어 두 번째 탄핵된 대통령으로 기록된 윤석열에 대한 프로파일링과 함께, 왜 우리는 윤석열이라는 시대적 괴물을 탄생시켰는지 고민해봐야 한다. 이와 함께 윤석열의 친위 쿠데타, 내란을 막아낸 시민들이 누구인지에 대해서도 생각해봐야 한다. 윤석열의 친위 쿠데타는 실패로 돌아갔지만, 우리는 민주주의 체제를 공고히 하고 삶을 이어가야 하기 때문이다.

한국에서 '좌파'니 '우파'니 하는 구분들에 크게 관심 없지만, 이 글의 서술을 위해서 특별히 스스로를 '우파'라 규정하는 사람들이 타자로 설정한 '좌파'를 보는 방식, 즉 '한국 우파의 세계관'을 따라가볼 생각이다.

한국에서 '내란'은 오랜 기간 '좌파의 전유물'로 여겨져 왔다. 1945년 광복 이후 이승만 우파 정권부터 시작하면 1998년 단군 이래 첫 정권 교체가 발생하기 전까지 53년간 좌파는 대한민국을 전복해 북한에 헌납하려는 세력이었다.

1998년 이후 평화적 정권 교체로 우파와 좌파가 정권을 주거니 받거니 하면서도, '좌파 전복론 및 나라 헌납론'은 보수 정당 내에서 소수 지분을 차지하면서도, 막후에선 정치적 영향력을 꽤 크게 발휘하고 있었던 게 사실이다. 이런 '우파식 음모론'은 21세기에도 청와대, 국회, 정부 각 부처(특히 문화체육관광부)에서 불쑥불쑥 튀어나와 사람들을 당황하게 했다. 특히 뉴라이트 출신 대통령실 직원의 튀는 발언이라든가, 공적인 국회 세미나장에서 등장한 '5·18 북한군 개입설', 전광훈 목사의 '보수 정당 경선 개입' 같은 사건이 그랬다.

==어찌 됐든 우파는 '좌익 척결'을 외치던 권위주의 정권 시절 '완장'을 차고 호령하던 시대를 지나 '국민의 정부'와 '참여 정부'라는 '좌파 이단 정권'을 겪은 후 뜨거운 아스팔트 길거리로 나서게 된다. 좌파의 전유물이던 아스팔트 투쟁 방식을 습득한 우파는 이제 장외에 서서 보수 정당에 압박을 가하는 방식으로 생명력을 유지하고 있다.==

그럼에도 불구하고 변하지 않은 건 '민주당 간첩들이 나라를 망하게 해 북한 김정은에게 헌납하려 한다'는 굳건한 테제였다. 일부 극우 기독교계의 자금을 지원받은 그들은 제도권 보수 정당을 압박하는 전략과 전술을 사용해 자신들만의 혁명 운동과 슬로건을 다듬어 나갔다. 우파 지지세가 과거 20세기만 못하다는 걸 깨달아가면서 위기감에 젖어 있던 한국의 제도권 보수 정당(한나라당→새누리당→자유한국당→국민의힘으로 이어진다)은 안일하게도 이들과 연을 끊지 못했고, 오히려 이들을 적극 활용해 좌파들의 집권 시도를 격파하는 데에 이용했다. 그것이 '독약'인 줄 알면서도.

'탁' 치면 '자백'이 줄줄이 나오던 시대, 무시로 간첩단을 외과 수술하듯 뽑아내던 군사 정권 공안 검사들의 시대는 갔다. 2000년 이전 공안 사건들의 형태와 다른 양상의 공안 사건들이 2000년 이후 등장하기 시작하는데, 그 대표적인 게 '이석기 내란 음모 사건'이다. 북한 연계설을 입증하지 못한 수사 당국은 등산 모임을 '산악 훈련'으로 둔갑시키고 총기 탈취 농담을 진지하게 받아들여 이들을 기소했다. 그 결과 통합진보당은 정당 자체가 해산되고 만다.

이석기 전 의원 등이 주도한 몇몇 모임과 그 모임에서 나온 과격 발언, 합법적인 북한 백두산 등반을 가지고도 중형을 선고한 수사 당국은 득의양양했지만, 21세기의 공안 사건은 점점 블랙코미디를 닮아가고 있었다. 1990년대, 2000년대에 세계화와 신자유주의 물결 속에서 비교적 자유로운 젊은 시절을 보낸 사람들은 그런 음모에 공감하지 않게 됐다.

==2024년 12월 3일, 결국 중대한 사건이 벌어지고 만다. 비상계엄 사태와 국회 무장 군인 난입 지시로 '좌파=잠재적 내란 세력'의 공식을 깨뜨린 위인이 바로 윤석열이다. 대통령이 된 그는 스스로 아스팔트 우파의 테제를 받아들여 미몽에 빠진 국민들을 계몽해야 한다는 '짐'을 어깨에 둘러메고 스스로 위헌, 불법 계엄을 선포함으로써 '내란'의 아이콘이 돼 버렸다. 내란은 좌파들이 획책하는 것이라는 '우파 세계관'에 최대 위기가 발생한 것이다.==

윤석열의 가장 큰 실책 두 가지는 스스로 망상에 빠졌다는 점, 그리고 더 큰 실책은 세상이 변한 걸 모르고 있었다는 점이다. 사람들이 기표 용지의 윤석열 이름 옆에 도장을 찍어준 이유는 내란을 벌여 대한민국을 악의 손아귀에서 구출해 달라는 염원 때문이 아니라, 전임 민주당 정권보다는 조금 더 자유주의적인 태도를 보여주길 바라서였다. 그 바람을 윤석열 본인이 정면으로 배반한 셈이다. 그 죄는 어떤 형벌로도 다스릴 수 없는 중죄다. 특히 보수 진영은 윤석열이란 폭탄을 정면으로 맞고 회생 불능 상태에 빠져들 것이다.

윤석열만 몰랐지, 세상은 이미 변하고 있었다. 문재인이 김정은과 정상회담을 했을 때 대통령 지지율은 80%에 육박했다. 일부 우파 세력들에게는 큰 충격으로 느껴졌을 것이다. 남북 정상회담을 지

12·3 계엄으로 친위 쿠데타를 꾸몄던 윤석열의 꿈은 좌절됐다. 민주화 이후 박근혜에 이어 두 번째 탄핵된 대통령으로 기록된 윤석열에 대한 프로파일링과 함께, 왜 우리는 윤석열이라는 시대적 괴물을 탄생시켰는지 고민해봐야 한다.

지하지 않는 10% 남짓한 극우 우파들은 현실을 받아들이지 않고 거부한 채, '결국은 우리가 옳았다'라는 게 언젠가는 증명될 것이라는 허황된 믿음으로 빠져들었다. 변화된 세상을 받아들이지 못한 보수는 죽은 보수다. 그 죽은 보수가 지금 좀비가 되어 윤석열의 계엄을 옹호하는 지경까지 왔다. 이들은 세상이 바뀌었다는 사실을 도무지 이해하지 못한다.

　탄핵 찬성 집회에 나선 세대는 2010년 이른바 '오세훈의 난'을 뚫고 실시된 전 국민 초등학생 무상급식 제도 속에서 자라난 세대다. 국가의 공적인 역할에 대해 눈을 뜬 세대다. 2014년 세월호 참사를 겪은 세대이고, 2022년 이태원 참사를 목도한 세대다. 국민의 안전을 위해 국가가 무엇을 해야 하는지 고민해온 세대다. 40대, 50대는 세계화 물결 시대인 1990년대와 노무현 정부 시대인 2000년대에 20대, 30대를 지나온 세대다. 20대부터 50대까지는 민주주의를 공기처럼 호흡하고 자라난 세대다. 이들이 바로 지금, 대한민국의 경제, 사회, 문화의 중추를 이루고 있다.

　2024년 총선 결과를 보더라도 한국의 정치 지형이 변화하고 있다는 가설은 점점 확신으로 바뀌고 있다. 서울과 함께 인구가 늘고 있는 경기도의 30대, 40대, 50대 중간 소득 계층이 선거판을 좌우하고 있다. 영남이니 호남이니 하는 '지역 정치'는 쇠락하고 있다. 북한은 윤석열의 12·3 쿠데타 이후 조용하다. 어떤 빌미도 주지 않으려는 듯하다. 우파들의 입장에선 지금이 핵실험을 하고 북한군을 남한에 내려보내 사회를 교란시키기 좋은 시절이라고 알겠지만, 지금은 그런 시대가 아니다.

　'민주당 간첩 정권이 북한 김정은에 나라를 헌납하려 한다'라는 말이 도무지 통하지 않는 세대들. 좌파의 내란 공포, 혹은 콤플렉스

가 없는 세대에게 '내란 가능 세력'은 이제 '우파'로 넘어갔다. 윤석열의 최대(?) 업적이자 한국 정치사에 길이 남을 상징적인 사건이다. 이제 다음 세대는 '우파'를 믿지 못하게 됐다. 낡은 망상에 빠진 건 윤석열뿐만이 아니다. 지금 국민의힘은 보수를 망치고 있는 이 망상에서 하루빨리 빠져나와야 한다. 보수는 이제 윤석열을 깨끗이 버려야 한다.

윤석열은 보수의 '질병'이 아니라 '증상'일 뿐이다

2025.01.18.

윤석열 대통령은 검찰총장 시절 "내가 육군사관학교에 갔으면 쿠데타를 했을 것", "검찰의 역사는 빨갱이 색출의 역사"라는 취지의 발언을 했다고 한다. (한동수 전 대검찰청 감찰부장의 증언) 애초에 민주주의에 어울리지 않는 '칼잡이' 윤석열은 보수 정당에 올라타 손쉽게 대통령에 당선됐다. 박근혜 탄핵 이후 보수 정당이 성찰을 외면하고 지적으로 게을러진 틈을 타고 극우 세력이 스며들어 당내 선거를 좌지우지했다. 윤석열은 극우 세력과 결합해 극단적 망상에 휩싸여 국가 자원을 '친위 쿠데타'에 낭비했다. 하지만 반성하지 않았다. 오히려 한줌 지지자들을 선동했고, 그들을 위험천만한 법원 난입 폭동으로 내몰았다. 계엄은 끝났지만, 윤석열의 투쟁은 끝나지 않았다. 그리고 윤석열이라는 '증상'이 남긴 병의 근원을 찾아가야 할 과제가 우리 앞에 남았다.

폭군은 잔뜩 화가 나 있었다. 아니, 그는 언제나 화가 나 있었다. 내란 수괴 혐의로 체포된 윤석열의 성명들은 분노와 적개심의 언어로 가득 차 있다. "자유대한민국 내부에 암약하고 있는 반국가 세력의 대한민국 체제 전복 위협(계엄 포고령)"에 그는 격노해 계엄을 선포했다. 내란이 실패로 돌아간 후 체포되면서 "가짜 민주주의", "인민 민주주의 독재", "사기 탄핵, 사기 소추", "무법적 패악" 등 험악한 말들을 쏟아내더니 "(내가) 폭동을 계획하길 했습니까"라고 따지고 앉았다.

정신 상태는 이상하다. 윤석열은 헌법재판소에 "민주당은 의회 권력을 차지하기 위해 선거 부정을 서슴지 않는 반민주·반민족 패거리들", "중국의 재력을 앞세워 이 땅을 중국과 북한의 식민지로 만들려고 한다"라는 답변서를 제출했다. 그런가 하면 중국과 북한, 민주당, 사법기관, 수사기관을 모조리 간첩들이 장악했다는 망상에 빠져 있다. 부정 선거론을 진지하게 믿으면서 "칼에 찔려 사망한 시신이 다수 발견됐는데, 살인범을 특정하지 못했다 하여 살인 사건이 없었느냐"고 반문하는데, 애초에 살해당한 시신 따위는 발견된 적이 없다. 음모론의 대부분은 틀린 전제에서 시작한다. 여기에 진지하게 반박하는 건 국력 낭비고 언어 낭비다. 아무런 의미가 없다.

'격노'는 오랜 기간 윤석열의 트레이드 마크였다. 전문가들에 따르면 분노는 이성적 사고와 판단, 행동과 감정의 조절을 관장하는 전두엽을 손상시킨다. 손상된 전두엽이 갑작스러운 분노를 부르는 악순환이 계속되면, 결국 알코올의존증에 빠지기 쉽다고 한다. 그렇다고 해도 윤석열의 격노를 정신병리학이나 뇌과학, 알코올중독으로만 설명하려 드는 건 게으른 일이다.

==말하자면 윤석열은 지금 대한민국 보수가 앓고 있는 병의 '증상'이다. 윤석열은 하나의 은유다. 보수 정당에 닥친 이 거대한 재앙을 윤석열 개인 캐릭터의 문제로 치환하고 넘어가는 건 대증요법일 뿐, 보다 근본적인 원인 분석이 필요하다.==

보수는 합리적 이성과 객관적 현실 판단을 중시한다. 보수 정당의 원동력은 가치와 철학이다. 그런데 이 자리를 언제부터인가 분노와 적개심이 메우고 있다. 국민의힘은 문재인과 이재명을 향한 적개심으로 '될 것 같은 후보' 윤석열을 골랐다. 자기 진영의 대통령 두 명을 감옥에 보낸 그를 섭외한 보수 정당은 대선에서 가까스로 이겨

'대통령직'과 '여당 자리'를 꿰차는 데 성공했다. 문재인과 이재명에 가장 큰 적개심을 가진 사람에게 정치를 외주 준 결과물이 작금의 상황이다.

그럼에도 불구하고 놀라운 건 국민의힘이 '윤석열 이후' 프레임 전환을 시도하며 내건 첫째 명분이 '이재명이 대통령 되는 것을 두고 볼 수 없다'는 테제란 점이다. '반이재명'이 보수의 가치인가? 국민의힘 지지율이 올라가고 있는 동력은 '반이재명'과 함께 2017년 탄핵 이후 정권을 잃었던 보수층의 트라우마가 결합한 것으로 볼 수 있다. 자기 성찰 대신 '이재명 프레임'을 스스로 껴안은 보수 정당은 지지율의 착시에 빠져 또 다른 적개심을 찾아 제2의 윤석열을 복제해내려 할 것이다. 하지만 철학과 가치를 팽개치고 적개심과 분노로 가득한 보수 정치는 정치도 아니고, 보수도 아니다.

되짚어보면 민주화 이후 역대 정부에서는 국정 목표를 디자인한 상징적인 인물들이 있었다. 학자 출신도 있고, 노련한 외교관 출신도 있다. 이른바 'ㅇㅇㅇ 정부'의 정책을 상징하거나 하다못해 '대통령의 멘토'로 불린 각 분야의 전문가들도 꼽을 사람이 꽤 된다.

노태우 정부 때는 북방 외교를 설계한 '황태자' 박철언이 있었다. 노태우 정부는 중국과 수교하고 북한과의 관계를 정립한 '남북기본합의서'를 도출해냈다. 김영삼은 남재희, 윤여준, 박세일 등을 기용해 '신한국'과 '세계화'라는 큰 틀의 국가 디자인 플랜을 추진했다. 이명박 정부에도 박재완과 같은 걸출한 관료 출신 학자가 있었고, 박형준 같은 소장파 학자는 최소한 '정부를 상징하는 국정 철학' 정도는 내놓았다. 박근혜 정부 때도 김광두 같은 경제학자가 대통령의 경제 멘토로 불렸다.

윤석열 정부에서만큼은 그런 사람이 전혀 없다. 윤석열은 그냥 평소 하던 대로 분노했을 뿐이고, 대중의 적개심에 올라타 어쩌다

폭군은 잔뜩 화가 나 있었다. 아니, 그는 언제나 화가 나 있었다. 내란 수괴 혐의로 체포된 윤석열의 성명들은 분노와 적개심의 언어로 가득 차 있다. "자유 대한민국 내부에 암약하고 있는 반국가 세력의 대한민국 체제 전복 위협(계엄 포고령)"에 그는 격노해 계엄을 선포했다.

==='별의 순간'을 잡았다. 용인술은 충암고, 검찰이 전부였다. 그에게 조언하는 학자나 전문가는 아예 씨가 말랐다.===

윤석열 정부에는 아무것도 없었다. 경제 철학을 상징할 만한 인물도 없고, 국정 기획을 담당하는 학자나 관료들도 전혀 보이지 않았다. 대통령이 누구를 멘토로 부른다는 말도 없다(신평 변호사가 멘토로 불렸다지만 대체 무슨 분야에서 멘토인지도 불분명한 데다, 이 정부의 국정 디자인과도 전혀 관계가 없다. 대통령실은 '대통령에겐 멘토가 없다'고 아예 못을 박아 버렸다). 그 자리에 민망스럽게도 '천공'이니 '건진'이니 '버거 보살(노상원)'이니 '미륵(명태균)'이니 하는 해괴한 인물들이 호명된다.

그 흔한 '명망 있는 학자'의 그림자도 안 보이는 보수 정부는 난생처음 본다. '별의 순간' 같은 점성술적 시기를 타고 대통령이 된 탓이런가. 그리하여 대통령 주변에 남아 있는 건 '용산 십상시'라거나 '한남동 라인' 같은 추레한 별칭으로 불리는 일군의 참모들뿐이다. 그러니 윤석열이라는 괴물이 휩쓸고 간 폐허 위에서 가치와 비전은 찾아볼 수 없고, 욕망과 적개심만 여전히 난무한다.

시대는 변했다. 과거 냉전 시대 보수 정당은 북한(혹은 북한 추종 세력)과 적대적 공생관계를 형성했다. 북한을 향해 적개심을 보이는 것만으로도 사람들은 보수 정당 후보에 표를 던졌고, 이로 인해 보수 세력은 손쉽게 권력을 점유할 수 있었다. 하지만 이제는 북한과 적대적 공생만으로 권력을 유지하는 일이 위태해졌다. 그래서 끌어들인 것이 분노에 가득 차 허수아비 적을 만들어 때리고 있던 아스팔트 극우 세력이다. 그들이 창조해낸 중국 공산당 음모론과 문재인 간첩설은 보수 정당의 주류로 진출해 이재명을 반국가 세력의 수괴로, 범죄의 화신으로 만들어 '적개심'을 끌어올리고 있다.

가치와 철학을 만드는 데 게을러진 보수 정당은 눈앞의 권력 게임에 매몰돼 가장 적개심이 강한 자를 선택해 박근혜 탄핵으로 빼앗긴 권력 그 자체를 되찾아오는 데 혈안이 돼 있었다. 대한민국 역사에 진지하게 기록되지 못할 윤석열이란 질병적 증상은 보수 정당의 게으른 적개심 전략을 폭로하는 증거물이다. 남은 것은 무철학의 철학, 무전략의 전략이다. 그리하여 국민의힘은 윤석열이 자폭한 폐허 위에서 또다시 적개심과 분노의 대상을 찾고 있는 것처럼 보인다. 극우 김문수가 보수 후보 중 1위를 차지했다는 여론조사는 많은 걸 시사해준다.

분노와 적개심의 정치가 계속되는 한 보수 정당엔 미래가 없다. 만약 보수가 전광훈류의 정치 세력과 극우 유튜버에 휘둘리며 '민주당을 이길 사람', '복수해줄 사람'을 찾아 다음 대선에 임한다면, 어쩌면 윤석열 탄핵에도 불구하고 정권 재창출이 가능할지도 모르겠다. 하지만 그렇게 해서 찾은 대통령은 또다시 '국민의힘'을 배신하고 국민을 배신할 것이다. '윤석열 바이러스'는 치료 가능하다. 윤석열을 버리고 보수 정당의 정체성과 가치, 철학을 다시 세워야 이 비극의 악순환을 막을 수 있다.

286

아직은 닫을 수 없는 글

"윤석열이 계엄을 선포할 때 어디에서 뭘 하고 있었나요?"

안부 인사처럼 한 번씩은 해본 말이다. 나는 휴가를 보내고 있었다. 크로아티아의 자그레브에서 슬로베니아 류블랴나로 향하는 버스 안이었다. 멜라니아 트럼프가 태어났다는 슬로베니아의 작은 마을을 지났다. 2024년 12월 3일 오후 2시 30분경(한국 시간 오후 10시 30분경) 휴대폰에 속보가 떴다. 모두가 처음 보인 반응처럼 나도 가짜뉴스인 줄 알았다. 하지만 계속되는 속보.

이역만리 타국에서 맞닥뜨린 모국의 계엄 선포 뉴스는 초현실적이었다. 슬로베니아 터미널에서 호텔로 향하는 그 시간, 계엄군을 실은 헬리콥터는 한강을 건너 국회를 향하고 있었다. 8500킬로미터 떨어진 서울 여의도에서 벌어지는 모든 일들이 실시간으로 류블랴나의 작은 호텔방에 전달되고 있었다.

첫 번째로 든 생각은 '카드를 사용하지 말고 현금을 사용하자'는 것이었다. 외환시장이 요동치고 환율이 급등했다. 그 상황에서 가장 현실적인 생각이었다. 그러고 나서 '나는 과연 한국에 돌아갈 수 있을까'란 생각이 들었다. 구글 창을 열고 'EU 망명 절차'를 검색했다.

계엄사령관 포고령 제3항, 모든 언론과 출판은 계엄사의 통제를 받는다. 나는 언론인이다. 그간 내가 써왔던 칼럼들에 대해 생각해봤다. 인천공항에서 붙잡히지 않을 방도가 없었다.

'EU 망명 규정 강화'라는 글이 먼저 눈에 띄었다. 국제엠네스티는 2024년 1월에 개정된 EU의 이주 정책으로 인해 망명법이 수십 년 전으로 후퇴할 것이라는 우려를 내놓고 있었다. 아… 망명도 쉽지 않구나.

내가 속해 있는 SNS 메신저 방들에선 실시간으로 계엄 상황 정보가 공유되고 있었다. 국회에 달려간 기자와 시민들이 생중계하는 유튜브 영상 속에서 계엄군은 야간 투시경을 쓰고 소총으로 무장한 채 유리창을 깨부수고 있었다. 공포에 휩싸인 국회 보좌진과 시민들이 고함과 비명을 내질렀다. 저 총구 속에 탄환이 도사리고 있다는 상상이 끝없는 우울 속으로 날 밀어넣고 있었다.

달리 할 수 있는 게 없었다. 영사 콜센터에 전화를 걸었다. 젊은 직원이 받았다. '해외 체류중인데 한국에서 계엄이 선포됐다는 소식을 들어서요. 인천공항을 통해 입국이 가능할까요? 공항이 폐쇄 조치될 경우 어떻게 해야 하나요?' 직원은 당황한 눈치였다. '선생님처럼 문의하는 전화가 많이 오고 있습니다. 내일 당장 입국하시는 분들이 아니면 일단 시간을 두고 기다려 보세요.' '내일 입국하는 사람들은 입국이 가능한가요?' '제가 확실히 답할 수 없는 상황입니다. 죄송합니다.'

그도 답답했고, 나도 답답했다. 한참을 의미 없는 문답을 주고받다가 내가 말했다. '제가 기자인데요, 대통령이 발표한 포고령을 보면 한국에 입국할 경우 정치적 탄압이 예상되는 상황이에요. 망명 절차에 대해 알아보고 싶은데요.' 그러자 직원의 태도가 약간 바뀌었다. 기자 응대를 잘못했다간 엉뚱한 기사가 나갈 수 있겠다는 이유에서 위축된 태도는 아니었다. 그는 매뉴얼을 벗어나 속내를 좀 더 내비쳤다. '저, 지금 국회에서 계엄 해제 결의안이 통과됐다는 소식이 들어왔어요. 그러니 조금 기다려보시면 어떨까요.' 내가 대꾸했다. '그 소식은 저도 알고 있어요. 하지만 대통령이 계엄 해제 선언을 하지 않고 있잖습니까? 대통령이 계엄 해제 선언을 하지 않으면 계엄군은 국회에서 물러나지 않을 겁니다', '국회가 계엄을 해제했으니 계엄은 해제될 겁니다' '아니 그걸 어떻게 장담하시죠?' '그래야 하는 것 아닌가요?'

'그래야 하는 것 아닌가요…' 직원으로부터 담당 영사의 연락처를 받은 후 전화를 끊고 생각했다. 나는 왜 한국에서 새벽 당직을 서고 있는 영사 콜센터 직원을 괴롭히고 있는 것일까. 하필 계엄 날 당직을 서는 바람에 해외에 체류하는 국민들의 걱정스러운 전화 민원을 받고 처리하는 일에 휘말리게 된 그 역시 나와 같은 대한민국의 평범한 시민이다.

그의 마지막 말이 계속 머릿속에서 맴돌았다. 슬로베니아의 화려한 크리스마스 마켓 사이를 유영하면서 중얼거렸다. '그래야 하는 것 아닌가요?' '그래야 하는 것'이라니.

그것이 그가 할 수 있는 최대치의 응대 방식이었을 것이다. 그는 나뿐 아니라 많은 사람들의 질문에 '국회가 계엄을 해제했으면 대통령이 계엄을 해제하는 게 맞다'는 말만 계속 반복했을 것이다.

그렇다. 그래야만 한다. 국회가 계엄 해제 결의안을 통과시킨 후 새벽 2시, 국회의장은 계엄 해제 요구안을 대통령에게 발송했다. 하지만 윤석열은 두 시간이나 더 지났는 데도 아무런 반응이 없었다. 불안했다. 그래야 하는데 그러지 않고 있었다. 그리고 새벽 4시 30분이 돼서야 비로소 대통령은 '그렇게 했다.'

외교부 콜센터 직원도 나도, 국회에 진입했으나 시민과 국회의원들에게 총부리를 겨누지 못한 707부대 계엄군도 우리 사회의 말단이다. 우리 사회의 민주주의 말초신경은 아직 살아 있다. 당연한 상황에 대한 믿음을 우리는 상식이라 부른다. 더 당연한 건 허황된 망상에 의거한 계엄 따위가 선언되는 일이 일어나지 않았어야 한다는 것이다.

이제 '그래야 하는 것'처럼, 독재자는 탄핵되고 새로운 리더십을 선출할 차례다. 그리하여 '그래야 하는 상황'을 회복해야 한다. 상식을 흔들려는 세력은 더 이상 집권해선 안 된다. 우리가 그렇게 되도록 내버려두어선 안 된다. ==민주주의를 배신한 윤석열, 그가 몰락하고 있다. 하지만 그와 함께 대한민국에 똬리를 틀었던 극우 세력은 더욱 더 창궐하고 있다.== 마치 몹쓸 전염병처럼. 윤석열 3년, 상식이 부서진 시대에 대한 기록을 다시 들춰봐야 할 이유다.

2025년 2월 23일
윤석열이 탄핵되기 얼마 전
박세열

291

- 아직은 말할 수 없는 글

윤석열과 그 공범들

1판 1쇄 인쇄 2025년 2월 28일
1판 1쇄 발행 2025년 3월 13일

글	박세열
디자인	소소 크리에이티브 이선정
표지 그림	해인
교열 교정	김은정
인쇄	안준용(책과 6펜스)
펴낸이	정기영
펴낸곳	모비딕북스
출판등록	2019년 1월 5일 제2020-000277호
주소	서울 용산구 서빙고로 17
전화	070-4779-8822
이메일	jky@mobidickorea.com
홈페이지	www.mobidickorea.com
페이스북	www.facebook.com/mobidicbooks
인스타그램	mobidic_book
유튜브	mobidicbooks

ⓒ 박세열, 2025
ISBN   979-11-91903-05-8
가격   20,000원

이 책은 저작권법에 따라 보호받는 저작물입니다. 무단 전재와 복제를 금합니다.
이 책의 전부 혹은 일부를 이용하려면 반드시 저작권자와 모비딕북스의 서면 동의를 받아야 합니다.